国家哲学社会科学基金项目（15BJY166）
郑州大学尤努斯社会企业中心
河南省研究生教育改革与质量提升工程（豫学位 2017[21] 号）
国家留学基金资助（留金选 [2020]50 号）
河南省软科学项目（192400410171）

# 互联网金融视域下金融包容体系的构建与完善研究

田　霖／著

Research on the Construction and Improvement of Financial Inclusion System from the Perspective of

INTERNET FINANCE

# 前言

普惠金融是目前学界和实践部门关注的热点问题，借本书的出版，能有机会陈述一下自己的浅见，谈谈普惠金融的前世今生，不啻为一大幸事！普惠金融、金融排斥与金融包容有着千丝万缕的联系，迄今为止，在其概念的内涵、外延，以及实现途径、模式方面依然存在不同的观点，有些主张甚至大相径庭，这就需要从学术史的角度追根溯源，澄清认识、厘清思路，为未来的学术研究和实践操作昭示路径。

金融排斥源于金融地理学。金融地理学是近年来兴起的一门边缘交叉学科，是人文地理学科的一个子集，笔者从2003年开始关注这一学科的前沿成果和发展动向。20世纪90年代，两位著名的金融地理学者莱申（Leyshon）和思里夫特（Thrift）提出了金融排斥（financial exclusion）的理念（比联合国2005年提出的包容性金融系统要早很多年）。2004年笔者在《经济地理》上发表金融地理学这门新兴学科的介绍文章时，将其作为一个研究方向，并翻译为“金融排除”和“金融排外性”，直到2007年获得《经济学动态》杂志编辑的指点，方采纳了“金融排斥”这种表述，使其由地理学向经济学研究范式逐渐靠拢。

由于早些年国内金融地理学的研究基本处于空白状态，故耳边多为质疑、否定之声音，加之研究对象存在的三大问题：概念的模棱两可、实证的隔靴搔痒以及研究主题的零敲碎打，使研究极不系统，缺乏逻辑构架，没有统一的研究范式，因而自己倍感煎熬，心灵痛苦和折磨之际也屡次萌生退意。与此同时，许多优秀的地理学者和金融学者的坚持和优秀成果的问世使笔者愈加认识到文理学科碰撞融合的巨大能量，受到了启迪，看到了希望，也给予了笔者继续前行的勇气。战战兢兢、如履薄冰地在边缘学科的“冰山”上跋涉，思考着金融包容的“冰山模型”，发现了诸多潜在的问题与误区：过度聚焦于弱势群体及其金融产品的可获性（即宽度），而忽略其使用性（即深度），出现包容中的排斥（exclusion within inclusion）；过于强调普惠性质的金融服务全覆盖而忽视了过度负债问题；只分析贷款融资而没有研究投资、理财、支付等包容的其他层面；过度关注需求主体而对供给主体的组织排异、社区排异及监管排异透析不够；由于互联网金融风险过高就将其排斥出普惠金融的范畴之外，或者片面夸大“新金融”业态的功能而对纯网络银行面临的可持续发展困境则视而不见的两极观点；发达国家或地区金融综合竞争力与金融排斥指数双高的金融包容悖论；实证研究的概念界定有差别、口径不统一、指标纳入偏陈旧与传统、数据获取难度大等。这些问题的解决并非一蹴而就，有些甚至需要长期的跟踪、探索与坚持。

以金融包容悖论为例，2008 年笔者在实证分析中国农村地区的金融排斥问题时，发现尽管上海、浙江等发达地区其金融综合实力很强，然而其农村地区的金融排斥指数得分却不容乐观，有些县域获得金融贷款的农户及农村企业在某些年份竟然得分为 0。尽管当时笔者从指标处理、其他融资渠道等角度向某权威期刊的主编做了解释，但遗憾的是始终无法说服主编，由于数据所限及选择偏误（sample selection bias）的存在，文章只能暂时搁置，也常常为此悬而未决的问题而苦闷。机缘巧合，到 2018 年这一问题得以彻底解决。笔者获得中国家庭金融调查（China Household Finance Survey，CHFS）及中国家庭大数据库的大型入户调查数据的授权，方能对农业贷款、工商业贷款、房屋贷款以及汽车贷款进行具体的计量研究。研究发现，主流银行包容存在五种状态：需求不足、潜在需求、供给排斥、供给错配及供求平衡。供给不足并非金融排斥的唯一原因，缺乏需求也是中国家庭银行贷款总量不足的重要原因。明确表示“不需要”农业贷款、工商业贷款、房屋贷款以及汽车贷款的家庭分别占比 78.10%、79.79%、77.52% 及 89.75%。东部发达地区由于“供给侧拒绝”而导致的无效需求问题并不严重。“不需要”与“不申请”是造成其金融排斥指数畸高的根源。只有供求平衡的条件下，区域层面的包容指数方最具参考意义和价值，某些发达地区金融综合竞争力水平与金融排斥指数双高的悖论才不会出现。这也从一个角度说明了“金融包容指数越高则越优”的理解是片面的（另一个角度则是金融排斥与金融包容的动态、相对的演进过程，排斥与包容必将长期共存、协同变化）。这些观点也集中体现在本书的阶段性成果中，感谢匿名评审专家提出的指导意见，在反复的修改中，帮助我更加明确了思路，在“山重水复疑无路”的困惑中度过了一个十年，终于迎来了“柳暗花明又一村”的豁然开朗。

在普惠金融正式纳入国家顶层设计之前（2016 年国务院正式发布《推进普惠金融发展规划（2016—2020 年）》，笔者一直是慎用“普惠”这一术语的（只使用过两次“普惠”的说法，一次是探讨企业融资模式的创新，另外一次则是发表在《光明日报》上的探析普惠金融如何有效与互联网金融相耦合的理论文章），而多采用“金融包容”的表述。内在原因有两点：第一，金融学者和地理学者所理解的“普惠金融”不同。如前所述，从学术溯源角度，地理学者的普惠多强调金融产品的可接触性或广泛覆盖（access for all）。正是看到了其概念缺乏使用（use）维度，才进一步提出了金融包容（financial inclusion），而后者内涵更加丰富、多维、动态及科学，即本书所强调的金融包容理念；金融学者对普惠的理解则复杂多元，未能达成共识，有些强调普惠金融的扶贫或慈善性质，有些将其看作金融排斥的对称反义概念，有些则将其等同于金融包容。第二，同中文翻译方式和是否易于理解有关。一些学者认为国内普惠金融的来源就是联合国的“inclusive financial system”，只是当初国内翻译欠妥并沿用至今。另一种说法是，普惠的说法通俗易懂，更易被老百姓接纳和理解，而包容则显得学术气息过浓，晦涩高深，故而决策层采纳了普惠金融这种表达。不论是出于什么原因造成以上的差异，笔者始终坚持两条原则去界定和研究问题：第一，尊重学术史，从埋论溯源的角度追索概念的内涵和外延；第二，坚持政策研究在表达方式上可以浅显易懂、言简意赅，而学术研究则必须有较为严谨的表述。以上可能也为笔者近乎偏执地执着于各种概念的区分和解析找到了注脚和支撑。当然，笔者的考虑一定有不够周全或有失偏颇之处，也常感惶恐。一位资深教授曾鼓励我说，学术研究没有对错之分，只要不和马克思主义基本原理及国家大政方针相违背，完全可以“百花齐放、百家争鸣”。基于此，笔者才略感释然，在最终书稿中厘清了金融包容、普惠金融、互联网金融及微型金融的区别、关联，努力消除概念理解与实践操作的偏误。与此同时，针对金融包容国别视角，特别是微观视角研究薄弱的现状，将家庭金融视角、国别视角与区域视角一起构成金融包容的三大重要维度，本书也按照宏观、中观、微观的三维度逻辑展开，这三部分内容也将在绪论中详细阐明。

本书尝试从研究视角、研究内容、研究方法上做多种尝试。在研究视角上，归纳了金融地理学科未来深入发展的方向，扩展了该学科研究的内涵和外延，将国际视角、区域视角、家庭视角的金融包容有机统一起来，在指标体系的选择与处理上，更是与最新发展动态相结合，将学术问题的探讨置于互联网金融视域下，传统与新型指标相结合，需求宽度、参与深度及风险容忍度相统一。在研究内容上，突破了以往个人的固步自封，将包容的区域分析扩大到国际视野、微观领域。在国际视野的研究中，将案例研究推广至狭义互联网金融的前沿领域即纯网络银行的发展，期待为金融包容体系的完善提供不一样的洞见和结论。中观区域的研究其亮点在于纳入了数字普惠金融（实则为数字金融包容）指标，构建了“三度统一”的金融包容指标体系和“三平统一”的经济福利水平衡量框架。微观家庭层面的创新笔者不敢造次和自我标榜，引用一位学术期刊匿名评审专家的打分及评价：“研究很有意义。作者利用 CHFS 项目的家庭实地调研数据进行了实证研究，揭示出主流银行包容存在五种状态等问题，作者认为需要从需求侧、供给侧方面着手分析包容的表现与诱因，并寻找供求匹配解。难得的是，作者还通过实证研究结果，指出普惠金融不等于全民金融，金融包容需要将大数据、厚数据相结合，并指出要把家庭金融视角与区域视角、国别视角联系起来，一起构成金融包容的维度。我认为这些都是本文作者比较有见地的主张和观点，这在一定程度上拓宽了金融地理学的内涵和外延”。在研究方法上，除了采纳传统的计量分析和实地调研之外，还采用了空间计量经济学、模糊曲线编程、线上与线下问卷相结合等新的形式和方法，以努力确保研究结果的信度和效度。

最后，感慨跨学科研究着实不易，从面对国家自然科学基金项目专家的犀利评语而伤心垂泪，到因编辑部找不到对口专家评审而屡次被退稿的郁闷无奈，百感交集、甘苦自知。之所以采用前言而非惯常的摘要形式，是因为后者的精髓完全可以在绪论中体现，而前者则是与各位专家和读者的心灵对话，通过梳理这么多年来科研的苦与乐，对金融地理学这门学科做了某种程度的回顾和反思，对曾经放弃攻克科研难关、缺乏同行间深度交流的自省，以及对诸位学术大家的人格魅力的致敬！恕我不能一一列举在笔者成长过程中每位襄助者的名字并致谢，但是常怀感恩并鞭策自己不断前行，不辜负诸君，亦不辜负自己。真诚期待个人的拙见可以抛砖引玉，引发更多学者的兴趣，致力于交叉学科领域的研究及探索。

田 霖

2019 年 12 月

# 目　录
CONTENTS

# 第1章 绪 论

## 1.1 研究内容与研究意义

2013年和2014年分别被称为中国的互联网金融元年和爆发年，包括互联网金融在内的创新型金融不断涌现，被诸多学者推崇为普惠金融服务（universal banking services）的重要载体。对于互联网金融，学术界始终缺乏共识性的统一定义。狭义层面指互联网科技企业从事的金融行为，广义层面则是涵盖了互联网派系（互联网四大巨头——BATJ，其中B指百度、A指阿里巴巴、T指腾讯、J指京东）、银行派系、电商派系及电信信息服务派系的极具中国特色的互联网金融生态。吴晓求（2014）认为，由于缺乏“财务职能链”和“独立生存空间”这两大必备要素，完整意义上的互联网金融在中国还没有真正形成，只是具备了某些互联网金融基因。可见，中国的互联网金融是基于互联网思想的服务创新，尚不广泛存在国外那种纯粹的无实体网点的网络银行模式（Pure-play Internet Banking Model，PPI），如中国第一家类似PPI的银行是深圳前海微众银行，相继成立的有网商银行、新网银行。吴晓灵（2014）在接受央视财经频道记者采访时曾指出互联网金融不足以撼动金融业根基。传统金融已经逐步用信息技术改造自己，向互联网金融渗透，如银行部门构建自己的电商平台、推广网银支付等。基于此，本书所指的互联网金融是广义范畴，在三种维度的“新金融”背景下（即以资本市场为导向、以创新发展为趋势和以虚拟化、全球化、信息化为特征的“新金融”体系）探讨金融包容或普惠金融更具现实意义和价值。

笔者完成了相关前沿理论的梳理，对普惠金融、金融包容的内涵加以规范。剖析互联网金融视域下片面追求产品普及率的普惠会产生哪些潜在风险和问题，如何提前预警及规避，强调金融包容是金融排斥概念的扩展与深化，也是三度（广度、深度、风险容忍度）的统一。由于目前国内金融包容的实证研究多是区域视角，而国别视角特别是微观视角研究显得不足。事实上，金融包容需要将“大数据”与“厚数据”相结合，家庭金融视角应与国别视角、区域视角一起构成金融包容的重要维度。因此，本书对金融包容的考察按照宏观、中观、微观的三维度（“三维统一”的研究范式）逻辑展开。在此基础上，从多元化的角度分析构建金融包容体系的诸多举措。如传统金融的互联网化、金融能力的建设提升、积极采纳互联网金融服务以有效促进消费结构升级以及促进互联网金融与金融包容的耦合等方面。在互联网金融的发展方面，笔者带领课题组，通过实地调研与考察，进行了河南省的细化案例分析。通过金融包容各层面内在机理的揭示，层层探讨如何利用政府的政策推动力化解潜在风险，强化区域发展管理，构建完善的多元化金融包容体系。

## 1.2 中观、微观视角与国际视野

从国际视野来看，最近国外学者对 PPI 机构这种新型金融中介的可持续性的质疑开始出现，聚焦于其稳定性、盈利性及对储蓄市场的冲击三方面。互联网金融成为普惠金融、微型金融发展的重要渠道，但与此同时信用危机要求对 PPI 模式的生存能力进行再评估。中国纯网络银行在战略方向、服务对象、利润组成等方面与传统银行及国外纯网络银行差别较大。从定位和方向上看，目前纯网络银行在中国更多是传统金融体系范围的先驱开拓者，并以此作为发展的根基和战略方向。通过借鉴国外 PPI 银行的成功经验，中国纯网络银行可以凝聚发展自身独特的内控制度、风控体系和商业模式等，促进贷款专业化；同时设立一些线下咨询点或与其他便民设施广泛开展合作，方便小额现金的提取与存储，消除与互联网接触较少的农村群体的不信任感。

从金融能力的国际研究现状来看，完善的金融包容工程是通过将所有社会阶层渐次、动态地融入主流金融系统从而削减贫困及经济脆弱性的重要战略，它需要一系列配套措施以保证实施效果的高效，而居民、企业、金融机构以及政府部门金融能力（包含金融知识、金融技能、金融态度、金融行为四个维度）的提高则是化解风险、防范危机的关键所在与治本之策，也是“冰山模型”的根基。

针对金融包容微观研究比较缺乏的现状，笔者利用中国家庭金融调查（CHFS）及中国家庭大数据库的海量数据，对28143户家庭、97916位居民展开金融包容微观层面的研究。家庭金融包容的分析是区域层面的有益补充，丰富了金融包容的研究维度。本书揭示了家庭金融包容的供给侧与需求侧的五种状态，深度解读了金融悖论的内在原因；不仅进行了金融包容影响因素的分析，而且将视角拓展到包容的作用力差异与福利影响，特别是考虑了互联网金融要素对创业、创新的贡献率及其对家庭福利水平不同维度的影响。

金融包容不仅与普惠金融不同，它与金融排斥也并非完全对等。田霖（2007）做了金融排除的省际比较，将金融综合竞争力的逆指标作为区域金融包容的替代性反映，对金融排除的空间差异及其驱动要素进行了量化分析。然而，这种排序选择模型的近似分析并不能准确描述中国金融包容的区域差异：金融包容提倡机会平等、和谐共赢；需求主体与供给机构协调共生；传统金融业态与新金融业态互促共进；传统融资模式与创新模式对称共生等。

中外学者就如何构建客观、全面的金融包容指标体系做了一系列探索：金融服务可得性调查（Financial Access Survey，FAS）采纳8个指标，对2004～2012年189个国家的金融包容水平进行比较；全球普惠金融数据库（Global Findex Database）则从服务获取、ATM、银行网点、非正规金融机构与借款等方面，利用15个指标衡量金融包容；普惠金融联盟（Alliance for Financial Inclusion，AFI）从可获得性及使用情况两方面共5个指标分析普惠金融发展状况；伯克等（Beck et al.，2007）从地理渗透性、金融服务可获得性、产品效用性构建金融包容指标体系（见表1－1），目前国内绝大多数学者借鉴此思路，并在其基础上对区域指标进行微调。如粟勤、朱晶晶与刘晓莹（2015）的三个评价维度依次为金融服务的延展性、覆盖度与使用度；陈茜茜（2016）在渗透性、使用效用性基础上，又添加了可负担性的维度，以考察金融服务与产品的成本；贺小英（2015）从五个方面考察区域金融包容程度，即人均享有金融服务、金融便捷、金融覆盖、金融支持、金融机构发展程度及其他服务。

**表 1-1　　常见的构建金融包容指标体系**

| 对象 | 衡量指标 | 计算方法 |
|---|---|---|
| | 地理渗透性 | |
| 储蓄与信贷 | 人口维度的银行机构地理渗透性 | 银行金融机构数量/地区人数（每百万人） |
| | 地理维度的银行机构地理渗透性 | 银行金融机构数量/面积（每平方千米） |
| | 产品接触性 | |
| 储蓄与信贷 | | 城乡居民储蓄存款余额（万元） |
| | 使用效用性 | |
| 储蓄与信贷 | 人均储蓄存款量 | 人均金融机构各项存款余额/人均 GDP |
| | 人均贷款量 | 人均金融机构各项贷款余额/人均 GDP |

传统指标体系的优点在于数据可获得性较强、统计口径一致、操作便捷、计算简单；缺点在于对于数字支付、互联网金融、金融科技等新兴态势考察不足，不能全面、客观、多维、动态化地反映区域的金融包容水平。2016 年 7 月 23 ~ 24 日在成都召开的 G20 财长和央行行长会议签署通过了由全球普惠金融合作伙伴组织（Global Partnership of Financial Inclusion，GPFI）起草的《G20 普惠金融指标体系》（见表 1-2）的升级版。它涵盖供、需两侧，运用 19 大类 35 个指标来分别衡量金融服务可获得性、使用情况与金融产品与服务质量，较好地弥补了传统指标体系的不足，特别是纳入了数字支付及相关指标。升级版普惠金融指标体系将金融服务的使用情况按照服务对象不同分为“成年人”和“企业”两类，包括了每千成年人拥有的电子货币账户数，每十万成年人移动支付交易笔数，分别使用数字支付、使用移动电话支付和使用互联网支付的成年人比例，以及使用数字支付的中小企业比例等指标；在金融服务可获得性方面，考虑了移动代理、POS 终端和具有移动电话等服务网点的人均数量、设备或家庭网络连接的成年人比例，以及拥有 POS 终端的中小型企业所占的比例；金融服务和产品质量这一维度上只做了小幅度修改。尽管目前升级版普惠金融指标体系较为权威且被各国所认可，但仍然存在统计口径不统一、交叉重

复计算以及数据严重缺失的问题。如中国近年来第一维度的数据始终处于缺失状态，严谨的量化分析难以实行。

**表 1－2　GPFI 普惠金融基础指标体系**

<table>
<tr><td rowspan="15">金融服务使用情况</td><td rowspan="2">享有正规银行服务的成年人</td><td>在正规金融机构持有账户的成年人比例</td></tr>
<tr><td>每千成年人中存款人或存款账户数</td></tr>
<tr><td rowspan="2">在正规金融机构发生信贷业务的成年人</td><td>在正规金融机构有未偿贷款的成年人比例</td></tr>
<tr><td>每千成年人借款人数或未偿贷款笔数</td></tr>
<tr><td>购买保险的成年人</td><td>每千成年人保单持有人数</td></tr>
<tr><td>非现金交易</td><td>人家非现金零售交易笔数</td></tr>
<tr><td>使用移动设备进行交易</td><td>使用移动设备进行支付的成年人比例</td></tr>
<tr><td>高频率使用账户</td><td>高频率使用银行账户的成年人比例</td></tr>
<tr><td>储蓄倾向</td><td>过去一年内在金融机构存款</td></tr>
<tr><td>汇款</td><td>收到国内外汇款的成年人比例</td></tr>
<tr><td rowspan="2">享有正规银行服务的企业</td><td>在正规金融机构持有账户的中小企业比例</td></tr>
<tr><td>中小企业的存款账户数量与占比</td></tr>
<tr><td rowspan="2">在正规金融机构有未偿贷款或授信额度的企业</td><td>有未偿贷款或授信额度的中小企业比例</td></tr>
<tr><td>中小企业未偿贷款笔数和占比</td></tr>
<tr style="display:none"></tr>
<tr><td rowspan="6">金融服务可获得性</td><td rowspan="3">服务网点</td><td>每十万成年人拥有的商业银行分支机构数</td></tr>
<tr><td>每十万居民拥有的每千平方公里 ATM 数</td></tr>
<tr><td>每十万居民拥有的 POS 终端数</td></tr>
<tr><td>电子资金账户</td><td>用于移动支付的电子资金账户数</td></tr>
<tr><td rowspan="2">服务网点的互通性</td><td>ATM 机的互通性（ATM 网络是否关联）</td></tr>
<tr><td>POS 终端的互通性（POS 终端是否关联）</td></tr>
<tr><td rowspan="9">金融产品与服务的质量</td><td>金融知识</td><td>对于基本金融概念的掌握程度</td></tr>
<tr><td>金融行为</td><td>紧急融资来源</td></tr>
<tr><td>信息披露要求</td><td>信息披露（包括语言简明易懂、使用当地语言、明确贷款手续费等要求）</td></tr>
<tr><td>纠纷解决机制</td><td>反映内部和外部纠纷解决机制的指数</td></tr>
<tr><td rowspan="3">使用成本</td><td>开立基本活期账户的平均成本</td></tr>
<tr><td>使用基本银行活期账户的平均成本（年费）</td></tr>
<tr><td>信用转账的平均成本</td></tr>
<tr><td rowspan="2">贷款障碍</td><td>上一笔贷款需提供抵押品的中小企业比例</td></tr>
<tr><td>信贷市场中的信息障碍</td></tr>
</table>

一些学者在借鉴 GPFI 理念的基础上，结合中国国情、空间差异及数据可获性等，构建了相应的区域金融包容指标体系。如王国红（2015）提出中国是一个二元经济国家，城乡差别大，金融服务也不例外，因此设计金融包容指标时应区分城乡，分别进行设计。同时，考虑到居民和中小企业对金融服务存在不同的需求以及中小企业融资难、融资贵等问题，需要把指标体系细分为中国农村金融和城市金融包容指标体系以及中小企业金融包容指标体系，深具互联网金融时代特色的电话银行、手机银行、电子银行的可获性指标都有较为充分的体现。焦瑾璞等（2015）则在三个维度的思想下，构建了包含 19 个指标的普惠金融指标体系。这个指标体系相对全面、完善，保证了数据的可得性、可信度与可参照性，进行了省、市、区的比较与深度解读，然而对互联网金融的最新发展态势尚未考察。可见，目前互联网视域维度的度量尚显不足。

田霖（2011，2012）在以往的研究中已经进行了金融包容的城乡差异比较以及农村金融包容的省际比较，建立了相对全面、客观的指标体系。然而，研究表明，中国突出的区域差别使量化分析容易出现合成谬误及分解谬误，很难找到一个适用于所有区域的完美无缺的指标体系，任何事后的量化实证都只能作为参照，并非无懈可击。因而，笔者一方面列举互联网金融时代下区域金融包容需要额外考虑的指标有哪些（见表 1－3）；另一方面在第 4 章添加了金融包容的微观分析，加以重点研究，以作为金融包容中观分析的补充与佐证。

**表 1－3　　互联网金融背景下的区域金融包容若干衡量指标**

<table>
<tr><td rowspan="11">广义</td><td rowspan="5">狭义</td><td>1. 每千人拥有的支付宝、财付通类电子资金账户</td></tr>
<tr><td>2. 使用第三方支付平台进行支付结算的成年人/企业比例</td></tr>
<tr><td>3. 通过 P2P 及众筹形式获取资金的个人/企业比例</td></tr>
<tr><td>4. 某时期、某区域通过互联网金融（拍拍贷、人人贷、施乐会、天使汇等）获取的款项总额占总筹资额的比例</td></tr>
<tr><td>5. 发生互联网金融信用风险的案件金额及比例</td></tr>
<tr><td rowspan="6">传统</td><td>6. 开通网上银行服务的成年人/企业比例</td></tr>
<tr><td>7. 采纳移动手机银行服务的成年人/企业比例</td></tr>
<tr><td>8. 每万人拥有的 ATM 机/POS 终端数/移动电话数</td></tr>
<tr><td>9. 使用互联网支付的成年人/企业比例</td></tr>
<tr><td>10. 某区域成年人/企业/金融机构/政府的金融素养（债务素养）水平</td></tr>
<tr><td>11. 金融机构通过互联网开展业务所发生的不良贷款率</td></tr>
</table>

尽管表 1－3 的指标数据很难通过公开、官方渠道获取，但是诸多的专业化大数据开发公司能够进行数据深度挖掘，并展开细化解析。如何实现不同渠道的数据共享、提高分析的可信度等是未来需要解决的难题。

在数据可得、指标科学的前提下，笔者对区域层面的金融包容分析则力求“新旧结合”（传统与新型指标相结合）及“三度统一”（需求宽度、参与深度及风险容忍度的统一）。如前所述，传统的空间比较多采取地理渗透性、产品接触性、使用效用性这三重维度作为构建和改进量化指标的基础，过于强调物理网点的多寡、产品种类的多少及服务覆盖率的高低等。本书则将数字普惠金融指标纳入金融包容体系，努力将三种维度的“新金融”理念融入金融包容的区域分析。强调需求主体和供给主体的包容共赢，将传统研究常忽视的“风险容忍度”纳入视野：风险容忍度用来衡量一个地区金融系统发展的稳定性及其风险可承受能力，是金融包容的关键层。不能单纯追求金融需求层面的价格可承付或需求主体的“普”和“惠”，应同时关注金融机构的可持续发展，确保其在风险可承受范围内提供合理、高效的金融产品及服务，以实现整个社会的福利最大化。本书将传统金融和数字金融相结合，以面板数据（2011～2015 年）替代截面数据，尝试弥补现存研究中数据不足、指标不全、研究范围较窄等缺陷，构建涵盖互联网金融及金融机构可持续发展等方面的“三度统一”的金融包容指标体系，更加准确地衡量包容水平及其空间变化趋势。在此基础上，剖析金融包容体系的影响要素与短板，采用系统广义矩方法探讨互联网金融视域下“三度统一”的金融包容对“三平统一”（收入水平、消费水平及生活质量水平）的经济福利水平的影响，丰富了金融包容社会效应的实证研究。此外，笔者也对河南省展开了互联网金融的案例分析，考察金融的最新发展态势对中国区域金融包容产生的冲击与影响，并有针对性地提出构建与完善中观视角包容体系的对策建议。

## 1.3 金融包容体系的构建框架和逻辑

金融包容体系应该是“三度统一”、“三维统一”及“三协调”的有机统一整体，它不是单维的静态体系，而是复合多维度的动态体系。不仅如此，从复杂系统论出发，还可以将金融包容划分为五大体系。第一，金融包容的风险管理体系。金融包容的发展面临一系列风险或障碍，包括道德风险、市场风险、资产错配风险、网络金融安全、金融消费者保护、不良贷款处理、法律风险、经济风险、利率风险、汇率风险、跨国合作风险、收益来源不稳定、金融科技的滴漏效应、信用风险等，有效的风险预警和管理体系是金融包容可持续发展的“防火墙”。第二，金融包容的组织体系。不仅包括传统的银行、证券、信托、基金和保险组织，也应涵盖新的互联网金融组织，完善的金融包容组织体系应该满足机构多元化、商业可持续、消除三重排异，以及商业性、开发性、政策性、合作性金融组织的共生等。第三，金融包容的协调体系。如金融包容的供需协调，包括供求总量协调、供需结构协调、供需能力匹配；金融包容的区域协调，涵盖金融包容诱导因素的协调发展，金融、社会、经济三大子系统的协调，传统金融和新金融的协调，以及金融科技和金融本质的协调等。第四，金融包容的传导体系。金融包容发展的终极目的并非金融的虚拟化或金融产业的一枝独秀，而是促进经济发展、福利改进和社会进步等，使得居民的获得感和幸福感增强。金融包容的作用渠道和传导机制的探析有利于金融精准地诱发创业、启动内需及拉动发展，金融包容的传导体系对虚拟金融和实体经济互动共促关系的构建不可或缺。第五，金融包容的创新体系。如产品创新、组织创新、机制创新、服务创新、文化创新、渠道创新、技术创新、合作创新及理念创新等。金融包容体系的具体构成如图 1－1 所示。

金融包容的五大体系成为本书的第二条逻辑主线（第一条逻辑主线是围绕区域、微观和国际视野展开），各章节内容围绕该主线展开，且呈现逐次递推的关系。首先，金融包容体系不能仅是接触性或可得性（access）维度，应遵循“三度统一”的原则，不论是区域分析、微观分析或国际视野研究均需要考察包容的广度、深度和风险容忍度。其次，互联网金融视域融合于金融包容的五大体系。例如，风险管理体系的变化（社交模型、水文模型等），组织体系的变革（互联网企业、在线供应链金融、众筹、虚拟共同体等），协调体系的构建（传统金融与新金融的协调），创新体系

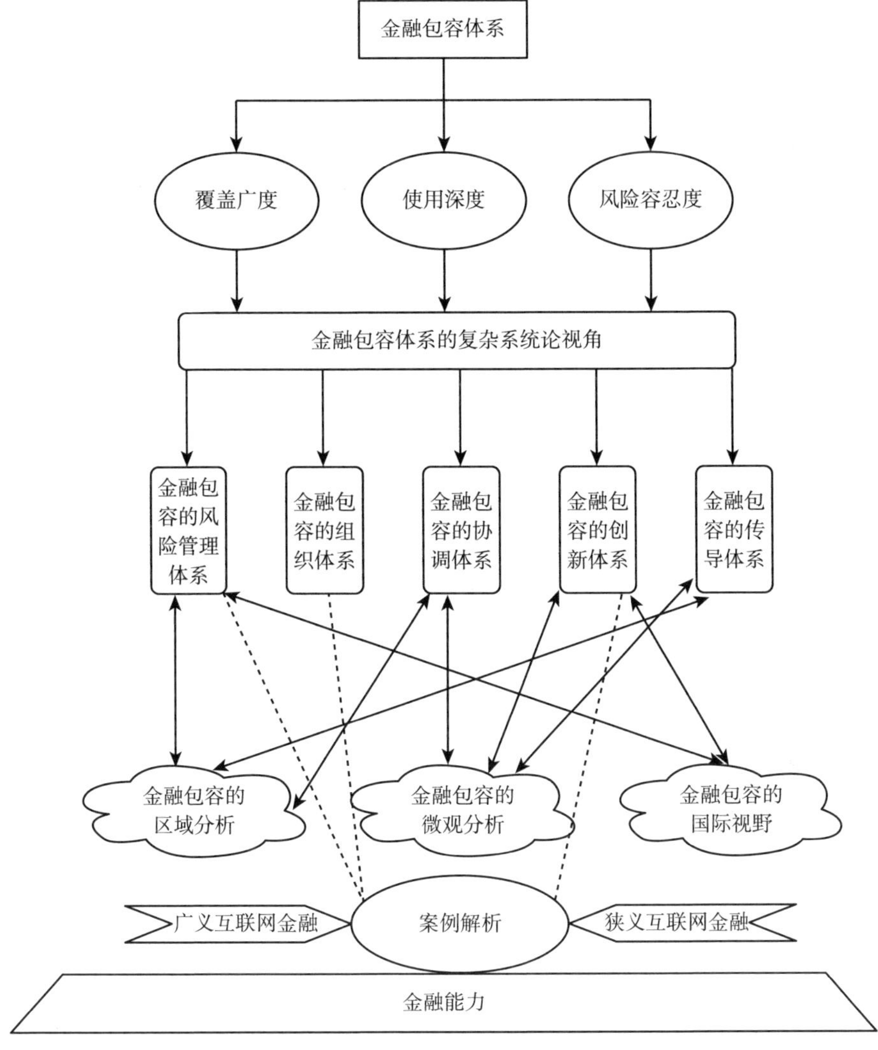


**图 1－1　金融包容体系的构成和内在逻辑**

的融合（传统金融的线上改造与新兴金融的涌现共生），以及传导体系的作用渠道顺畅（非主流金融促进实业增长）。最后，金融能力是金融包容冰山模型的根基，是金融素养、债务素养的载体，也是金融自我效能感提升的关键。依照金融包容体系的框架和逻辑，研究层层递进，前后照应，渐次展开。第 2 章金融包容的理论溯源为本书提供了理论根基和逻辑线索，完整梳理了金融包容概念的演进及其内在特征，同时为后面的实证研究提供线索和铺垫。如健康金融地理学部分阐释的过度负债对健康的影响与金融包容传导体系（福利分析）的实证研究相关；金融的复杂巨系统的理念为模糊曲线分析方法的采纳提供了注脚；工作场所地理学的发展动态要求金融包容的微观分析；农业金融地理的远距离信用评级方法与金融包容风险管理体系的内在关联；保险金融地理学的新学科方向昭示了摆脱单纯银行包容的固有思维，将保险业、证券业等均纳入金融包容体系的必要性等。第 2 章进一步明确了诸多概念的区别和内在联系，特别是国外金融地理学家与国内金融学者对普惠金融、金融包容看法的本质不同，从服务对象、政策目标、关注焦点、发展趋向、出发点、机构视角、惠及面、风险管理、边界划分、空间范畴、发展历程及创新动力等多维度剖析了普惠金融有可能出现的误区以及提前防范的思路和路径，从学术溯源的角度界定和阐明本书的研究对象和研究角度等。第 3 章将金融包容的协调体系、风险管理体系及传导体系的构建融入区域层面的实证分析，探讨金融包容体系自身的协调发展（“三度统一”），社会、金融、经济系统中各子系统、各要素的互动关系及协调（包容的诱致要素与短板效应），以及金融包容的传导体系（作用机制、传导过程及福利改进）。鉴于中观层面有可能出现“合成谬误”及“包容悖论”。第 4 章从微观家庭视角探析金融包容的协调体系、创新体系、传导体系、风险管理体系的完善。如供求的匹配和平衡、非主流金融与主流金融的对称性互惠共生，互联网金融对创业的引导示范效应、家庭金融包容水平的提高对居民幸福感和身心健康的正反馈，完善的金融包容体系降低了过度负债风险，促进微观层面各参与主体的共生、共享、共赢。金融包容体系的构建是新金融和传统金融的有机统一。第 5 章剖析了金融包容和互联网金融（狭义）的互动耦合关系，深度解读国际视野下纯网络银行（较为典型、前沿的互联网金融模式）发展的经验，为金融包容体系的构建提供新的思路，与此同时，防范新金融发展过程中出现的潜在风险。鉴于金融包容冰山模型的根基是参与主体金融能力的全面提升，本书对国际上有关金融能力的研究进行评介，从而点明完善金融包容体系的治本之策，体现了研究的递推性和内在逻辑。互联网金融有狭义和广义之分，国内学者大多从狭义层面（互联网科技企业的金融行为）进行解析，为了避免歧义，本书将案例标题确定为传统金融的互联网化以及互联网金融发展两个层面，强调金融包容体系的构建与完善过程中，传统金融与新金融两者均不可偏废，应该互补互促，以实现整体系统的优化。金融包容五大体系的发展实际上贯穿了河南省案例的始终，各个子体系相互交织、相互作用、互为因果，尽管各系统很难做到泾渭分明，但正因为如此，进一步验证了金融包容是一个复杂的系统工程，其非线性、复杂性以及复合因果性等要求我们具备金融地理学的“大生境”视野，全面、整体、多维度的剖析和拆解问题。

如前所述，金融包容是个复杂巨系统，面面俱到的透彻解析既不现实也不可行。本书独辟蹊径，采用三维度的分析视角，每部分的解读和阐释均糅合了金融包容体系构建和完善的思路与方法，使内在主线明晰。本书按照这两条主线逐次展开、层层深入，如表1-4所示。

**表1-4　　本书的结构安排与逻辑体系**

| 三维度视野 | 框架章节 | 金融包容体系（“三度统一”） | 具体说明 | 互联网金融视野 |
|---|---|---|---|---|
| 区域视野 | 区域差异与比较 | 协调体系、风险管理体系 | 蕴含复杂系统论观点，各系统的有机协调，各构成要素的互动共促，区域层面的适度差距，各要素作用渠道顺畅，对实体经济和福利改进的传导机制有效等 | （1）“新旧结合”的指标体系；（2）狭义数字金融和传统金融的协调；（3）广义互联网金融下的传导机制 |
| | 影响要素与短板 | 协调体系 | | |
| | 福利影响 | 传导体系 | | |
| 家庭视野 | 需求侧与供给侧 | 协调体系、风险体系 | 供求总量、结构的匹配和协调，新兴金融工具和手段拉动创业、创新，主流与非主流金融的协调共生，对家庭福利的传导机制有效等 | （1）广义互联网金融下的供求错配风险；（2）狭义互联网金融的作用力；（3）广义互联网金融下的家庭福利 |
| | 作用力差异 | 创新体系、协调体系 | | |
| | 福利水平改进 | 传导体系 | | |
| 国际视野 | 互动耦合关系 | 协调体系、创新体系、组织体系 | 金融包容与狭义互联网金融的协调，新兴互联网金融模式对金融包容体系的创新和完善，新的风险形式及其有效管理，提升金融能力以夯实冰山模型的根基 | （1）狭义互联网金融促进多元化金融包容体系构建；（2）发展纯网络银行以完善金融包容体系 |
| | 纯网络银行 | 创新体系、风险管理体系 | | |
| | 金融能力 | 五大体系的基础 | | |

续表

| 三维度视野 | 框架章节 | 金融包容体系（“三度统一”） | 具体说明 | 互联网金融视野 |
|---|---|---|---|---|
| 案例视野 | 河南省案例剖析 | 涉及五大体系 | 强调了河南省传统金融组织和新兴金融组织的协调，建立有效的风险防范机制，创新金融产品和服务以完善金融包容体系 | （1）广义互联网金融下的案例解读；（2）广义互联网金融下提高金融能力、防范新的信息贫困 |
| | 金融能力调研 | 五大体系的基础 | | |

以上五大体系的研究分布于各个章节，除了两条逻辑主线，细节的处理如指标体系的筛选和选择也体现了金融包容体系的精髓，蕴含了协调与风险管理等理念。广义和狭义的互联网金融视域也体现在三维度的分析当中，如区域层面的三度统一指标、数字金融指标的纳入；微观层面互联网金融的创业引导效应、福利改进机制；国际视野下狭义互联网金融本身的健康发展即可助推金融包容体系的完善；案例剖析则是狭义互联网金融与广义互联网金融的协同推进以保证金融包容体系的多元、健全、稳定和完善。

## 1.4 创新之处

**1. 研究视角和范畴更加多元**

尝试构建更加全面、客观且与互联网金融背景深度契合的金融包容体系，全面度量及考察其发展短板；指出单一的量化分析容易出现“合成谬误”及“分解谬误”；金融排斥与包容是动态、相对的演化过程，一部分群体被包容进来，就必然有另一部分群体被排斥出去；金融包容的研究范式要遵循“三协调”及“三维统一”。此外，不仅将互联网金融业态纳入研究，构建了“三度统一”的指标体系，而且纳入家庭金融包容视角的解析，完善了研究的“厚数据”，与国别视角、区域视角一起构成金融包容的重要维度。中国家庭金融包容的分析丰富了金融地理学、家庭金融学的案例与实证研究，在一定程度上拓宽了金融地理学的内涵和外延。

**2. 学术观点结合最新的发展动态凝练**

如金融包容符合市场经济的原则，不是普惠，而是互惠；提出需求层面包容指数的最优未必等同于供给层面的包容最优，金融包容包括需求侧和供给侧两个层面，应该从这两方面着手分析包容的表现与诱因，并寻找供求匹配解；微观与宏观的金融包容不同，积极和消极的金融排斥不同，普惠金融和全民金融不同，需要防范“唯指数论”和“包容悖论”；考虑将具备相应金融能力的微观个体、企业或家庭在信息完全对称的基础上，通过成本效益原则所进行的合理配置资产的行为纳入金融包容范畴；普惠金融不是全民办金融，也不是慈善金融。

**3. 研究方法较有特色**

主要采用案例分析法、社会调查法及问卷调查法等。在福利分析中，采用模糊曲线方法分析各要素间的贡献弹性与相关关系，并利用空间计量工具，检验各变量之间的空间相关关系等。这些方法的使用与创新也可推广到地理学、经济学、金融学其他问题的分析当中。不仅是理念的贯彻，在各个计量模型的指标选取上，也充分考察了互联网金融的发展状况，使金融包容各层次问题的考察都能结合最新的发展态势。

# 第 2 章 金融包容的理论溯源

## 2.1 金融包容：新型危机背景下金融地理学视域的新拓展

美国的金融市场历来被很多学者认为是较为成熟的国际标杆，其华尔街更以金融产业“领头羊”而闻名。在此，金融产品被不断创造和丰富，但是也难免存在过度证券化、次级贷款过度扩张等问题，而由此催生的金融危机使人们意识到银行业、金融系统的重要性及其脆弱性。2008 年的金融危机引发了以美国为首的发达国家金融产业的全面萎缩，各个金融机构为避免再次受损及控制潜在风险而不得不严格评估客户，尽量争夺优质、高信用、高资产客户，这就难免造成农民、低收入城市贫民及中小企业等金融弱势群体被主流金融（mainstream finance）排除在外。金融危机之后的欧洲债市危机使得金融地理继续裂变，金融空间结构也开始变得相对不稳定。与此同时，世界经济呈现金融资源跨界流动和全球对外贸易失衡的特征。在此背景之下，部分金融地理学家指出，由于金融机构秉持“地理已死”的观点，不理解、不在乎因地理不同而产生的价值观和文化氛围的不同，因而在不同地理环境下强行提供一致性的金融服务，造成金融困境的进一步恶化及低迷的经济现状。一方面，从需求者角度来看，居民被金融排斥在外，使得他们无法获得合适的金融资源，难以扩大生产、有效管理家庭金融资产及合理规划长期消费，降低了生活质量；另一方面，对于金融供给方，往往面临来自社区、组织和监管的排异。金融包容（financial inclusion）概念由此应运而生，它强调市场原则下的互惠互利，内容涵盖需求主体对金融产品和服务的可得性、使用性；供给主体的可持续性发展；微观家庭和个人对金融市场的参与度；中观组织和区域以及宏观国家层面的金融资源配置的协调性等。

### 2.1.1 金融包容：金融排斥的拓展与深化

金融包容的研究始于其对立面——金融排斥，它由金融地理学家提出，是指部分金融市场主体被排除在主流金融产品和服务之外的过程与状态，这种排斥来自地理、评估、条件、价格、营销和自我六个方面。自该理念被提出以来，中外学者对其内涵、排斥对象、排斥机制、排斥原因及其可能产生的后果等方面均进行了深入研究。金融包容的概念处于不断完善和扩大的过程中，然而有些国外学者只是简单地将其作为金融排斥的对立面加以研究。如 Transact 组织明确将金融排斥作为金融包容的对立面，研究经济主体对金融产品和服务的可接触性，主要强调微观家庭和企业的自身金融素养问题所导致的金融排斥。费尔南德斯（Fernandez，2006）界定金融包容为包容性增长理念在金融领域的体现，关注如何保证金融弱势群体获得合适的金融服务，进而促进经济增长。金融包容联盟（Alliance for Financial Inclusion，AFI）对金融包容促进经济发展和社会进步的机制进行了阐述，指出金融包容水平的提高可以使金融需求者获得合适的金融产品和服务，有助于金融系统的稳定和社会凝聚力的提升。北大西洋公约组织咨询服务伙伴（2010）指出，被排除在外的人不情愿或难以获得适当的主流金融服务，金融包容可使其重新融入主流金融系统，甚至在危机期间获得资产管理、未来规划的建议和信心。英国金融包容中心与社区发展金融协会用银行包容来替代金融包容，用基本银行账户的可得性来替代金融服务的可得性：从金融需求者角度，是指能够以一种平等、可负担的方式参与金融市场，有效地使用金融产品和服务；从供给者角度，是指在提供产品和服务时要注重公平、恪守诚信。

通常意义上的金融排斥被定义为基本金融服务的缺失，因而金融包容提升总是对应地被理解为缩小金融排斥人群。如威尔士联合政府（The Welsh Assembly Government，WAG）指出，金融包容与收入、社会地位无关，是指所有阶层、所有个人都可以获得和使用合适的金融产品与服务。雷根和帕克斯顿（Regan and Paxton，2003）对金融包容的概念进行创新，说明了金融包容不是金融排斥的简单对立，需要将金融包容性的广度和深度联合起来考虑。其中，广度体现为金融产品和服务的可接触性，包括对银行账户、储蓄、信贷、保险的接触性和可负担性；深度体现为金融消费者有使用金融产品和服务的机会、素养和能力。雷根与帕克斯顿拓展了金融包容的研究范围，但是研究仅局限于微观个体和家庭。欧洲委员会（European Commission）持类似观点：完全金融包容可被描述为一种接触及使用适当主流金融服务的能力。

帕克斯顿（Chakrabarty，2011）对金融包容的作用机制给出了较为明确的说明，并在此基础上丰富了金融包容的内涵。他指出金融包容对于促进储蓄和节俭习惯的形成有积极作用。除此之外，金融包容还可以及时满足融资需求、领取补助资金、提升支付便捷性等优势。帕克斯顿对金融包容的内涵解读有较大的创新，他认为金融包容是为所有阶层提供公平的、可负担的金融产品和服务，其中这种包容性增长来自需求和供给两方共同的推动。他认为银行服务是提升金融包容、缓解金融弱势群体被排斥的关键因素，应该扩大银行业对金融弱势群体的覆盖。汉尼希和詹森（Hannig and Jansen，2010）强调了主流金融机构和服务在提升金融包容中的作用，指出金融包容的主要层面是推广银行账户的开立，同时要求金融机构在自身可承担的风险范围内提供金融产品和服务。传统的衡量金融发展深度的指标是金融相关比率（financial interrelations ratio，FIR），它常被用来研究金融发展和经济增长之间的关系，该指标只考虑深度而未考察广度。与金融排斥相比，狭义的金融包容有可能掩盖金融排斥的规模，同时夸大自我调节动机的有效性和成功性，可见，广义的金融包容更为全面科学。表 2－1 列举了金融包容与排斥的区别及影响。

**表 2-1　　　　不同金融服务类型下金融包容与排斥的比较**

| 金融服务 | 金融包容 | 金融排斥 |
| --- | --- | --- |
| 银行账户 | (1) 安全的储藏、储蓄和接触货币；(2) 通过直接借记、委托命令进行电子支付；(3) 某些货物只能网络或者电话购买，某些商品则必须通过直接借记方式结算；(4) 电子支付某类货物或服务（如燃气、电力）价格更便宜；(5) 某些服务存在门槛：拥有银行账户才能确立信用评级、参与市场 | (1) 管理资金更复杂、耗时长、安全性差；(2) 失去直接借记的折扣；(3) 由于多数雇主采用电子支付工资，故更难于找到工作；(4) 被迫依赖于现金；(5) 没有机会接触其他服务；(6) 更难于积累资产；(7) 更难于获取福利（政府福利、当地住房补贴） |
| 可偿付贷款 | (1) 支出或收入出现变动时，熨平消费；(2) 以备急需；(3) 资产开发 | (1) 减少机会；(2) 不得不陷入信贷匮乏或求助于昂贵、非法的资金供给者；(3) 门阶贷款对区域经济的损害；(4) 更难以获得资产或拥有住房 |
| 储蓄 | (1) 收入或支出出现变动时，熨平消费；(2) 以备不时之需；(3) 资产开发；(4) 增加自信和安全感 | (1) 不得不求助于紧急借贷；(2) 减少机会；(3) 难于获取资产、投资及房屋所有权 |
| 财产保险 | 遭遇诸如火灾、盗抢等危机时可获财产赔偿 | 人们一直处于严重的损失风险之下 |
| 债务建议 | (1) 帮助人们管理危机；(2) 减少与负债相关的精神压力与健康损害 | (1) 无法管理的债务使人们焦虑、抑郁；(2) 可能导致健康损害、关系破裂；(3) 遭遇失去财产甚至破产 |
| 金融能力 | 人们具备技能、知识和自信去处理每日金融资产、规划未来及高效应对金融危机 | (1) 人们无法高效利用资金；(2) 无法充分利用金融服务及享受相关福利；(3) 更容易遭遇债务危机 |

资料来源：The North Yorkshire Advice Services Partnership. North Yorkshire Financial Inclusion Strategy 2010-2015，http：//www.northyorks.gov.uk，2010.

表 2-1 主要从需求角度列举了金融排斥和金融包容的差异，其中前者表示部分群体由于外部排斥和自身排斥的共同作用导致不能获得合适的主流金融产品，而后者则表示金融需求者对金融产品和服务的可及性、使用度以及相关金融能力。由于过分强调金融包容的需求端作用，力求降低需求方的成本而忽略供给端的风险可负担性，导致并不能完全实现可持续的金融包容，因此，学者们逐渐将研究视角扩大到金融供求双方。拉扎洛维茨（Lazarowicz，2009）指出，对于部分金融排斥的组织或地区而言，金融供求的实际价格低于均衡价格，因而主流金融机构往往不愿意为金融消费

者提供积极有效的服务。这个矛盾可以通过要求银行给所有居民提供银行账户并对低收入、低盈利率者予以补贴的方式，或者政府直接建立非营利性的金融机构为被排斥群体提供等价银行服务来解决。

### 2.1.2 金融包容：动态、多层次、复合维度理念

金融包容的概念较为丰富且与时俱进，其内含于社会包容体系。只有当所有的金融需求者都能够接触到适当的金融产品，同时有利用这些金融产品和服务的能力和机会时，才可称为达到了金融包容的最低标准。英国社区金融与学习倡议组织（the Community Finance and Learning Initiative，CFLI）指出金融包容与福利之间有着紧密的联系：第一，金融包容可避免家庭预算资金外流；第二，金融意识提升带来福利增加的可能性；第三，各类合理、适合的金融产品可满足人们的融资需求或者资金管理需求，避免其陷入贫困陷阱。金融包容水平尤其是深度包容程度的提升，对于政府实施更为广泛的福利改革措施具有重要的战略意义。随着金融市场的完善和金融机构、金融产品的丰富，研究不再局限于主流金融的包容性。2008年，欧洲委员会将金融包容划分为四个方面：银行、储蓄、信贷和保险，每个层面又可进一步细分。如银行包容按照包容程度细分为完全排斥、边缘化排斥和完全包容。可见，金融包容是动态、分层次的复合概念。一些被金融排除在外的居民由于不能接触到适当的金融产品和服务，被迫选择超出其承担能力范围的融资方式。这从另外一个角度进一步验证了金融包容内涵的多维性，其广度和深度密不可分、交互影响、动态转化。

从金融需求者角度来看，莱申（1997）等及英国金融服务局（Financial Services Authority）指出，金融包容与金融排斥之间存在相关性，金融包容性演进的同时也是少数居民被金融遗弃的过程。从供给主体来看，帕克斯顿（2011）将金融包容的发展历程分为初始阶段和长期阶段，其中初始阶段主要是指金融包容体系内部可以实现自给自足，而长期阶段则是指供给方可以从金融包容体系内部获得可持续的利润。因此，金融包容发展仅仅依赖于政府的补贴和扶持是不可行的，必须保证金融机构以其可负担的成本提供金融产品和服务。金融包容难以同时精确衡量个体包容和家庭包

容，例如家庭较之个人更容易获得金融产品和服务，而家庭破裂条件下的年轻人独立生活能力较弱，此时个人被金融排斥的程度容易被低估。全面的金融包容体系应该涵盖个人、家庭、社区和政府等各方面的成本效益分析，具体战略包括以下方面：（1）收入最大化；（2）提高金融能力；（3）改善金融环境；（4）防止贫困蔓延；（5）促进各种金融产品的接触和使用；（6）解决失业问题，打破排斥的代际传承；（7）最大化福利和补贴的可用性。琼斯（Jones，2009）认为金融排斥是弱势群体被剥夺的一个方面，金融包容体现为金融消费者对适用金融产品及服务的可接触性、机会可能性以及使用效度，且有必要以结果为基础或以净资产价值来界定金融包容性。从公平和社会公正的角度来看，这类似于英国在医疗保健、教育和公用事业方面的普及方式。英国德比郡从微观角度将金融包容划分为两个层次。为了达到第一层次，人们需要理解：（1）如何管理个人收入和支出；（2）金融产品的利与弊；（3）在哪里获得相关金融产品的推荐；（4）如何获得享受利益的权利；（5）将其应用到实际环境中的能力。为了达到第二个层次，人们还需要能够获得银行产品和服务、可负担贷款、金融及债务建议。在其 2009～2012 年的包容策略规划中，提出了金融包容定义的复合维度金字塔模型，如图 2－1 所示。

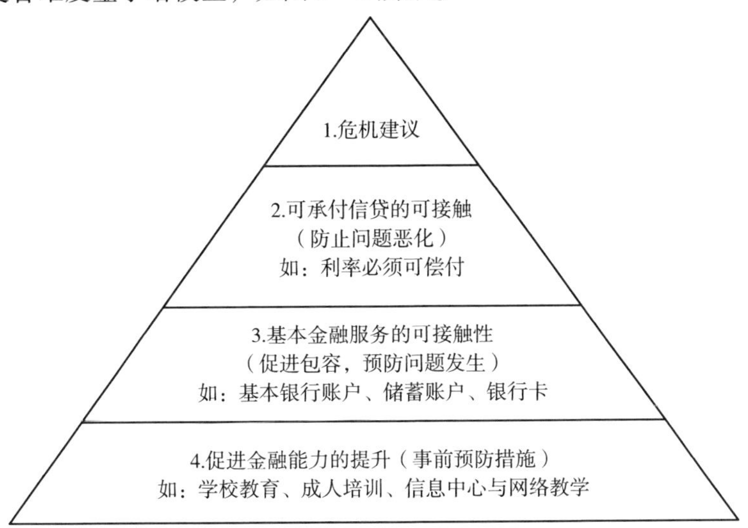


**图 2－1 金融包容定义的金字塔模型**

资料来源：Financial Inclusion Strategy for Derbyshire 2009－2012.

金融包容的层次更像是一座冰山：冰山顶端代表处于危机中的人们及时获得建议以摆脱困境，当然，第一级危机需要避免；冰山模型的其他层次代表随着时间的推移，需要着重解决的问题。从长远来看，金融能力的提高是治本之策，而冰山尖端则是当务之急，且在新型危机背景下，不断恶化，反复出现。

金融包容是包容性理念在金融领域的深化与发展，是指个人、家庭、企业、组织或地区等参与及融合到金融市场的过程与状态。从微观层面上，意指个人、家庭和企业能以合理的成本获得和接受自身需要的金融产品与金融服务，同时也包含了区域中观层面的金融包容性增长；既涵盖金融需求者主动选择合适的金融产品与服务，也包括了金融供给方提供服务的可持续性；从中观层面上来看，该种包容性增长意味着各区域经济、金融和社会的协调，城乡之间金融的协调，以及各省际、地区之间的金融协调（“三协调”）。

### 2.1.3　金融包容的影响要素

表2－2从需求、供给、社会三个方面较为全面地概括了有可能影响金融包容或排斥的各要素、服务类型及作用渠道（接触或使用）①。可以看出，西方学者的研究多注重银行包容，强调信贷服务，而对股票、房地产等风险投资以及保险、信托、支付清算、理财、新金融业态等研究则相对有限。本章2.3节将就此问题进一步探讨，提出需要区分接触性和使用性以及对产品和服务进行细化分类，如在互联网普惠金融的推进过程中，应结合中国的实际情况，对小额支付、小额投资（即大众理财）应大力推广，而对微贷款等业务则应有效控制和管理风险，奉行商业可持续性原则。

① 金融包容的影响要素、空间差异、悖论之解等具体内容可参见田霖：《金融包容：新型危机背景下金融地理学视阈的新拓展》，载于《经济理论与经济管理》2013年第1期。

表 2-2　影响金融包容及排斥的诸要素

| 来源 | 影响要素 | 接触与使用 | 服务类型 | 金融包容或排斥 |
|---|---|---|---|---|
| 需求层面 | 1. 成本顾虑 | 接触与使用 | 交易银行、信贷 | (-) 潜在客户担心成本过高或信息不对称 |
| | 2. 个人价值观 | 接触 | 交易银行、信贷、储蓄 | (-) 坚信银行账户专属于富人及自尊自信不足 |
| | 3. 失去金融控制力的恐惧 | 接触 | 交易银行、信贷 | (-) 银行账户不如现金可靠；网络银行黑客 |
| | 4. 对供给者不信任 | 接触 | 交易银行、信贷、储蓄 | (-) 担心银行破产或不信任金融机构 |
| | 5. 金融能力与教养 | 接触与使用 | 交易银行、信贷、储蓄 | (+) 金融素质高、更有信心选择适用的金融产品 |
| 供给层面 | 1. 风险评估流程 | 接触 | 交易银行、信贷 | (-) 过于严格 |
| | 2. 营销方法 | 接触 | 交易银行、信贷、储蓄 | (-) 策略模糊排除潜在客户<br>(+) 客户细分、产品差异吸引某类消费群体 |
| | 3. 地理可达性 | 接触 | 交易银行、储蓄 | (-) 机构远离客户群<br>(+) 流动网点、ATM、代理机构 |
| | 4. 产品设计 | 接触和使用 | 交易银行、信贷 | (-) 条款费率不明，目标客户不清<br>(+) 面向特定客户开发的产品 |
| | 5. 服务传输渠道 | 接触和使用 | 交易银行、信贷、储蓄 | (-) 渠道单一、不畅、风险高<br>(+) 互联网、手机的普及使用 |
| | 6. 选择的复杂性 | 接触 | 储蓄 | (-) 产品庞杂、无从选择 |
| 社会层面 | 1. 人口变动 | 接触和使用 | 交易银行、信贷 | (-) 人口老龄化，技术鸿沟拉大 |
| | 2. 劳动力市场化 | 接触 | 交易银行、信贷 | (-) 弹性工作制意味着收入不稳定 |
| | 3. 收入不平等 | 接触 | 交易银行、信贷 | (-) 收入差距拉大，弱势群体更难以获取金融服务 |
| | 4. 社会支持 | 接触和使用 | 交易银行 | (-) 直接补贴现金会阻碍银行账户的开立<br>(+) 反贫困政策则有利于金融包容 |
| | 5. 反洗钱法规与身份验证 | 接触 | 交易银行 | (-) 金融交易更加官僚化 |
| | 6. 财政政策 | 接触和使用 | 交易银行 | (-) 高税费加大低收入群体负担<br>(+) 财政手段直接刺激包容 |
| | 7. 普遍现金 | 接触 | 交易银行 | (-) 现金交易阻滞包容 |
| | 8. 市场自由化 | 接触 | 交易银行、信贷储蓄 | (+) 促进竞争，可能导致关注市场的各个组成部分<br>(-) 或者忽视边缘市场主体<br>(-) 金融机构规制的平衡导致某些为低收入群体服务的传统机构的消亡 |

注：(+) 代表促进金融包容，(-) 代表诱发金融排斥。接触和使用两个层面密切联系又互相转化，这里标示的是在初始状态下要素影响的是接触或使用层面。

资料来源：European Commission. Financial Services Provision and Prevention of Financial Exclusion, *Working Paper*, 2008.

## 2.2 互联网金融背景下金融地理学研究的新动态

金融地理学作为一门金融学和地理学的边缘交叉学科引入国内，无论在纵向抑或横向层面均实现了其研究范畴、对象、手段和目标的深入拓展。早在1992年，奥布赖恩（O'Brien）就提出了地理终结理论，然而金融地理学家从未停止探索货币和金融的空间图景。制度地理、区位结构、监管空间等相互交织，形成了一个独特的金融内生空间。它的嵌入性并没有随着互联网和信息技术的使用而终止，而是具有越来越强大的生命力，从不同角度展现了对金融复杂世界的全新解读。

我国互联网金融始于2013年，爆发于2014年，其发展之所以迅速吸引了众多国内学者，而国外同类研究却较少的主要原因有：第一，国外金融发展起步较早，其拥有着更充分的竞争市场和更健全的制度。互联网企业主要是帮助原有的传统金融机构改革技术、降低交易成本及提高效益，其从事具体的金融业务较之专业的金融机构则不占优势。第二，国外的互联网金融发展较为成熟，但其所指的主要是传统金融业务的互联网化，缺乏互联网公司的金融化之类的专业术语和解析。因而国外除了对立法和监管进行研究之外，主要是对经济层面的实证分析，并且是针对某些具体问题的细化分析。相对于传统金融机构的“金融互联网”，中国更关注互联网公司的金融业务，即BATJ（互联网四大巨头：百度、阿里巴巴、腾讯、京东）的“互联网金融”（狭义互联网金融）；与PC、EFPOS、ATM、WAP等终端系统相比，移动互联网受到了更多的关注，注重提高手机普及率和移动互联金融服务入口的“普惠”，特别是长期被金融排斥的个体，如低收入人群、农户、中小企业等。

互联网金融对传统金融产品、服务、制度和模式都产生了颠覆性影响。金融地理空间的结构被重塑，而信息经济下的新地理图景则应运而生。地理空间中金融与经济的复杂交织，促使人们认识和回答在互联网化和全球化条件下，区位与空间是否一如既往的重要，狭义和广义的互联网金融如何影响金融生态，涌现了哪些新业态以及未来应预警哪些新风险等。本书试图从金融地理学的角度对这些问题进行解释，进而为创新创业、乡村振兴、金融促进实体发展、包容性建设等方面提出一些参考或思路。

### 2.2.1 金融地理学的新进展

#### 1. 互联网时代地理已死吗

传统的研究聚焦于金融集聚和金融扩散。对于特殊地点或位置的地理学，以下两条渠道促成了金融市场的重新整合：第一，聚集经济，金融实体使用其来分享知识和信息；第二，规模经济，其与全球金融体系中的高交易成本相关。在互联网新时代背景下，学者们对“地理已死”的观点进行了不同角度的反驳。包括传统地理观（Petersen and Rajan，2002；Turner，2011；Dymski，2009）、功能地理观（Alessandrini，2009；Sokol，2007）和智能社会观（Fujita，2007）。传统地理观阐释了在新形势下地理因素的作用并没有消失，由于交通成本、交易成本和信息不对称等原因，互联网金融视域下传统金融机构依然有其生存龛位和特殊布局的要求；功能地理观创新性地提出了功能距离理念，功能距离要比操作距离（银行分支网点的渗透性）更加重要，体现了互联网时代对数字金融发展的需求；智能社会观则从经济关联（E-linkages）和知识关联（K-linkages）两种联系出发，强调智慧要素及人力资本积累，支持和验证了新空间、新地理、新区位的重要性，不同地区之间的合作、交流和思想碰撞的能量与火花引致产业的聚集与分散，也为金融包容区域协调体系的完善提供理论支持。

#### 2. 互联网、ICT 对金融空间的再塑造

金融地理学主要研究了全球金融中心、离岸金融中心、零售银行业区位及金融排斥等问题。实际上，ICT 技术的普及使用引发了生产和消费的地理分离（spatial decoupling），在某种程度上弱化了银行与顾客间协同定位的必要性（Wójcik，2007）。一方面，部分金融服务开始逐步从集聚中心向边缘城市或低成本区域进行渗透。相比可替代的其他金融服务模式（如 ATM、电话银行、互联网银行等），建立并运营实体银行网点的成本高

昂，所以实践中撤并、缩减分支机构时有发生，特别是在低收入或相对落后地区，这种现象更为突出，金融排斥恶化。另一方面，传统银行业零售行为中注重当地的默示知识及与顾客的当面交流，尽管在弱化银行实体网点的时代，利用 ICT 技术就可以建立客户数据库、信用评级机制、地区人口统计、营销体系等，实现客户的远程判断、选择和评估等，但是这一过程也存在风险和挑战，并非完美无缺。例如，针对中小企业的信贷业务，银行分支机构的相邻性仍有着不可或缺的作用。可见，即使在 ICT 技术发达、互联网普及的背景下，实体银行仍必不可少。银行既想降低成本又要维持与高质高频客户的当面互动，因而彻底消除实体分支机构是不现实的，也是不理性、不可行的。金融地理学家提出的领土飞地（territorial enclave）概念更关注地理的人文内涵，将工具理性和价值理性有机结合起来。这就使得我们更易理解在传送渠道流畅、成本可控条件下，相同的金融技术与服务为何在不同地区却有着不同的渗透率，为何会出现所谓的金融沙漠和金融绿洲。

### 3. 金融服务的传递通道发生变化

索科尔（Sokol，2007）将输送通道划分为分支机构网络（私人银行分支机构、专业化银行业务中心）、代理商网络（无办公室银行、网络团队或者私人代理）、无实体网点银行（通过电子空间分散的传输通道）三种类型，每种类型都有特殊的作用环境：爱尔兰银行传输渠道以分支机构网络为主；代理商网络是在之前分支机构模式上的创新，但也将逐渐被代理网络替代。这种策略含有两个地理维度，即当地根植性和地理流动性。即使因特网媒介已经取代了公司的电话服务中心职员，但是爱尔兰目前仍没有真正意义上的网络银行，由于运用 ICT 的虚拟传输渠道供给服务依然需要实体地理介质来对其进行管理和维护，所以区位结构和中心化的存在总是有其现实意义的（Sokol，2007）。无实体网点银行（纯网络银行）在不同地区受不同的政策约束，一方面交易成本降低、金融素养提高均会增加金融需求者对主流正规传输渠道的使用强度；另一方面人们对使用现金的偏好约束了纯网络银行的推行范围。纯网络银行是金融包容创新体系的重要组成部分，第 5 章将专门介绍如何借鉴国外经验、促进其健康发展、提前预警和防范风险等。

#### 4. 金融的历史地理学转向

克里斯托弗斯（Christophers，2014）认为金融市场、金融结构、金融模式、金融主体关系等的变化以及金融危机的产生会诱导人们对金融问题的地理结构研究止步于当下的时空范围。然而，令人欣慰的是，近年来不断有学者去考察金融地理问题的历史背景。例如，国家主权债务危机、全球金融危机等发生频率上升，这就需要从历史的角度进行追溯和剖析，以有效消除危机影响和预防危机的再度发生。金融学、历史学和空间经济学等学科交叉形成金融的历史地理学，可以更好地解释地区危机乃至全球危机的发生根源。诸多学者对地理因素诱导金融产品的丰富和金融市场的完善进行了解读与分析。例如，海运保险类金融产品是为了规避海上运输的不确定性而产生的（Levy，2012）；舍恩伯格（Schoenberger，2008）提出高效的货币化商品市场建立的初衷就是解决跨时空的资源交换及管理问题。拉扎拉托（Lazzarato，2012）指出，借贷关系是最常见、最去疆域化的关系。虽然关于金融的历史地理学问题目前研究尚显笼统，但是当前的经济金融问题如果不能从历史地理学的角度对其追根溯源，则很难洞悉本质，同时缺少文化内涵，无法给出令人信服的答案。

#### 5. 虚拟金融与实体经济

霍尔（Hall，2012）通过对金融与实体经济的关系进行研究，提出金融循环的概念，并且指出货币、金融、经济三者的内在关系已经成为经济地理学及广义社会科学的重要研究方向。派克（Pike）与波拉德（Pollard）于 2010 年指出，金融地理学已经脱离了经济地理学衍生为一门相对成熟的独立学科，金融循环和实体经济的金融地理学有可能形成特殊的地理方法论工具的两条路径，来帮助我们更好地理解金融和实体经济的交集：第一，研究要求探寻金融网络固有存在的地理结构特征、背景和起源；第二，金融化程度和范围的扩大，使得对国际金融体系中新参与者和新空间的深入研究显得不可或缺，而这些新的要素又复杂交织在一起，其对国际金融体系的运行至关重要。在既定的地理空间中（家庭、城市或社区等），金融经济地理、货币金融流动、商品流通等相互交织融合并产生新的经济地理格局，而其中新的空间和新的参与者至关重要。诸如第三方支付、P2P、众筹等互联网金融的不同模式中涌现的各类金融主体加速了金融循环，变革了机构的内生性特征，重组了金融空间构成，并推动了实体经济发展。以上理念蕴含了复杂系统论及金融包容创新体系、协调体系的合理内核。

### 6. 与互联网横向思维相补充的工作场所地理学

互联网金融是运用信息技术有效开发金融消费者的时间、空间和认知方面的盈余，更好地解决消费者的跨时空消费问题，而工作场所地理学则是与之相对应的纵向模式，是人文地理学的新兴研究领域。莫伦（Morran，2012）提出的“工作参与观察法”，提供了怎样将通行理念运用于灵活劳动力的实践过程，并被工作环境中的参与者（特别是服务业）创造性地改变。这种交互式的服务工作，要求雇员与客户当面交流，其性别、年龄、能力、种族等基本特征在互动过程中体现，且作为产品的一部分出售给客户。如何将“工作参与观察法”广泛应用于参与工作个人的跟踪和调查，以及如何使地理学家透析工作实践中的空间性和创造性是目前学者们研究的重心。由于缺乏特殊的研究方法和技巧，人们在具体的工作环境和工作位置中的主观感受与创造力很难准确量化与衡量。如人们在工作中的快乐、成就感、压力、焦虑感等，有些无法通过访谈、普查等一般调查方式得到准确完整的答案，必须通过长期工作参与式的考察才能全面地理解。此时，研究中的个体既是研究对象也是研究工具，该种研究方法更容易洞察各种潜在的工作规则以及不同层级间、客户间的复杂关系。这乍看起来好像是互联网时代的逆向趋势，但在网络化、信息化背景下，对微观主体进行纵向研究已成为研究的热点与前沿。显然，与横向的互联网思维相比，工作场所地理学更为长期、深层，且需要与某工作场所中的微观主体展开互动交流，这也是本书为何将金融包容视野拓展至微观领域，将个人、家庭、思想、态度、行为、情境知识等纳入研究范围，并且采用微观层面的追踪调查和面板数据库进行实证研究的动机和原因。

### 2.2.2 对中国的启示

从金融地理学的思维与理念出发，结合中国实际，可将该学科未来深入拓展和发展的方向归纳为六个方面。

**1. 文化金融地理**

金融地理学家更倾向于从自反性、经济、社会、文化等综合角度来研究当前经济特点、金融结构特征及未来金融发展方向。文化金融地理即在文化领域纳入金融要素，进行文化资源的资本化、证券化和产权化，运用金融工具和手段挖掘深层次的文化价值。当前的众筹、VC、产业基金等涉足文化领域就是很好的文化金融地理的例证。此外，地方性政府也开始建立文化金融合作试点，运用互联网金融整合社会资源，打造具有地方特色的文化产业，惠及当地居民、投资者、融资者以及历史文化传承，同时引导居民新的行为准则、思想观念、价值观念和消费观念的塑造。文化表现出一定的地理特征，同时微观个体的宏观“涌现”和特征也会影响文化金融地理的演进方式及快慢。例如，个人的性别、性格、观念和行为特点不同，其对风险、收益、投资对象的选择也差异较大；女性创业的融资行为、市场主体金融素养、金融创新中个体差异和障碍（如功能障碍型、心理障碍型）对金融排斥的影响；金融地理学环境下，来自市场、企业、机构的参与主体之间的竞争与合作关系。文化金融地理学将是演化经济地理学的下一个新兴研究方向，并在现实中促进地方文化传承、金融系统重塑、文化飞地合作等领域的蓬勃发展。

**2. 房地产金融地理**

房地产价格分布表现出明显的地理特征、空间毗连性等，其中空间毗连性的作用要大于地理位置、社会经济特征等因素的影响，如中国的长三角经济带、珠三角经济带以及正处于发展期的京津冀经济圈的房价都高于一般地区，体现了一定的空间毗连特征。国外的研究还发现，人们的性别、种族、房地产中介、房地产基金市场等都左右着房地产行业的空间布局。互联网的普及引导人们对房地产的多层次需求，并为之提供了相应的平台。如给年轻创业者提供优惠出租办公室的 You + 创业社区；与小米合作建设智能家居地产；万通自由筑屋和众筹网合力打造的“众筹筑屋”工程等。越来越多的房地产企业开始突破单一的售房模式，以房地产为基础，联合金融公司、创意设计公司、政府等打造新型房地产出售或租赁服务，推动房地产业的转型与升级，开辟新的利润增长点。房地产金融地理学也将逐步成为新的学科增长点，引发理论部门和实践部门的密切关注。

#### 3. 农业金融地理

降低农村、农民和农业的金融排斥度，使得弱势群体能够有意愿、有尊严地获得合适的金融产品或服务是金融机构承担社会责任、推动普惠金融发展的重点任务。互联网金融具有服务范围广、服务成本低、信息传播快、数据信息储备大的特点，能有效解决传统银行面临的成本高、收益低的困境，而大数据和云计算的采用等使得信用评估和风险管理更为高效。因此，互联网金融是建设金融包容的最佳路径之一，其微支付、微投资等模式能够给金融相对弱势群体提供更多接触到金融服务的机会。“互联网 +”对建设农业生态文明、升级农产品消费、壮大农业龙头企业等方面作用显著，勾画出新金融下的新农业蓝图。例如，中国 212 个淘宝新村的兴建、农村供应链金融和互联网金融的发展、乡愁驱动的美丽乡村和休闲村建设以及大型农场模式的摸索等，都离不开互联网金融模式的支持，如第三方支付、众筹融资、P2P 网贷等；都超越了一般的信用评估机制，如远距离信用评级、社交模型、滴漏模型、蚂蚁金服集团的水文模型等；均注重投资收益、风险偏好、投资时空观的多元化视角。农业金融地理在新维度理念下蓬勃发展。

#### 4. 保险金融地理

金融地理学的创始人之一瑞斯托 · 劳拉詹南很早就指出保险问题是金融地理学研究的不可或缺的方面。很多保险机构和传统地理问题密切相关，如财险投保人购买地震、台风和洪水等相关保险；船主、车主购买车船险、人身意外险；农场主购买保险来分散天气、灾害或蝗虫可能带来的损失等。保险服务的可及性以及保费高低通常伴随着地理差异而凸显其不同。国内保险机构也不断创新保险产品和保险服务，例如以 App 的日常锻炼记录为基础推出的差异化人寿保险产品，与碳排放指标相关联的个人、公司的保险奖励费率等。当前，保险行业加速对大数据、云计算等新兴技术的使用，如量付保费模式（Usage Based Insurance，UBI）的车险计算是以其车载诊断系统及其重力传感器记录司机的驾驶习惯、行车路况为基础的，突破了以车价为基准的车险计价习惯。在这种情况下，司机会为了降低车险费率而尽量保持良好的驾驶习惯，这在一定程度上降低了车险赔付率。“互联网 +”保险为金融地理学开辟了新的研究领域，同时也为解决金融排斥、过度负债和金融滥用等问题提供了科学依据和参照标准。保险维度的不可或缺是本书将保险深度、保险密度纳入金融包容“三度统一”指标体系的内在原因。

**5. 地缘政治金融地理**

不同于奥布赖恩“地理已死”的观点，经济和金融全球化背景下地理要素依然不容忽视，事物的空间位置（以各地区的历史与制度条件为划分基础）仍然是人们能否获得或获得何种金融产品和服务的决定性因素。以美国次贷危机为发端的全球金融危机表明，经济的脆弱性在各国家和地区之间有着空间差异性。金融不断地从本质上重塑着迅速变化的全球空间政治和空间经济，在互联网背景下显现出新的空间逻辑关系，机构组织空间结构的流动性日益增强。例如，在英国，金融排斥起初被视为个人或家庭的自我排斥问题，然而金融排斥是多维度的，它不仅是微观的个人问题，也属于空间问题。由于在红线区域（red line）居住或工作的群体违约风险较高，银行不愿意为其提供贷款。英国的金融服务存在空间不均的特点，伦敦、爱丁堡、东南部一些城市备受金融机构的青睐。中国的“一带一路”政策推动了新一轮双边合作或多边合作发展，也蕴含了地缘货币政治学的智慧。该政策既是国际金融合作的一个小缩影，也体现着中国在经济地理方面的革命和重组。此外，集聚和分散并行下的“总部经济”与“临空经济”，均体现着中国政府从地缘政治金融地理的角度，促进金融服务区位结构的升级和演变，进而推动经济发展的思路和智慧。实践中，金砖国家开发银行总部落户上海、支持大众创业、万众创新、倡导乡村复兴等做法都是金融地理学中功能距离、学习型区域、信息腹地和金融包容等理论在现实中的灵活运用。

**6. 健康金融地理**

2015 年诺贝尔经济学奖获得者安格斯·迪顿在进行福利经济学、消费经济学和家庭经济学等研究时，将经济学定量分析和伦理性研究相结合。这表明，科学技术与人文精神在社会发展中同等重要。基于此，产生了健康金融地理的理念。金融排斥影响健康的机制包括：（1）弱化金融排斥，减轻预算约束（budget constraints）；（2）金融排斥通过增进居民福利来提升营养行为；（3）金融排斥的空间集聚容易导致弱势群体的营养不良的空间集聚。金融排斥和过度负债（over-indebtedness）之间存在恶性的自强化循环过程，使得居民容易陷入基本剥夺（basic deprivation）、次级剥夺（secondary deprivation）、环境剥夺（environmental deprivation）和健康剥夺（health deprivation）。金融排斥群体与过度负债群体既缺少诸如服装、食品、暖气等基本消费品和社会参与，还缺少诸如汽车等耐用消费品和休闲假期等。这些弱势群体长期以来承受着巨大压力，有较强的绝望感和不安全感，这会对其身心健康产生严重损害。“互联网 +”医疗将升级医疗模式，推动社会进入全民健康时代。互联网的创新医疗和健康端模式成为医疗领域的下一个投资风口（如移动营养在线平台的应用等）。健康金融地理通过利用城乡居民的社会、经济、文化、金融特性，分级管理健康及营养改善，促进居民健康状况和金融资源的正反馈循环。

### 2.2.3 结论与前景

金融地理学存在三大发展趋势，即学科融合协同发展、金融地理空间复杂多元以及“小金融”与“大金融”互促共进。金融地理学的研究内容涉及货币政治学、房地产金融、行为金融学、营养学、计算机科学等学科，其交叉融合与发展，催生了许多学科创新点；互联网的兴起，看似打破了疆域约束，从另外一个角度来说，疆域或领土在国家或地区发展的决定性作用再次被重塑和肯定，“全球—区域两难”突显了空间意义的多样性，而领土飞地的理念已经超越了传统的自然地理观。既要有电子化、网络化的横向思维，也要有地理学的历史和纵向思维；金融地理学要求人们克服传统的单一维度思维方式，采用多维、全方位的思维来理解事物。对于金融包容体系来说，必须从系统整体把握影响金融包容发展的经济、社会等因素；互联网金融的出现对中国金融包容的推进带来契机，但其蕴含的潜在风险，以及该模式的金融稳健性、风险可控性及生存可持续性等尚需深入探讨和研究。

## 2.3 相关概念辨析

普惠金融和金融包容的概念并不完全等同（田霖，2016）。国内学者所称的普惠金融或金融普惠制产生于20世纪90年代西方金融地理学（financial geography）的学者对金融排斥的研究。西方学者更注重消除排斥，增加弱势群体对各类金融产品和服务的可及性（access），以推进社会各阶层对普遍的银行服务的可接触性，其概念中的“universal banking”指“普遍的、全民可享的银行服务”而非“全能银行”。金融包容联盟（AFI）的包容性金融体系（inclusive financial systems）与联合国对包容性金融理念的解读，在其内涵的理解上都与中国民众的惯常认识存在一定程度的差异。金融普惠制更接近于完全金融包容（full financial inclusion）的概念但又不完全是二者等价。前者的核心是向社会所有阶层或群体提供有效和全面的金融服务，特别是那些被传统金融排除在外的农村地区、贫困群体与小微企业，关注全民银行（即银行基本账户的全面覆盖、邮政储蓄账户或者其他金融服务渠道的可得性等），而后者要同时考虑金融的广度、深度和风险容忍度，同时度量其可接触性、使用效用和强度。

国外学者认为，金融包容既不是供给方不顾风险和成本就提供产品与服务，也不是任意需求方都可以获得服务和满足，它更强调促进机会平等和消除非市场障碍。普惠金融更加关注被排斥人群或者企业，将其视为弱势群体，但是金融包容则强调金融需求主体的主观能动性、判断力，更关注其金融能力的提升、金融素养的提高、金融资产的自主配置与选择，以及家庭理财的长期规划与风险管理等，这可能比普及全民开立某银行账户或者购买某理财产品更有价值。否则，那些被动进入金融市场的主体最终还是会被排斥在外，从“no use”蜕化到“no access”。可见，金融包容是在市场经济条件下的互惠，而不是单侧的普惠，它体现着互惠共赢、包容发展的理念。金融包容虽然建立在金融排斥的基础上，但其含义更加丰富：既包括存贷款、保险等基本金融服务，也包括可选择的风险资产（如股票、债券、基金等）；既提倡将金融弱势群体纳入主流金融体系，又强调机会平等与和谐共赢；既关注需求主体的金融可得性，也注重供给主体的商业可持续性；既研究传统金融发展，又探究新金融模式；既关注城乡居民个体，也倡导创新企业融资模式（如金融仓储模式、桥隧模式、路衢模式等）；既有微观视角的探索，又有宏观、中观视角的透析。致力于构建多方共赢的金融体系和机制，以推动各参与主体的一体化互惠共生。

中国的金融体制不同于国外，互联网机构推出的新型金融产品和服务所引致的“鲶鱼效应”倒逼传统金融机构转型和改革。在现有的金融体制下，垄断被打破，新技术手段与新传输渠道涌现，消费者的产品和渠道选择日益多样化，由此可见，普惠金融对推动经济发展具有催化剂效应和倍加效应，它可以引导高投资和高收入、促使参与者金融能力提升及摆脱贫困的恶性循环。从金融广度上来看，普惠金融增大了金融消费者对于金融服务和产品的可及性，良性竞争有序化，金融排斥积极化，这在当前中国特殊的历史、经济、金融、制度、文化背景下是需要稳步推进的。与此同时，也要提前预防其发展过程中的潜在问题。例如，过度强调弱势群体对金融产品的可及性（即广度），却忽视其使用性（即深度），即使拥有银行账户却很少使用仍然属于排斥第二层级的范畴；将信用水平较低的需求主体强行纳入金融系统（如次贷危机），可能会造成过度负债与金融排斥之间的恶性循环，目前家庭债务的潜在风险与危机已经引发国内学者的深切关注与忧心；主流金融供给机构难以在商业目标和社会责任之间找到平衡点，面临来自社区、组织和社会方面的排异，生存境况艰难；即便是兼有关系型和交易型（relationship and transaction banking）特征的纯网络银行也面临可持续发展方面的困境。此外，虽然互联网金融满足了普惠目标的碎片化需求，但也有着使用率低、由过度信息化所引发的愤怒和焦虑进而降低金融需求主体的满意度，以及信息中介演化为信用中介、风险消除机制匮乏等问题，最终造成风险和收益的错配，潜在金融风险累积，P2P 平台倒闭等现象频发。阿诺德和埃韦克（Arnold and Ewijk，2011）曾提出 PPI 模式下的问题，即报出高利率以吸引利率敏感性客户会降低资金基础的稳固性；为兑现高资本成本而违反审慎原则、盲目增加高风险投资；缺乏专门的甄别和监督机制；跨国运营的多变与复杂对存款保险制度及监管的挑战等。上述风险均有可能造成互联网金融模式的不稳定和不可持续。因而，在确立前一阶段普惠金融目标之后，在第二阶段需要将其纳入金融包容的范畴，后者秉持互利共赢、包容共生的理念，既强调弱势群体合理的金融需求，也关注供给主体的商业可持续性原则。重点不仅放在微观个体和家庭，也关注群体、组织、社区和国家。国外政府管理者已经把金融包容水平作为衡量国家综合竞争力的标准之一，金融包容是实现社会公平以及创造一个繁荣、和谐、有活力的社区经济的必要手段。鉴于金融包容在建立透明金融体系、反洗钱和反恐怖主义等方面的积极作用，其业已成为一国甚至全球金融安全与稳定的焦点问题。

普惠金融意味着保证以客户为中心，强调产品与服务的公平性和广泛覆盖，使尽可能多的有合理金融服务需求的金融实体分享收益，并能够从经济与金融发展中享受更多的参与感与获得感，而互联网金融的覆盖范围广、交易成本低、传播速度快、数据信息大等优点在解决传统银行的成本收益不匹配问题上具有显著优势，使用其大数据技术可以显著提升信用评估及风险管理质量。由此可见，互联网金融可以作为发展普惠金融的天然的路径选择之一。互联网金融和普惠金融二者在功能、目标和方向等方面存在耦合性，互联网金融为更多的弱势群体提供了快捷支付、大众理财等接触现代金融服务体系的便捷渠道和途径。目前，微型金融逐渐成为推动普惠金融的中坚力量，也是中国金融体系的重要组成部分，其与普惠金融具有逻辑上的相恰。此外，由于互联网金融多以微型金融形式存在，如果金融消费者想获得私人金融产品或者数额较大的融资还是需要寻求传统金融机构，二者之间具有互补性。浙江大学的何嗣江教授（2016）指出，微融资（小额贷）的商业化经营目标与普惠金融小额贷的经营目标之间存在冲突。例如，任何国家的农村金融都有互助、合作和商业小额贷。前两者更偏于普遍优惠性且其服务群体是起步阶段的客户（生存型），而后者的客户属于普惠金融发展阶段，应该而且也能够承担较高的利率。尤努斯模式的一些失败案例从另外一个角度表明，在推行普惠金融的过程中，小额支付、小额投资应大力推广，而小额贷款则应根据实际情况进行风险评估，谨慎应对。清华大学的张陶伟（2013）教授则认为，政府应给予普惠金融小额贷相应补贴，然后由金融机构代政府承担社会责任。他认为，金融本身不包括是否普惠的说法，它只对风险和收益的关系负责。风险和收益的任何不匹配（特别是小额贷款的普惠性）都是违背金融市场规律的，从长期来看是不可持续的。所以，无论是普惠金融、金融包容、互联网金融还是微金融，都只能通过探索低风险、低成本的方法来保持其生命力。以上两位学者独特的视野和观点也为中国发展互联网金融及防范其风险提供了另一种全新视角的解读。

图 2－2 描述了国内外学者对普惠金融、金融包容研究的不同视野。国外学者过度关注接触性（access），国内部分学者虽然兼顾了接触性（access）和使用性（use）维度，但是在概念的内涵和外延上依然没有达成共识。国内学者对普惠金融的理解各异造成了各自的关注焦点差异较大，如过于强调银行机构而忽视保险、证券机构；过度强调实体网点的广覆盖而忽略互联网金融的发展；过度强调信贷而忽视理财、支付服务；聚焦需求主体而不重视供给主体的商业可持续等。

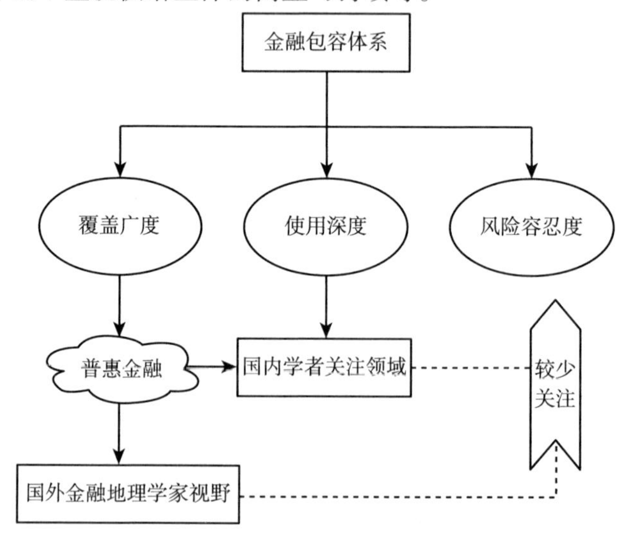


**图 2－2　普惠金融与金融包容关系**

表2－3从学术溯源的角度，对普惠金融有可能出现的误区进行了比照和总结。由于国内对普惠金融的称呼和使用已约定俗成，且随着时代的发展其概念也在日益修正、丰富和完善，如贝多广（2018）就提出了“超越普惠金融”的学术理念。有鉴于此，本书为了避免歧义，将全面采用“金融包容”的学术表述，弱化“普惠金融”这一政策热词，使学者研究的注意力转移至“full financial inclusion”，而非“marginal banked inclusion”或“exclusion within inclusion”。

**表2－3　　普惠金融与金融包容的比较**

| 类别 | 普惠金融 | 金融包容 |
|---|---|---|
| 服务对象 | 弱势群体、中小微企业 | 所有阶层和群体<br>（包括精英人士、跨国企业） |
| 政策目标 | 金融全覆盖<br>（产品或网点的普及率） | 参与主体的能动性、判断力、自由选择权<br>（强调金融素养、金融能力、金融自我效能感） |
| 关注焦点 | 宽度 | 宽度、深度、风险容忍度 |
| 发展趋向 | 可能诱发过度负债 | 协调发展 |
| 出发点 | 需求侧 | 供求匹配 |
| 机构视角 | 金融排异问题 | 机构的商业可持续 |
| 惠及面 | 单方优惠 | 信息对称条件下自主理性的选择皆为包容、为互惠<br>（包括拒绝采纳某类金融产品或服务） |
| 风险管理 | 缺乏风险防范与预警机制 | 风险容忍度的相机抉择 |
| 边界划分 | 政府、市场边界模糊 | 政府、市场边界清晰、责任明确 |
| 空间范畴 | 空间1.0 | 空间4.0 |
| 发展历程 | 绝对过程 | 相对过程<br>（排斥与包容同时进行） |
| 创新动力 | 主要是供给推动 | 需求引致、供给推动、社会诱导 |

表2－3描绘了普惠金融有可能陷入的误区，但并非意味着一定会出现类似问题和危机，如果理念正确、措施得当，普惠也可以突破自身局限跃迁至完全包容，实现真正意义上的包容性和谐发展，金融包容五大体系的协调发展也将使金融包容整体体系进入自强化（self-reforcing）的自组织发展轨迹，促进系统变迁和优化。

# 第3章 金融包容的区域分析

金融科技改变金融生活，当前只包含传统金融业务和金融机构的指标体系已经不能真正反映区域金融包容体系的发展状况。本章将风险容忍度和数字金融指标纳入金融包容的指标体系，采用变异系数和欧式距离法构建互联网金融背景下我国31个省份在2011~2015年的金融包容指数，并运用泰尔系数剖析了各省份、各区域金融包容的空间差异、变化趋势及存在的短板。研究表明：全国金融包容水平除北京、上海外均处于较低水平，但存在上升趋势；东部地区金融包容的内部差异最大，而区际的发展差异在逐渐缩小。通过金融包容指数与数字普惠金融指数的对比分析，以及各省份在传统金融和数字普惠金融发展上的不同表现，提出如下建议：以金融科技驱动金融包容体系的发展；提高公众金融素养；走差异化发展道路；推动区域内协调发展及区域间相互合作等。

## 3.1 金融包容的区域差异与比较

党的十九大报告指出，我国社会主要矛盾已经转化为人民日益增长的美好生活需要和不平衡不充分的发展之间的矛盾，而解决该问题的关键着力点是坚持金融体制改革，提高金融发展对实体经济的服务性和普惠性。很多中外学者在度量区域、社区、城乡等金融包容性发展程度的学术成果颇丰，并对如何提高金融包容性发展水平提出合理化建议。然而在指标体系的构建中都主要选择了诸如银行业、保险业等传统金融机构，忽略了对金融包容贡献度逐渐增大的金融科技机构。马云曾说过，银行不改变，我们就改变银行。随着数字经济时代的到来，现金、银行卡、信用卡等传统消费工具日益被支付宝、微信支付、蚂蚁花呗、京东白条等第三方支付手段所替代，在金融包容指标体系中加入数字普惠金融[①]（或曰数字金融包容）指标更加符合新时代要求。国务院在《推进普惠金融发展规划（2016—2020 年）》中从金融供给方角度定义了金融包容，即以机会平等和商业可持续为原则、以可负担成本为底线，为各社会阶层和群体的金融需求者提供适当有效的金融服务，着重强调了金融机构发展的可持续性。金融机构的风险容忍度在很大程度上决定了其提供包容性服务的稳定性及可持续性，是金融包容的根基所在。

基于此，本书将数字普惠金融指标纳入金融包容体系，在金融服务可持续性的基础上，构建了包含金融包容广度、深度和风险容忍度的新型金融包容指标体系。本书将横向与纵向比较相结合、域间与域内比较相结合、传统与新金融视角相结合，研究我国 31 个省份的金融包容差异、四大区域内差异及区域间差距，并剖析其差异的内在原因，寻求发展短板。本书一方面尝试丰富和完善金融包容理论体系；另一方面则从实践角度为金融包容不平衡性的解决提供参照和借鉴。

### 3.1.1 文献综述与现状梳理

#### 1. 金融包容内涵研究

金融包容理念的来源要追溯到试图将一些被金融机构排除的弱势群体纳入主流金融的初衷与愿望，因而最初有部分学者是以金融排斥水平作为金融包容的替代性衡量指标。后来随着金融制度的完善、金融产品的丰富、金融规模的扩张和金融市场的发展，学者及政策制定者开始直接透析金融包容体系本身，并扩大其研究范围，不仅考虑金融发展对弱势群体的包容性，而且

① 鉴于国内的表述习惯已经形成，本书采取了“数字普惠金融”这一表达。这并不影响从学术层面和理论层面对普惠与包容理念的界定及区分。

深度考察每个阶层、每个微观个体对金融服务的获得感、满足感。

（1）国外研究现状。金融排斥概念由地理学家雷山和思里夫特（Leyshon and Thrift，1993）最先提出，意指由于空间距离所导致的金融主体不能融入主流金融服务的动态过程。随着研究的推进，学者们发现地理排斥只是金融排斥的一个角度。肯普森和怀利（Kempson and Whyley，2000）对金融排斥概念进行了补充，指出由于地理、评估、条件、价格、营销和自我排斥的综合作用导致了金融排斥的产生。2006 年联合国提出需要建立一个能为所有社会群体（尤其是金融弱势群体）提供金融服务的全方位体系。2008 年金融包容委员会则强调为金融弱势群体提供金融服务的包容应被称为狭义的金融包容理念。鉴于金融包容的可持续发展性及普惠性，学者们开始把金融成本融入金融包容概念中，这也陆续被广大学者所接受。克莱森斯（Claessens，2006）定义金融包容是以合理的成本对合适金融服务的可获得性（availability），其中合理成本包括金钱成本（pecuniary costs）和非金钱成本（nonpecuniary costs）。德米尔古克和罗斯（Demirguc and Ross，2008）从金融排斥角度界定金融包容，认为其没有价格和非价格壁垒。世界银行（2014）指出，诸如移动支付、移动银行等新技术的运用将给金融包容的发展带来希望，人们可以在金融安全保障的前提下享受低价、高效的金融服务。

（2）国内研究现状。金融包容的主要研究对象是发展中国家，所以一经提出就引起众多学者和决策者的关注，尤其是在中国得到较快的发展，并形成具有中国特色的金融包容概念和金融包容体系。焦瑾璞在 2006 年亚太地区小额信贷论坛中将金融包容定义为金融机构在保证商业可持续发展的基础上为全体社会成员提供全面的金融服务。田霖（2011）从宏微观双重角度定义金融包容体系：它既包括微观主体（个体、群体、企业、组织）以合理成本获得金融产品与服务，也蕴含宏观区域金融的包容增长，其中包容体现为各区域经济、金融与社会之间、城乡之间以及区域间金融的协调发展。王修华（2014）从狭义和广义两个角度界定金融包容：狭义的金融包容是指除了自我排斥的个人和公司均可以便捷地获得金融服务的状态；广义上的金融包容则是包含贫困弱势群体的每一位社会成员对金融系统的可接触性。潘光伟（2016）指出，普惠金融不是慈善救助，而是帮助受益群体增强自我造血功能，应坚持商业可持续原则，坚持市场化与政策支持结合，健全约束激励机制，确保发展的健康可持续。随着技术的进步和时代的发展，人们逐渐习惯了无现金消费，为了使金融包容性更具有时代意义，数字普惠金融的概念悄然兴起。G20 杭州峰会（2016）将数字普惠金融定义为金融机构以负责任的、成本可负担的、发展可持续性的方式运用数字技术提供金融服务来促进金融包容的行动。黄余送（2016）指出数字普惠金融是通过将网上或手机支付等电子货币与常规银行账户相关联，实现支付、转账、理财、保险、证券等金融产品和金融服务的可得性。

**2. 金融包容测度研究**

金融包容体系自提出以来不断被更新和完善，从一维分析到多维分析；从银行业分析到银行、保险、证券、支付、征信等综合分析；从传统金融机构到金融科技机构，其指标体系也与时俱进、不断完善。然而，由于实证研究的概念界定有差别、口径不统一、指标纳入偏陈旧与传统、数据获取难度大等问题，其测度仍然存在一定的改进空间。

（1）国外研究现状。伯克和德米尔古克（Beck and Demirguc，2007）在制定获取和使用金融服务指标上迈出了重要的第一步：以包含 99 个发达国家和发展中国家的银行业为样本，从使用金融服务的可能性和金融服务的实际使用两个维度进行研究。纳入分支机构、ATM 机的人口和地理渗透、人均贷款/人均 GDP、人均存款/人均 GDP、人均存贷账户数等八个指标综合分析和比较各国的金融包容性。该体系只关注了存贷款两项金融服务，未考虑支付和保险等，也没考虑银行服务的使用成本。萨尔马（Sarma，2010）从银行渗透性、银行系统的实用性这两个维度分析，采纳银行账户和银行分支机构的人口渗透性、存款量、贷款量四个指标，运用欧氏距离法建立金融包容指数，这种方法使得每个指数都在 0 到 1 之间，更具有可比性。然而其指数只考查了银行业金融系统，没有考虑金融服务的使用成本。阿罗拉（Arora，2010）对金融包容指数的构建是对萨尔马的改进，同样借助于 HDI 指数编制方法，从物理可接触性、交易便利性和交易成本三个维度研究金融包容指数，分析了 98 个国家的金融包容性差异，并在此基础上剖析了金融包容与经济发展的关系，其缺陷在于没有考虑金融服务的使用情况。古普特（Gupte，2012）的研究视野包括外展性、使用性、交易便利性、交易成本四个维度。他从金融分支机构和ATM的地理渗透性、人口渗透性、每千人银行账户数、存款/GDP、贷款/GDP、贷款成本、年检费用、货币兑换费用、ATM使用费等指标比较全面地构建了印度2008年和2009年的金融包容指数。通过与萨尔马（2010）构建的指数对比，发现后者不完善的指标体系很容易低估金融包容水平。2013年，金融包容全球合作伙伴（GPFI）制定了包含银行账户使用情况、储蓄、借款、支付、保险五个维度的更为全面的指标体系。此外，世界银行和国际货币基金组织也分别建立了具有基准作用和参考价值的指标体系。

（2）国内研究现状。田霖（2013）从宏微观视角，运用主成分和因子分析法对关于农户、企业、区域金融包容的3个维度16个指标进行分析，构建了我国农村金融包容指数，并在此基础上分析各省份农村金融包容体系发展差异和造成这种差异的诱因。王修华、关键（2014）从渗透性（accessibility）、使用效用性（usage）、可负担性（cost）三个维度，运用变异系数法和欧式距离法得出31个省份的金融包容指数，并以此来研究金融包容对收入分配的影响。北京大学互联网研究中心课题组（2016）联合上海新金融研究院和蚂蚁金服研究院开创性地建立了数字普惠金融指标体系。该指数的建立包括互联网金融服务的覆盖广度、使用深度、数字支出服务程度三个维度，比较全面地涵盖了互联网金融账户覆盖、支付、货币基金、征信、信贷、保险投资、便利性和成本等方面，为我国更好地衡量金融包容水平奠定重要的前期基础。徐强、陶侃（2017）从可接触性、使用度、可负担性等三个维度进行剖析，采用金融机构网点数和金融机构服务人员的地理渗透性、人口渗透性、存款/GDP、贷款/GDP、人均存款、人均贷款、上浮利率贷款占比等9个指标，运用欧几里得空间距离法分析了我国31个省份的金融包容水平。

### 3. 研究现状总结

综上所述，无论是金融包容的概念还是其水平的测定都处于不断地完善当中，各位学者对其理念界定、指标选取和研究方法的不同观点均具有重要价值和借鉴意义。然而以上文献大都从传统金融服务的包容性角度进行分析，没有考虑由于互联网技术发展对数字金融包容水平的影响。从单一文献来看，指标体系的相对不完整将无法真正衡量各地区金融包容性体系的发展水平及其差异。因此，本书尝试将传统金融和数字金融相结合，以面板数据代替截面数据，试图弥补目前研究中数据不足、指标不全、研究范围较窄等缺陷，构建包含互联网金融和金融机构可持续发展等方面内容的金融包容指标体系，期待能够更加准确地衡量包容水平及其变化趋势，并通过与数字普惠金融包容指数的比较，更加细化和有针对性地为各省份提出发展的建设性意见。

### 3.1.2 相关概念界定

金融包容问题最先由金融地理学家发现并提出，最初是从其对立面金融排斥开始研究（强调接触性或可获性）。包容性金融体系是由联合国在2005 年正式提出，并将其定义为以可负担的成本为社会各阶层和各群体提供合理高效的金融服务，尤其是发展落后地区和低收入人群。国内很多学者将其译为普惠金融，认为二者完全一致，金融包容即为广义的普惠金融；也有部分学者提出二者在服务范围上的差异性，认为普惠金融更强调弱势群体对金融服务和金融产品的可获得性，而金融包容则考虑的是所有社会群体和阶层。随着金融产品和金融服务的不断创新，金融机构和政府更加注重每个人的获得感和参与度。金融包容和普惠金融的概念在国内的学术圈界限相对模糊，政策层面则对金融包容和普惠金融不做特别区分。

数字普惠金融（digital financial inclusion）是中国在 2016 年 G20 杭州峰会上根据自身发展经验提出来的创新理念，将其定义为运用数字化技术以合理的成本为社会各阶层提供金融服务，这种“数字化”是计算机、大数据、区块链、云计算等相关技术的统称。广义上说数字金融是指信息时代一切依托数字技术提供金融服务的新型金融模式，其主体既包括利用大数据、云计算、区块链等技术提供金融服务的互联网企业，也包括借助于互联网技术提供手机银行、网上银行等服务的传统金融机构，其中前者被称为狭义的数字金融。考虑到传统金融机构经营的数字金融服务数据的不可获得性和难区分性，此处所讨论的数字金融指狭义的互联网金融。

### 3.1.3 中国金融包容指数的测度与分析

#### 1. 维度选取与指标选择

互联网技术快速发展，推动了以互联网金融为背景的金融结构和金融市场的革新，然而在金融包容体系中纳入数字金融指标方面的研究尚显薄弱。此外，从国内外研究来看，金融包容体系的维度主要有接触性、使用性、交易便利性、可负担性四个方面，较少学者考虑到金融机构提供金融包容的可持续性。显然，金融机构自身发展的可持续性是保证一切金融包容活动顺畅进行的前提。因此，笔者拟纳入数字普惠（包容）金融指标，从金融包容体系的广度、深度和风险容忍度三个维度来分析金融包容状况，追求金融包容高质量推进（即“三度合一”）的过程。同时，笔者选用2011～2015年面板数据进行研究，以更加客观、全面地反映其历史及截面指标水平的演变。

（1）金融包容的覆盖广度（$FII_1$）。金融包容的覆盖广度主要是从金融供给角度而言，直接体现为金融机构网点、金融服务人员在人口和地理上的渗透性，是金融包容的基础层。金融机构、金融服务人员越多，该地区的金融渗透性越好，居民、企业等获取金融产品和金融服务就越便利，金融普惠程度越高。这一维度选用的指标有：每万人拥有金融机构数、每万人拥有金融服务人员数、每万平方公里拥有金融机构数、每万平方公里拥有金融服务人员数、境内上市公司数、数字金融覆盖广度（每万人拥有的支付宝账号数量、支付宝绑卡用户比例、平均每个支付宝账号绑定银行卡数），以上指标均为衡量金融包容的正向指标。

（2）金融包容的使用深度（$FII_2$）。金融包容的使用深度主要是从金融需求者角度而言，指一个地区中社会群体对各类金融产品和服务（包括银行、证券、保险等）的参与度及使用性，是金融包容的核心层。本书选取的金融包容深度的测量指标有：存款余额/GDP、贷款余额/GDP、金融业增加值/GDP、股票市场价值总额/GDP、保险密度、保险深度、数字金融使用深度（基于支付宝的支付、信贷、保险、投资、征信业务），以上指标均为衡量金融包容的正向指标。

（3）金融包容的风险容忍度（$FII_3$）。金融包容的风险容忍度是针对金融供给者而言的，用来衡量一个地区金融系统发展的稳定性及其风险可承受能力，是金融包容的关键层。金融机构是金融包容系统中的重要主体，金融机构能否可持续发展对金融包容的健康发展起着强烈的制约作用。因而不能单纯追求金融需求层面的“普”和“惠”，应该强调整个社会的福利最大化，保证金融机构在其风险可承担的范围之内提供合理、高效的金融产品及金融服务。本书选用金融机构不良资产率来衡量风险容忍度，是一个逆向指标，不良资产率越高则表明金融包容的质量越差（见表 3－1）。

**表 3－1　互联网金融视阈下金融包容体系指标维度构成**

<table>
<tr><th>维度</th><th colspan="2">统计指标</th><th>指标性质</th></tr>
<tr><td rowspan="8">覆盖广度</td><td colspan="2">每万人拥有金融机构数</td><td>正</td></tr>
<tr><td colspan="2">每万人拥有金融服务人员数</td><td>正</td></tr>
<tr><td colspan="2">每万平方公里金融机构数</td><td>正</td></tr>
<tr><td colspan="2">每万平方公里金融服务人员数</td><td>正</td></tr>
<tr><td colspan="2">境内上市公司数量</td><td>正</td></tr>
<tr><td rowspan="3">数字金融覆盖广度</td><td>每万人拥有的支付宝账号数量</td><td rowspan="3">正</td></tr>
<tr><td>支付宝绑卡用户比例</td></tr>
<tr><td>平均每个支付宝账号绑定银行卡数</td></tr>
<tr><td rowspan="11">使用深度</td><td colspan="2">存款余额/GDP</td><td>正</td></tr>
<tr><td colspan="2">贷款余额/GDP</td><td>正</td></tr>
<tr><td colspan="2">金融业增加值/GDP</td><td>正</td></tr>
<tr><td colspan="2">股票市场价值总额/GDP</td><td>正</td></tr>
<tr><td colspan="2">保险密度</td><td>正</td></tr>
<tr><td colspan="2">保险深度</td><td>正</td></tr>
<tr><td rowspan="5">数字金融使用深度</td><td>基于支付宝的支付</td><td rowspan="5">正</td></tr>
<tr><td>基于支付宝的信贷</td></tr>
<tr><td>基于支付宝的保险</td></tr>
<tr><td>基于支付宝的投资</td></tr>
<tr><td>基于支付宝的征信</td></tr>
<tr><td>风险容忍度</td><td colspan="2">不良资产率</td><td>逆</td></tr>
</table>

**2. 金融包容指数测度方法**

（1）指数测算方法。考虑到各变量之间存在量纲差异，为增强它们的可比性，本书借鉴国内外研究方法，先对各指标原始数据进行极差化处理消除量纲影响：

$$x_{ij}=\frac{A_{ij}-m_{ij}}{M_{ij}-m_{ij}}，当指标为正向指标时；$$

$$x_{ij}=\frac{M_{ij}-A_{ij}}{M_{ij}-m_{ij}}，当指标为负向指标时。$$

其中，$x_{ij}$表示极差化法处理之后的数据；$A_{ij}$表示原始数据；$m_{ij}$表示第 $i$ 维度第 $j$ 项指标的样本最小值；$M_{ij}$表示第 $i$ 维度第 $j$ 项指标的样本最大值。按以上方法处理之后各项指标值都在 0 ~ 1 之间。

基于以上处理结果，根据欧式距离法首先对单一维度包容性指数度量，然后再对金融包容综合指数度量。其主要思想是判断各值与最优值之间的距离，距离越短，其值越优，金融包容指数就越大。具体计算公式如下：

单一维度金融包容指数：

$$FII_i=1-\frac{\sqrt{w_{i1}^2\ (1-x_{i1})^2+w_{i2}^2(1-x_{i2})^2+\cdots+w_{ij}^2\ (1-x_{ij})^2}}{\sqrt{w_{i1}^2+w_{i2}^2+\cdots+w_{ij}^2}}$$

其中，$FII_i$ 表示第 $i$ 维金融包容指数；$w_{ij}$表示第 $i$ 维第 $j$ 个指标的权重。

金融包容综合指数：

$$FII=1-\frac{\sqrt{W_1^2[\max(FII_1)-FII_1]^2+W_2^2[\max(FII_2)-FII_2]^2+W_3^2[\max(FII_3)-FII_3]^2}}{\sqrt{W_1^2+W_2^2+W_3^2}}$$

其中，$FII$ 表示金融包容指数；$W_1$、$W_2$、$W_3$ 表示各维度的权重；$\max(FII_1)$、$\max(FII_2)$、$\max(FII_3)$表示各维度得分最大值。

（2）权重确定。权重的确定对最终测度指数影响很大，目前主要有等权重法、变异系数法、层次分析法、组合赋权法等。等权重法没有考虑各指标、各维度的重要程度差异；层次分析法和组合赋权法中主观性影响相对较大。因此，本书选用比较客观的赋权方法——变异系数法。

首先对同一维度指标赋权，计算公式如下：

$$v_{ij} = \frac{s_{ij}}{\overline{x_{ij}}}$$

$$w_{ij} = \frac{v_{ij}}{\sum_{j} v_{ij}}$$

其中，$v_{ij}$表示第 $i$ 维第 $j$ 项指标的变异系数；$s_{ij}$表示第 $i$ 维第 $j$ 项指标的标准差；$\overline{x_{ij}}$表示第 $i$ 维第 $j$ 项指标的平均值。

然后对各维度赋权，计算公式如下：

$$V_i = \frac{S_i}{\overline{X_i}}$$

$$W_i = \frac{V_i}{\sum_{i} V_i}$$

其中，$V_i$ 表示第 $i$ 维金融包容指数的变异系数；$S_i$ 表示第 $i$ 维金融包容指数的标准差；$\bar{X}_i$ 表示第 $i$ 维金融包容指数的平均值。

### 3. 中国各省份金融包容水平测度

笔者选用 2011 ~2015 年中国 31 个省份的金融包容水平作为研究对象。其中，金融机构、金融服务人员数量来源于各省份金融运行报告；境内上市公司数量、股票市场价值总额来源于《中国证券期货统计年鉴》；存款余额、贷款余额、保险深度、保险密度来源于各省份金融统计年鉴；GDP、金融业增加值来源于《中国统计年鉴》；数字金融覆盖广度和使用深度等来源于北京大学互联网金融研究中心的数字普惠金融指数；不良资产率来源于中国银行业监督管理委员会年报。

利用以上金融包容指标的构建方法，得出中国各省份金融包容水平（见表 3 -2）。

表 3-2　　2011~2015 年各省份金融包容水平

| 省份 | 2011 年 | | | | 2012 年 | | | | 2013 年 | | | | 2014 年 | | | | 2015 年 | | | |
|---|---|---|---|---|---|---|---|---|---|---|---|---|---|---|---|---|---|---|---|---|
| | $FII_1$ | $FII_2$ | $FII_3$ | $FII$ | $FII_1$ | $FII_2$ | $FII_3$ | $FII$ | $FII_1$ | $FII_2$ | $FII_3$ | $FII$ | $FII_1$ | $FII_2$ | $FII_3$ | $FII$ | $FII_1$ | $FII_2$ | $FII_3$ | $FII$ |
| 北京 | 0.4597 | 0.9571 | 0.5110 | 0.6957 | 0.4507 | 0.9551 | 0.6736 | 0.7008 | 0.4060 | 0.9527 | 0.6586 | 0.6451 | 0.4302 | 0.9588 | 0.4797 | 0.6386 | 0.4861 | 0.9214 | 0.5961 | 0.7094 |
| 天津 | 0.3469 | 0.1464 | 0.6193 | 0.3273 | 0.3302 | 0.1446 | 0.5565 | 0.3227 | 0.2968 | 0.1676 | 0.4804 | 0.3310 | 0.2946 | 0.1583 | 0.3027 | 0.3042 | 0.3274 | 0.1466 | 0.3948 | 0.3438 |
| 河北 | 0.1010 | 0.0661 | 0.5337 | 0.1851 | 0.0993 | 0.0741 | 0.5951 | 0.1912 | 0.0882 | 0.0834 | 0.5782 | 0.1925 | 0.0845 | 0.0783 | 0.4692 | 0.1908 | 0.0986 | 0.0818 | 0.4960 | 0.2142 |
| 山西 | 0.1078 | 0.1361 | 0.2015 | 0.2046 | 0.0973 | 0.1442 | 0.3105 | 0.2129 | 0.0931 | 0.1445 | 0.3494 | 0.2124 | 0.0798 | 0.1352 | 0.0988 | 0.1750 | 0.0966 | 0.1412 | 0.2489 | 0.2259 |
| 内蒙古 | 0.0685 | 0.0303 | 1.0000 | 0.1622 | 0.0652 | 0.0500 | 0.5951 | 0.1637 | 0.0569 | 0.0516 | 0.4298 | 0.1571 | 0.0572 | 0.0394 | 0.2347 | 0.1399 | 0.0610 | 0.0494 | 0.0000 | 0.1496 |
| 辽宁 | 0.1469 | 0.0785 | 0.2677 | 0.1955 | 0.1279 | 0.0835 | 0.2212 | 0.1911 | 0.1242 | 0.0926 | 0.2864 | 0.2032 | 0.1243 | 0.0868 | 0.1756 | 0.1844 | 0.1371 | 0.1022 | 0.3860 | 0.2367 |
| 吉林 | 0.0928 | 0.0433 | 0.4822 | 0.1672 | 0.0875 | 0.0483 | 0.4721 | 0.1683 | 0.0760 | 0.0557 | 0.4352 | 0.1691 | 0.0771 | 0.0557 | 0.2909 | 0.1618 | 0.0851 | 0.0729 | 0.4242 | 0.2001 |
| 黑龙江 | 0.0718 | 0.0522 | 0.3406 | 0.1558 | 0.0685 | 0.0609 | 0.3793 | 0.1622 | 0.0611 | 0.0703 | 0.4139 | 0.1668 | 0.0602 | 0.0742 | 0.1460 | 0.1464 | 0.0672 | 0.0919 | 0.3688 | 0.1969 |
| 上海 | 0.8730 | 0.3560 | 0.8297 | 0.5776 | 0.8724 | 0.3813 | 0.5209 | 0.5881 | 0.8783 | 0.4339 | 0.4139 | 0.6400 | 0.8863 | 0.4131 | 0.3393 | 0.5855 | 0.8686 | 0.4999 | 0.5433 | 0.6981 |
| 江苏 | 0.2417 | 0.1174 | 0.5830 | 0.2712 | 0.2346 | 0.1238 | 0.3105 | 0.2617 | 0.2092 | 0.1434 | 0.2652 | 0.2668 | 0.2091 | 0.1327 | 0.2275 | 0.2479 | 0.2458 | 0.1499 | 0.4059 | 0.3109 |
| 浙江 | 0.2686 | 0.1808 | 0.5036 | 0.3129 | 0.2553 | 0.1811 | 0.0000 | 0.2768 | 0.2314 | 0.2207 | 0.0000 | 0.2930 | 0.2370 | 0.1863 | 0.0000 | 0.2516 | 0.2636 | 0.2047 | 0.2209 | 0.3318 |
| 安徽 | 0.1068 | 0.0944 | 0.5036 | 0.2012 | 0.0940 | 0.0955 | 0.3598 | 0.1900 | 0.0917 | 0.1045 | 0.3541 | 0.1949 | 0.0888 | 0.0998 | 0.2311 | 0.1801 | 0.1078 | 0.1107 | 0.3398 | 0.2237 |
| 福建 | 0.1339 | 0.1124 | 0.7748 | 0.2315 | 0.1215 | 0.1173 | 0.5041 | 0.2198 | 0.1103 | 0.1348 | 0.2694 | 0.2133 | 0.1099 | 0.1217 | 0.0280 | 0.1740 | 0.1226 | 0.1273 | 0.1759 | 0.2273 |
| 江西 | 0.0706 | 0.0647 | 0.4226 | 0.1664 | 0.0712 | 0.0637 | 0.2265 | 0.1568 | 0.0620 | 0.0706 | 0.2447 | 0.1595 | 0.0611 | 0.0692 | 0.1824 | 0.1489 | 0.0725 | 0.0749 | 0.2967 | 0.1878 |
| 山东 | 0.1780 | 0.0715 | 0.4353 | 0.2141 | 0.1744 | 0.0728 | 0.2929 | 0.2093 | 0.1570 | 0.0874 | 0.2907 | 0.2174 | 0.1519 | 0.0683 | 0.0927 | 0.1781 | 0.1636 | 0.0739 | 0.2525 | 0.2275 |
| 河南 | 0.1110 | 0.0539 | 0.3803 | 0.1751 | 0.1177 | 0.0570 | 0.3927 | 0.1824 | 0.1046 | 0.0653 | 0.4630 | 0.1890 | 0.0967 | 0.0492 | 0.3606 | 0.1745 | 0.1154 | 0.0637 | 0.4219 | 0.2103 |

续表

| 省份 | 2011 年 | | | | 2012 年 | | | | 2013 年 | | | | 2014 年 | | | | 2015 年 | | | |
|---|---|---|---|---|---|---|---|---|---|---|---|---|---|---|---|---|---|---|---|---|
| | $FII_1$ | $FII_2$ | $FII_3$ | $FII$ | $FII_1$ | $FII_2$ | $FII_3$ | $FII$ | $FII_1$ | $FII_2$ | $FII_3$ | $FII$ | $FII_1$ | $FII_2$ | $FII_3$ | $FII$ | $FII_1$ | $FII_2$ | $FII_3$ | $FII$ |
| 湖北 | 0.1071 | 0.0818 | 0.4041 | 0.1896 | 0.1000 | 0.0850 | 0.4203 | 0.1903 | 0.0901 | 0.0975 | 0.3589 | 0.1913 | 0.0877 | 0.0923 | 0.2384 | 0.1772 | 0.0954 | 0.0987 | 0.3992 | 0.2155 |
| 湖南 | 0.0886 | 0.0520 | 0.3687 | 0.1642 | 0.0901 | 0.0503 | 0.3927 | 0.1670 | 0.0777 | 0.0562 | 0.3734 | 0.1676 | 0.0739 | 0.0483 | 0.2832 | 0.1564 | 0.0864 | 0.0598 | 0.3795 | 0.1924 |
| 广东 | 0.2193 | 0.1274 | 0.3461 | 0.2552 | 0.2169 | 0.1372 | 0.3793 | 0.2655 | 0.1882 | 0.1613 | 0.4406 | 0.2734 | 0.1927 | 0.1410 | 0.2871 | 0.2513 | 0.2190 | 0.1599 | 0.4336 | 0.3050 |
| 广西 | 0.0524 | 0.0578 | 0.6193 | 0.1635 | 0.0516 | 0.0560 | 0.6736 | 0.1627 | 0.0449 | 0.0625 | 0.5433 | 0.1596 | 0.0438 | 0.0562 | 0.2948 | 0.1469 | 0.0492 | 0.0566 | 0.2779 | 0.1670 |
| 海南 | 0.0851 | 0.1499 | 0.6099 | 0.2250 | 0.0766 | 0.1481 | 0.7284 | 0.2215 | 0.0683 | 0.1827 | 0.7402 | 0.2278 | 0.0696 | 0.1432 | 0.5795 | 0.2194 | 0.0787 | 0.1803 | 0.6493 | 0.2539 |
| 重庆 | 0.1158 | 0.1355 | 0.7915 | 0.2364 | 0.1060 | 0.1343 | 1.0000 | 0.2315 | 0.0956 | 0.1549 | 1.0000 | 0.2339 | 0.0951 | 0.1377 | 0.6435 | 0.2334 | 0.0942 | 0.1331 | 0.5492 | 0.2376 |
| 四川 | 0.1116 | 0.0936 | 0.2727 | 0.1895 | 0.1069 | 0.1082 | 0.3225 | 0.2002 | 0.0950 | 0.1092 | 0.4804 | 0.2041 | 0.0926 | 0.1235 | 0.2456 | 0.1935 | 0.1052 | 0.1344 | 0.3121 | 0.2313 |
| 贵州 | 0.0299 | 0.1402 | 0.4753 | 0.1895 | 0.0358 | 0.1278 | 0.4879 | 0.1847 | 0.0364 | 0.1095 | 0.5433 | 0.1749 | 0.0373 | 0.0947 | 0.3606 | 0.1663 | 0.0445 | 0.0861 | 0.3948 | 0.1843 |
| 云南 | 0.0262 | 0.1213 | 0.3573 | 0.1723 | 0.0299 | 0.1109 | 0.5658 | 0.1766 | 0.0248 | 0.1169 | 0.6411 | 0.1744 | 0.0246 | 0.1056 | 0.3737 | 0.1658 | 0.0277 | 0.0929 | 0.2779 | 0.1722 |
| 西藏 | 0.0298 | 0.1785 | 0.0000 | 0.1744 | 0.0296 | 0.1665 | 0.5565 | 0.2025 | 0.0269 | 0.2062 | 0.7523 | 0.2138 | 0.0278 | 0.1738 | 1.0000 | 0.2239 | 0.0298 | 0.2121 | 1.0000 | 0.2464 |
| 陕西 | 0.0955 | 0.0836 | 0.3803 | 0.1843 | 0.0852 | 0.0854 | 0.4959 | 0.1871 | 0.0765 | 0.0912 | 0.5501 | 0.1889 | 0.0764 | 0.0919 | 0.3147 | 0.1795 | 0.0850 | 0.1034 | 0.3140 | 0.2077 |
| 甘肃 | 0.0455 | 0.0869 | 0.3297 | 0.1619 | 0.0489 | 0.0969 | 0.5384 | 0.1778 | 0.0439 | 0.1082 | 0.6497 | 0.1815 | 0.0437 | 0.1100 | 0.6359 | 0.1955 | 0.0510 | 0.1152 | 0.5094 | 0.2059 |
| 青海 | 0.0325 | 0.1484 | 0.0073 | 0.1622 | 0.0378 | 0.1369 | 0.1604 | 0.1728 | 0.0337 | 0.1271 | 0.3308 | 0.1723 | 0.0343 | 0.1220 | 0.3478 | 0.1750 | 0.0384 | 0.1225 | 0.3318 | 0.1936 |
| 宁夏 | 0.0766 | 0.1159 | 0.4041 | 0.1944 | 0.0666 | 0.1191 | 0.5125 | 0.1960 | 0.0593 | 0.1213 | 0.4517 | 0.1890 | 0.0599 | 0.1043 | 0.2679 | 0.1723 | 0.0717 | 0.1024 | 0.3992 | 0.2055 |
| 新疆 | 0.0514 | 0.1167 | 0.4164 | 0.1844 | 0.0508 | 0.1292 | 0.2645 | 0.1816 | 0.0439 | 0.1403 | 0.4746 | 0.1894 | 0.0437 | 0.1307 | 0.4195 | 0.1896 | 0.0471 | 0.1368 | 0.5463 | 0.2148 |

注：$FII_1$ 表示金融包容的广度水平；$FII_2$ 表示金融包容的深度水平；$FII_3$ 表示金融包容的风险容忍度水平。

根据表3-2金融包容指数得分数值，横向来看，中国各省份金融包容水平差异较大，整体处于较低水平（见图3-1）。按照萨尔马关于金融包容水平的层次划分：$0 \leq FII \leq 0.3$ 为低度包容；$0.3 < FII \leq 0.5$ 为中度包容；为 $0.5 < FII \leq 1$ 高度包容。中国各省份在2011~2015年平均金融包容水平只有北京和上海达到了高度包容；天津达到中度包容；其余均为低度包容。纵向来看，各省份在2011~2015年金融包容水平呈现上升趋势。

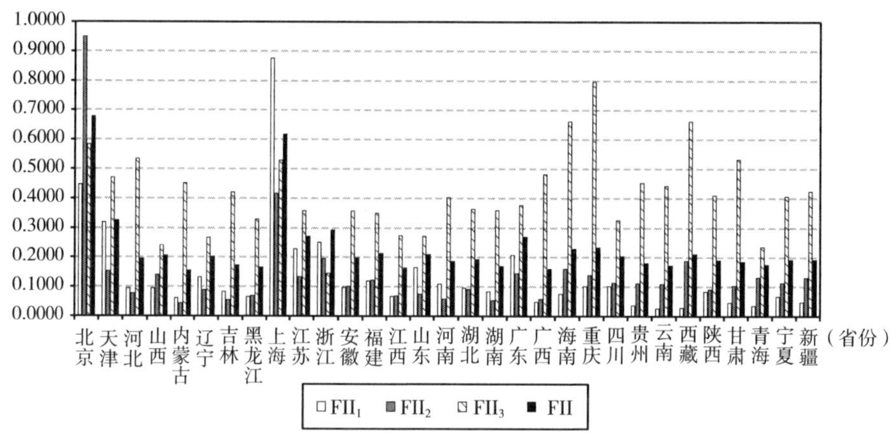


**图3-1　2011~2015年各省份平均金融包容指数**

具体而言，不同省份在金融广度、深度、风险容忍度的单项维度包容性也存在较大差异，而金融包容度的提高则要求“三度合一”，即需要其涵盖的“三驾马车”（广度、深度、风险容忍度）的共同拉动。北京包容性水平较高主要原因在于，作为全国的政治、经济、文化中心，其具备较好的地理优势，金融机构和金融从业人员密集；居民金融素养和收入水平较高，金融参与度更高，其金融包容的深度位于全国第一；地处国家政策决策和执行的核心位置，金融机构风险控制和管理有效，总体排名得分位列全国第一。上海是国际化金融交易中心，汇聚着金融行业最高端的金融设施和尖端人才，加之其地理面积相对较小、人口相对较少，因而上海地区金融包容的人口及地理渗透性一直处于全国领先位置，总体排名第二。天津金融包容的广度仅次于上海，然而其深度相对于广度而言发展略弱，多年来，其风险包容度也居于全国第十名左右。可见，天津可降低不良资产率，通过提高资产使用效率，补足短板，将能够有效地促进金融包容。浙江虽然金融发展规模很大，广度和深度都比较高，但是其不良资产率一度达到全国最高水平，其金融包容的质量有待提高。西藏面积较大，地理渗透性差，其覆盖率一直居于全国倒数位置，然而该地区的金融渗透性却位列全国第四，平均风险容忍度则位于第二。因而该地区金融包容的进一步推动要从金融供给方切入，促进金融服务的地理渗透性和人口渗透性。海南、宁夏、新疆、云南与西藏相似，金融包容发展深度和容忍度都相对较高，但是金融覆盖率不足，这是普惠金融政策需要关注的重点区域。河南金融覆盖广度位于全国中上等水平，但是其使用深度排名靠后，金融风险管理能力也比较差，导致该省整体金融包容水平处于中等偏下水平。这也再次验证了笔者的观点：深度包容较之于接触或宽度包容更为重要，否则即使已经被纳入主流金融系统的金融主体有可能被再次排斥在外。山东、辽宁、河北、湖北、吉林等省份与河南相似，金融包容水平的提高要从金融需求方这一短板入手，提高居民和企业的金融素养、金融可接受度和金融参与度。广西和内蒙古的风险容忍度相对较高，但是其他方面发展落后，导致整体金融包容性指数得分滞后，说明相对于金融风险而言，其金融发展空间还很大，需要从供需两侧共同推动和着力。湖南、黑龙江及江西在金融包容的三个维度上都得分较低，因此既需要扩大金融规模，又要控制好金融风险，方可促进金融包容体系的协调发展。

### 4. 中国金融包容水平的差异分析

中国金融包容水平的区域差异既表现为省际差异，也表现为四大区域间差异及四大区域内部之间的差异性，而泰尔系数可以用来衡量其差异的大小。更为便利的是，它能够分别衡量指标数值的组间差异和组内差异对总差异的贡献度。因此，本书利用描述性统计定性分析和泰尔系数定量分析相结合的方法，解析各省份和各区域间金融包容差异水平。泰尔系数计算公式如下：

$$T(y) = \frac{1}{n}\sum_{i=1}^{n}\frac{y_i}{\mu}\ln\frac{y_i}{\mu}$$

其中，$T(y)$ 表示总泰尔系数；$n$ 表示地区个数；$y_i$ 表示全国各地区金融包容水平；$\mu$ 表示地区金融包容水平的均值。

将中国分为东部、中部、西部、东北四大区域，通过泰尔系数分解公式可以实现量化分析四大区域内部、区域之间的差异程度。泰尔系数分解公式如下：

$$
\begin{aligned}
T(y) &= T(y^1, y^2, y^3, y^4) \\
&= \frac{1}{n}\sum_{k=1}^{4}\sum_{i\in n_k}\frac{y_i}{\mu_y}\ln\frac{y_i}{\mu_y} \\
&= \sum_{k=1}^{4}\frac{n_k}{n}\frac{\mu_k}{\mu_y}\frac{1}{n_k}\sum_{i\in n_k}\frac{y_i}{\mu_k}\ln\frac{y_i}{\mu_k} + \frac{1}{n}\sum_{k=1}^{4}\sum_{i\in n_k}\frac{\mu_k}{\mu_y}\ln\frac{\mu_k}{\mu_y} \\
&= \sum_{k=1}^{4}v_k\frac{\mu_k}{\mu_y}T(y^k) + \sum_{k=1}^{4}v_k\frac{\mu_k}{\mu_y}\ln\frac{\mu_k}{\mu_y} \\
&= IND + EXD
\end{aligned}
$$

其中，$IND$ 表示各区域内部金融包容水平差异；$EXD$ 表示各区域之间金融包容水平差异；$y^k$ 表示第 $k$ 个区域内各地区金融包容水平；$\mu_y$ 表示全国金融包容性水平均值；$\mu_k$ 表示第 $k$ 个区域内各地区金融包容水平均值；$n_k$ 表示第 $k$ 个区域内地区数量；$v_k$ 表示第 $k$ 个区域内地区数量在全国占比，即 $v_k = n_k/n$。

（1）金融包容水平的省际差异分析。

由表 3-3 可以看出，中国各省份金融包容水平总体差异性明显小于单项维度的差异性，且其深度和总体包容水平差异呈缩小趋势，然而广度差异则呈现上升趋势。反映出中国金融包容政策惠及地方以及金融科技引领包容的初见成效。例如，近年来国家推进普惠金融发展，支持各类农村金融机构设立，致力于解决中小企业融资难、融资贵的问题，颁布了一系列诸如对普惠金融对象定向降准、降息的优惠政策，一定程度上促进了地区金融包容性的发展；金融科技的快速发展，通过倒逼机制敦促传统机构加速开发手机银行及网上银行业务，与此同时，互联网金融企业也不断丰富金融产品与服务，为不同偏好的消费者构建不同类型的融资平台等，这都有利于金融消费者更便捷地了解金融信息及参与金融市场，从而提升了金融包容的深度。然而金融服务提供者总体上仍然秉持商业化原则，追求利润最大化，因而相对于社会责任的践行，其更侧重于增加金融发达地区的服务供给。与此同时，以传统金融网点为基础的金融发展模式已经发生转变，金融网点红利逐渐减弱甚至消失，传统金融机构开始重新布局，加速撤并业务量相对较少、盈利相对较低的落后地区的网点，这直接体现为落后地区金融包容广度的下降及金融包容广度差异的扩大。

**表3-3　　　　基于泰尔系数的中国各省份金融包容差异**

| 项目 | 2011年 | | | 2012年 | | | 2013年 | | |
|---|---|---|---|---|---|---|---|---|---|
| 维度 | $FII_1$ | $FII_2$ | $FII$ | $FII_1$ | $FII_2$ | $FII$ | $FII_1$ | $FII_2$ | $FII$ |
| 泰尔系数 | 0.4000 | 0.3648 | 0.0945 | 0.4078 | 0.3473 | 0.0924 | 0.4418 | 0.3189 | 0.0907 |
| 项目 | 2014年 | | | 2015年 | | | | | |
| 维度 | $FII_1$ | $FII_2$ | $FII$ | $FII_1$ | $FII_2$ | $FII$ | | | |
| 泰尔系数 | 0.4560 | 0.3519 | 0.0941 | 0.4134 | 0.3212 | 0.0900 | | | |

注：由于泰尔系数处理上的特殊性，金融包容关于风险容忍度的泰尔系数不存在。

（2）金融包容的区域差异分析。

如表3-4所示，在总体金融包容水平上，东部地区处于绝对优势地位，中部、西部和东北三个区域差异较小且水平较低。这说明中国金融包容性发展与经济包容性发展具有很强的关联性。东部各省份多位于中国长江三角洲和珠江三角洲等主要经济带，先发优势使其经济发展相对较快，金融需求总量较大。此外，中国的金融改革试点多从东部一些发达区域开始，政策红利也使得东部地区的金融发展能够率先启动、拔得头筹。

**表3-4　　　　2011~2015年各区域平均金融包容水平**

| 地区 | $\overline{FII_1}$ | $\overline{FII_2}$ | $\overline{FII_3}$ | $\overline{FII}$ |
|---|---|---|---|---|
| 东部 | 0.2783 | 0.2427 | 0.4284 | 0.3303 |
| 中部 | 0.0914 | 0.0853 | 0.3336 | 0.1861 |
| 西部 | 0.0572 | 0.1111 | 0.4688 | 0.1875 |
| 东北 | 0.0938 | 0.0713 | 0.3393 | 0.1804 |

中部和东北地区虽然金融包容的广度领先于西部地区，但是在深度和风险容忍度上均有落后，因而其总体金融包容度略低于西部地区。由于金融包容的广度指标从地理渗透性和人口渗透性两方面展开，而西部地区地广人稀，因而较之东北和中部地区其表现为金融包容的广度落后。从表3-2可知，西部地区的四川、重庆、新疆等地区的金融包容发展水

平相对较高，从而带动西部地区的平均水平略高于中部地区；而东北老工业基地面临着产业结构的优化和升级，在中国供给侧结构性改革的背景下，钢铁产能下降导致企业偿债能力下降、总体经济发展速度放缓等，相应地，转型的阵痛导致其金融包容体系的使用度和风险容忍度均存在下降趋势。

从表3－5可以看出，首先，东部地区各省份金融包容水平发展差异较大，西部地区次之，而中部和东北地区各省份的金融包容相差较小。虽然东部各省金融包容水平大部分处于全国前列，但是不难发现，“金融极地”北京和上海在此范畴内，且这二地区的金融包容水平在全国遥遥领先，导致东部地区内部各省份的金融包容发展差异较大。这说明东部地区提升区域金融包容度可以考虑有效利用“金融极地”的辐射效应及扩散效应，倡导包容领先的北京、上海、天津、浙江等地区积极带动周边省份的发展，如可鼓励跨省份融资、建立跨区域金融分支机构、跨区域协助与合作进行金融风险管理等。其次，总体发展水平最为落后的内蒙古和广西，以及地理渗透性较差的贵州、西藏、甘肃、青海、西藏等都属于西部省份，导致该区域金融包容发展的极差较大。说明西部地区提升区域金融包容度不仅要促进“金融沙漠”地区的金融发展，进行因地制宜和精准的金融扶贫，还应该通过金融科技手段扩大金融服务的覆盖广度。中部和东北地区基本涵盖了金融包容发展处于中等水平的各省份，所以其区域内部差异较小。

**表3－5　2011～2015年基于泰尔系数的中国各区域金融包容差异**

| 地区 | 2011年 | 2012年 | 2013年 | 2014年 | 2015年 |
| --- | --- | --- | --- | --- | --- |
| 东部 | 0.1033 | 0.1100 | 0.1036 | 0.1176 | 0.1032 |
| 中部 | 0.0038 | 0.0048 | 0.0045 | 0.0024 | 0.0024 |
| 西部 | 0.0059 | 0.0047 | 0.0063 | 0.0105 | 0.0100 |
| 东北 | 0.0046 | 0.0025 | 0.0042 | 0.0045 | 0.0036 |
| 组内差距 | 0.0508 | 0.0528 | 0.0505 | 0.0573 | 0.0509 |
| 组间差距 | 0.0437 | 0.0397 | 0.0402 | 0.0368 | 0.0392 |
| 总差距 | 0.0945 | 0.0924 | 0.0907 | 0.0941 | 0.0900 |

从差异的变化趋势上来看，东部和西部地区差异有上升趋势，而中部

和东北地区有下降趋势。这是由于东部地区拥有极大值，西部地区拥有极小值，金融发展的马太效应会诱发两个区域内部差异越来越大。中部地区和东北地区内部各省份的发展水平相差不大，更容易产生俱乐部趋同，所以呈现差异的下降趋势。

从组间差距来看，四大区域金融包容的发展差异呈下降趋势；而从组内差距来看，四大区域各自内部的金融包容发展差异则相对稳定。这反映出在互联网金融时代，跨区域的金融供给和需求逐渐增多，各区域之间的金融关联度和协作性逐渐增强，金融地理学所倡导的“空间的相互作用”机制使得区域间差距趋于逐渐缩小的态势。

（3）中国金融包容与数字普惠金融发展对比分析。

由表 3－6 可以对比看出，各省份在传统金融包容发展和数字金融包容发展之间并不存在完全的对称性。例如，上海数字金融发展最好，北京紧随其后，排名相对于其总体金融包容水平差异不大。浙江、江苏、广东、海南、山东、四川、安徽等省份与北京、上海类似。天津地区总体金融发展水平位于第三，而数字金融排名第七，说明相对于传统金融包容而言，数字金融有待提高。重庆、山西、甘肃、贵州、青海、西藏、新疆和河南等省份表现出与天津地区类似的特征，而更好地运用互联网技术是推动和提高金融包容水平的有效手段。尤其是西藏和新疆，这些地区数字普惠金融的发展程度在全国而言非常落后，然而其对传统金融服务的接受程度和参与程度却较高。河南在金融覆盖广度方面位于全国中上等水平，但是数字金融覆盖广度则位于中下等水平，这意味着该省运用数字技术来提高金融包容水平方面尚有进一步努力的空间。当然，挑战与机遇共存，这也可作为该省未来增大金融供给的下一个着力点，进而促进其整体金融包容水平的提高。福建数字普惠金融位于全国第六，而总体则位于全国第九，通过对比研究发现，该省份数字技术运用程度较高，较好地扩大了金融规模，人们对于数字金融的接受及使用程度也较高。相对于数字金融而言，其传统金融则发展不足，因而想要提高整体金融包容水平，就必须运用数字金融对传统金融服务进行改革和创新。辽宁、湖南、黑龙江、江西、广西和内蒙古等省份与福建情况类似，传统金融较之数字金融的发展更为滞后。

**表 3-6　　各省份金融包容水平与数字普惠金融排序对比**

| 省份 | 数字普惠金融指数 | | | | 金融包容指数 | | | | 省份 | 数字普惠金融指数 | | | | 金融包容指数 | | | |
|---|---|---|---|---|---|---|---|---|---|---|---|---|---|---|---|---|---|
| | 覆盖广度 | 使用深度 | 数字支持 | 总均值 | 广度 | 深度 | 风险容忍 | 总均值 | | 覆盖广度 | 使用深度 | 数字支持 | 总均值 | 广度 | 深度 | 风险容忍 | 总均值 |
| 北京 | 1 | 3 | 1 | 2 | 2 | 1 | 4 | 1 | 湖北 | 10 | 9 | 17 | 10 | 14 | 21 | 19 | 17 |
| 上海 | 2 | 1 | 2 | 1 | 1 | 2 | 7 | 2 | 新疆 | 25 | 24 | 21 | 26 | 26 | 12 | 13 | 18 |
| 天津 | 6 | 7 | 7 | 7 | 3 | 6 | 9 | 3 | 宁夏 | 14 | 27 | 16 | 22 | 22 | 15 | 16 | 19 |
| 浙江 | 3 | 2 | 3 | 3 | 4 | 3 | 31 | 4 | 陕西 | 11 | 22 | 11 | 15 | 17 | 20 | 15 | 20 |
| 江苏 | 7 | 4 | 9 | 5 | 5 | 10 | 21 | 5 | 河南 | 21 | 21 | 24 | 25 | 10 | 27 | 17 | 21 |
| 广东 | 5 | 5 | 4 | 4 | 6 | 7 | 18 | 6 | 甘肃 | 27 | 30 | 14 | 28 | 27 | 18 | 6 | 22 |
| 重庆 | 9 | 16 | 13 | 11 | 12 | 9 | 1 | 7 | 贵州 | 29 | 28 | 30 | 29 | 28 | 16 | 10 | 23 |
| 海南 | 13 | 14 | 5 | 8 | 20 | 5 | 3 | 8 | 青海 | 30 | 31 | 23 | 30 | 29 | 11 | 30 | 24 |
| 福建 | 4 | 6 | 6 | 6 | 9 | 13 | 23 | 9 | 吉林 | 18 | 23 | 25 | 27 | 18 | 29 | 14 | 25 |
| 西藏 | 31 | 29 | 31 | 31 | 30 | 4 | 2 | 10 | 云南 | 28 | 17 | 27 | 23 | 31 | 17 | 12 | 26 |
| 山东 | 12 | 11 | 15 | 12 | 7 | 24 | 27 | 11 | 湖南 | 24 | 13 | 26 | 17 | 19 | 30 | 20 | 27 |
| 山西 | 15 | 26 | 20 | 21 | 15 | 8 | 29 | 12 | 黑龙 | 22 | 20 | 12 | 18 | 23 | 25 | 24 | 28 |
| 四川 | 17 | 12 | 18 | 13 | 11 | 14 | 25 | 13 | 江西 | 26 | 10 | 28 | 16 | 21 | 26 | 26 | 29 |
| 辽宁 | 8 | 15 | 8 | 9 | 8 | 22 | 28 | 14 | 广西 | 19 | 19 | 19 | 20 | 25 | 28 | 8 | 30 |
| 安徽 | 20 | 8 | 22 | 14 | 13 | 19 | 22 | 15 | 内蒙古 | 16 | 25 | 10 | 19 | 24 | 31 | 11 | 31 |

注：数字普惠金融指数来源于北京大学互联网金融研究中心，金融包容指数由笔者计算。

### 3.1.4　结论与政策建议

本书选择2011~2015年中国31个省份金融包容发展水平为研究对象，得出以下结论：从趋势上看，中国金融包容水平呈上升趋势；省际、区域之间的金融包容发展差异呈下降趋势；东部地区的内部差异呈略微上升的趋势，而西部、中部、东北地区的内部差异均呈现下降趋势。从差异的绝对量上看，东部地区差异较大，西部次之，中部和东北地区差异较小。通过将总体金融包容水平与数字普惠金融包容水平相对比，发现各省份的表现不同，多数表现为传统金融发展更好、数字金融包容发展不足，而少数总体金融包容发展较为落后的地区则相反，体现了后发优势，其余地区在二者中的表现具有相对一致性。相应的政策建议包括以下四个方面。

（1）以金融科技驱动金融包容性发展。金融科技指技术进步带动金融服务的创新，它在突破时间和空间限制、促进信息网络化和透明化、降低交易成本及信息不对称等方面具有传统金融服务无法比拟的优势。因此，应该加强金融科技人才培养；出台相关法律法规为金融科技发展营造良好的社会环境；推动传统金融机构与金融科技企业战略合作，提升金融行业前沿信息技术利用水平，这样将更有利于从金融供给者层面利用数字技术降低金融包容的区域差异。从实证分析可以看出，新疆、西藏、甘肃、贵州、青海、云南等省份金融包容广度很低，这些地区地广人稀，建立较多金融分支机构的边际成本又较高，违背成本收益法则，多数金融机构出于商业化原则不愿意在此建立分支网点，所以最好的办法就是运用金融科技手段弥补金融包容的地理及人口渗透性不足的问题。除此之外，金融科技可以提升金融包容体系的风险容忍度。运用大数据技术建立小微企业、农民的信用档案平台及信用信息交换平台，将包含有居民基本情况的政务信息和金融信息互联互通，完善中国的征信体系，提升金融服务质量和金融机构的商业可持续性。这些措施尤其适用于金融风险容忍度较低的浙江、山东、青海、山西、辽宁等省份。

（2）提高公众金融素养。社会群体金融素养不足极易引发自我排斥，这将从需求端抑制金融的包容性发展，所以应该提高公民的金融素养，包括加强关于金融基础知识、法律支持、金融生态建设在内的金融知识普及，培养金融风险意识及金融消费者维权意识，提高公众对金融的参与程度和使用效用性等。从对金融包容体系的指数分析中可以看出，河南、吉林、湖南、广西和内蒙古等省份金融包容深度发展不足，与相对较高的人口比例呈现一定的矛盾性与不和谐性。这是由于这几个省份的金融弱势群体相对较多，他们对金融的理解性不足，不愿意较多的参与金融市场，主要进行传统的存贷款业务，对新型金融手段知之较少、使用更少，金融素养的低下造成其对金融服务的使用度较低。

（3）走差异化发展道路。各省份金融包容发展程度各异，且在金融包容的维度和形式上也表现不同，因此应该因地制宜、对症下药。按照以上对金融包容体系指数的分析可以发现，新疆、西藏、甘肃、贵州、青海、云南等省份应注重提高金融包容的地理渗透性或人口渗透性；河南、吉林、湖南、广西和内蒙古等省份应尽量提高公众对金融的接受程度和使用程度以加深金融包容的深度；天津、浙江、江苏、福建等省份需要重点关注金融包容的风险容忍度，控制金融资产的质量。从整体金融包容指数和数字普惠打分的差异比较中发现，天津、重庆、山西、甘肃、贵州、青海、西藏、新疆和河南亟待提升数字普惠金融水平，运用金融科技手段创新金融服务和产品，简化各类产品的复杂程度，增强居民对其的理解度和接受度；辽宁、湖南、黑龙江、江西、广西、内蒙古和福建等省份则应该提升传统金融在推动金融包容中的积极作用，促进传统金融机构和新型金融机构的合作，转变服务形式和渠道，深化公众对传统金融的可接触性和使用性，增强其满意度和美誉度。

（4）推动区域内协调发展和区域间相互合作。中国金融包容性发展的最终目标是实现全国范围所有阶层和居民都能够以自己可以承受的成本获得金融服务或产品，金融发展较好的省份和区域应起到引导与辐射带动作用，向发展相对落后的省份和区域传授经验、助力引资。前面的研究发现，东部各省份金融包容水平发展较高，然而不仅该区域内部各省份之间的差距较大，而且该区域与中西部、东北等区域之间的差距也较大，所以应该首先注重区域内的协调发展，然后推动东部地区与中西部、东北地区的跨区域合作。

## 3.2 金融包容的影响要素与短板

从区域视角来看，金融包容体系的构建包括：各区域金融包容体系的协调发展（区域内部的“三度统一”发展、区域之间的适度差距和协调），影响包容的各要素的作用机制或渠道通畅（经济、金融、社会这三大系统及其子系统中各要素相互作用、相互影响、相互交织，因而系统之间、要素之间要协调发展），以及影响居民经济福利的传导体系有效等。本节较为创新地将金融包容影响因素细分为需求因素、供给因素和社会因素，并运用变异系数法和欧式距离法构建中国2011～2015年各省份的需求指数、供给指数和社会指数。通过剖析各指数的内在差异，解读各地区在金融包容的需求、供给和社会三个层面上的区域差异性及内部不平衡性。通过实证分析区域层面“三度统一”金融包容体系的影响要素及其贡献率，寻找影响各区域协调发展的短板，从扩大有效需求、增加有效供给，以及促成金融需求和供给有效匹配等角度为金融包容体系的完善提供思路与建议。

联合国于2005年将金融包容定义为以可负担的成本为社会各阶层和各群体提供合理高效的金融服务，尤其是发展落后地区和扶持低收入人群。2015年12月31日，国务院印发《推进普惠金融发展规划（2016—2020年)》，创新性地从金融供给者角度解读金融包容：立足于机会平等和商业可持续的原则，以可负担成本为底线为各社会阶层和群体的金融需求者提供适当有效的金融服务，着重强调了金融机构发展的可持续性。金融机构的风险容忍度决定了其提供包容性服务的可持续性，是金融包容体系的根基，也是“三度统一”指标中不容忽视的一环。2017年党的十九大报告指出，解决当前我国主要矛盾的关键着力点在于坚持金融体制改革，提高金融发展对实体经济的服务性和普惠性。一系列政策性文件的发布表明，中国已经将构建包容性金融体系提上了重要日程。

在已有的研究中，国内外学者在衡量金融包容性发展程度方面学术成果颇丰，然而在其衡量指标体系的构建中指标选择则相对传统和保守，忽略了对金融包容体系贡献度日益增大的互联网金融及金融科技手段。随着数字经济时代的到来，现金、银行卡、信用卡等传统消费工具日益被支付宝、微信支付、蚂蚁花呗、京东白条等数字支付手段替代，在金融包容指标体系中加入数字普惠金融指标更加符合新时代的要求。此外，在量化分析金融包容的诸多影响因素时，学界较多地偏好从单一维度研究，如从金融机构角度、个人主体角度或社会环境角度分别研究金融包容的诱致因素，这有悖于金融包容体系的复杂系统论视角。因此，结合中国目前经济发展的情况，本书将数字普惠金融指标纳入金融包容体系，在金融服务可持续性的基础上，构建了包含有金融包容广度、深度和风险容忍度的新型金融包容指数。为了清晰划分金融包容的影响要素与短板，本书在已有研究的基础上，选取一些较为新颖的指标展开具体分析，同时相对创新性地将大量金融包容影响因素指标进行分类处理，细分为需求类、供给类和社会类。运用变异系数法和欧式距离法得出需求指数、供给指数和社会指数，并在此基础上研究这些影响因素对金融包容指数的影响程度、贡献率及其显著性，这种处理不仅简化了实证模型的处理过程，而且更有利于根据各地区影响要素之间的发展差异性找出区域短板、促进区际协调，为中国金融体制改革和完善金融包容体系提供有针对性的参考意见。

### 3.2.1 研究现状

通过对相关文献的系统梳理，笔者发现学界对金融包容影响因素的研究主要体现在三个方面：从单个影响因素转向多个影响因素、从单一维度研究转向多元维度研究，以及从微观研究转向宏观研究。

**1. 从单个影响因素转向多个影响因素**

最初从剖析单一因素（如性别、收入、家庭负担、政策支持、社会保障、财政支持等各要素）对金融包容的影响，逐渐转移至解析多元因素对金融包容体系的影响。国外金融地理学者，如肯普森（1999）研究得出收入水平与金融包容呈显著的正向关系。科波达和安德里亚纳伊沃（Kpodar and Andrianaivo，2011）分析表明移动电话的普及对金融包容发展有促进作用。博戈米尼等（Bongomin et al.，2016）提出心理因素和金融知识水平会影响金融包容体系的完善。阿克杜古（Akudugu，2013）研究了知识水平、地理距离、年龄、社会地位和居民对金融机构的信任这五个要素对金融包容水平的作用。国内学者也做了诸多探索和努力，如张世春（2010）分析了财政资金和政策性支持对金融包容的影响。何德旭等（2011）指出，发展社区银行将有利于促进金融的包容性发展。王婧（2013）剖析了宏观经济发展状况、金融宏观调控、收入差距、金融基础设施建设对金融包容体系的贡献率。粟勤、肖晶（2015）着重探析了银行业市场集中度和市场结构对金融包容水平的影响，研究表明，经济欠发达地区的银行业其市场集中度越低、越分散，则金融包容水平越高。

**2. 从单一维度分析走向多元维度研究**

经过文献梳理发现，国内外学者多是从金融机构角度、个人主体角度或社会环境角度分别研究金融包容的诱致因素。例如，伯杰（Berger，2001）提出，在一定程度上，金融机构重组会影响金融包容水平的下降程度；萨尔马（2010）创新性地提出，由农户贷款引致的较高不良贷款比率反而有可能对未来金融包容产生促进作用，而其他不同用途贷款所引致的高不良贷款比率则对金融包容的影响不明显；霍诺汉（Honohan，2004）指出，金融体系内部的有效竞争（如银行机构之间的竞争）可以提高金融服务的可及性。国内学者如姚耀军（2004）、李锐（2009）研究得出，金融供给不充分、资金借贷的高交易成本会导致农村金融服务处于较低水平。王修华（2012）分析指出，居民的受教育程度、消费偏好、家庭人均收入、政治地位均左右农户选择金融服务和产品的能力。徐诺金（2007）、祝丽英（2010）、李猛（2010）和韩俊（2009）等则分别研究了中国金融经济背景、金融机构评估制度、产权制度变迁、监管制度和风险与金融服务之间的关系。国内还有部分学者从供给诱导、需求诱导与社会诱导等方面研究。如田霖（2012）从需求方面选取收入、年龄、知识和住房状况，供给方面选取地理特征和技术，社会方面选取性别、农村劳动力所占比重、城乡收入差距、商业文化环境和农村 GDP 增长率等指标来研究中国农村金融包容的影响要素。此外，有学者从经济、社会和人文三个方面予以解读，如刘安琪（2016）从经济、人文和社会三个方面分析产生普惠金融差异的影响要素：经济因素包括收入水平、金融发展水平和经济发展速度三个指标，人文因素包括人口年龄结构、居民受教育水平两个指标，社会因素则包括信息化水平、就业水平和城市化水平三个指标。潘蕾（2016）从经济、人文地理、社会三个方面探讨中国区域金融包容体系的影响因素，其中农业总产值占地区总产值的比重、城镇居民人均可支配收入、农村居民人均可支配收入、居民的受教育水平、民族构成特征、就业率、城镇化率对金融包容区域差异的影响较为显著。

### 3. 从微观因素解析转向宏观因素研究

从微观视角的研究来看，国外金融学者当中，古普特（2012）通过分析印度地区金融服务的获得情况，得出家庭微观特征（如年龄、受教育情况、人口结构、家庭负债等）与其是否拥有银行账户关系显著。国内学者当中，徐少君等（2008）通过实证分析得出年龄、性别、收入、家庭成员数量、社会阶层和教育程度对农村金融服务水平有显著影响。王伟（2011）等研究表明，收入水平、年龄结构和商业文化环境对金融排斥的空间差异影响显著。从宏观视角的研究来看，国外学者当中，伯克（Beck et al.，2009）通过剖析发展中国家金融服务的获得性，量化分析验证了经济增长率、储蓄率、技术水平和交易成本对金融服务的可获得性造成显著影响。卡达克（Cardak，2009）认为拥有房屋产权的居民会更容易享受到金融服务。国内学者当中，董晓林、徐虹（2012）主要研究了人口、居民收入、电话用户占比、地方财政支出和社会消费品零售额对金融包容体系的影响。何德旭、苗文龙（2015）则提出了法律基础、制度变革、技术革新、资源优化、市场规则、市场选择、风险信息和金融分权与金融包容体系的内在逻辑关系。

由上述文献可以看出，已有研究从不同方面或不同视角探讨了金融包容的影响因素，而诸多不同层面的研究中指标的选取也多有交叉重复的部分，如在微观研究方面，学者较多选取人口、年龄和受教育情况，而在分类研究某个因素对金融包容的影响时，也会着重考察这些指标。此外，在研究方法上，学者们多会采用 logit 模型、probit 模型和 tobit 回归模型进行实证分析（部分原因是数据所限）。本章将在这些研究的基础上，结合中国经济和金融发展的实际情况，选取一些较为新颖的指标展开具体分析，同时将金融包容影响因素指标分类处理，从需求、供给和社会三个方面，运用变异系数法和欧式距离法得出需求指数、供给指数和社会指数，并在此基础上剖析诸多影响要素对金融包容“三度统一”体系的影响程度及显著性，为弥补短板、促进金融包容体系的协调发展提供借鉴。

### 3.2.2 金融包容体系综合指数及其影响要素指数构建

#### 1. 金融包容体系综合指数构建

互联网技术的快速发展，推动了以互联网金融为背景的金融组织和金融市场的革新，然而在金融包容体系中纳入数字金融指标方面的研究尚显薄弱。此外，从国内外研究来看，金融包容体系的维度主要有接触性、使用性、交易便利性、可负担性四个方面，相对而言，较少学者考虑到金融机构提供金融服务的可持续性，而供给机构自身发展的可持续性是保证一切金融活动顺畅进行的前提。因此，本书纳入数字普惠金融指标，从金融包容的广度、深度和风险容忍度三个维度来分析金融包容体系的发展状况，金融包容的高质量推进、金融体系的构建和完善，从某种程度上讲就是追求“三度合一”的过程。

维度 1：金融包容的覆盖广度。金融包容的覆盖广度主要从金融供给角度出发，直接体现为金融机构、金融从业人员的地理渗透性和人口渗透性。金融机构、金融服务人员越多，该地区金融的渗透性越好，居民、企业等获得金融产品和金融服务越便利，金融包容程度越高。该维度指标具体包括：金融机构数/万人、金融从业人员数/万人、金融机构数/万平方公里、金融服务人员数/万平方公里、境内上市公司数、数字金融覆盖广度（每万人拥有的支付宝账号数量、支付宝绑卡用户比例、平均每个支付宝账号绑定银行卡数），以上指标均为衡量金融包容的正向指标。

维度 2：金融包容的使用深度。金融包容的使用深度主要从金融需求者角度出发，指一个地区中社会群体对各类金融产品及服务，包括银行、证券、保险等的参与度和使用性，是金融包容的核心层。本章选取的金融包容深度的测量指标有：存款余额/GDP、贷款余额/GDP、金融业增加值/GDP、股票市场价值总额/GDP、保险密度、保险深度、数字金融使用深度（基于支付宝的支付、信贷、保险、投资、征信业务），以上指标均为衡量金融包容的正向指标。

维度 3：金融包容的风险容忍度。金融包容的风险容忍度是对金融供给者而言的，用来衡量一个地区金融系统发展的稳定性及其风险可承受能力，是金融包容的关键层。金融机构是金融包容体系中的重要主体，金融机构能否可持续发展对金融包容的稳定可持续发展起着关键的制约作用。可见，不能单纯追求金融需求层面的“普”和“惠”，应该强调供求主体的双赢以及整个社会的福利最大化。为保证金融供给机构在其风险可承受范围内提供合理高效的金融产品和金融服务，本章选用金融机构不良资产率来衡量风险容忍度，这是一个逆向指标，不良资产率越高则表明金融包容体系存在的问题越多，其系统质量越差。

**2. 需求、供给、社会指数构建**

金融包容体系的影响要素数量较多、种类庞杂，由于其本身就是一个复杂巨系统，各要素之间存在相互作用、相互影响、非线性，甚至复合因果关系。这一方面要求处理指标时注意甄别和筛选，将偏差控制在一定程度内；另一方面则可以采用先进的方法，如模糊曲线法（特别适合非线性、复合因果或内生性问题的处理）进行验证。本章主要从需求、供给、社会三方面尝试进行要素的简化处理，而模糊曲线法的使用将会在第4章涉及。

从需求方面看，居民的收入水平、消费水平、金融素养、住房拥有状况会影响其对金融产品和服务的选择，居民需求水平的高低在一定程度上会影响金融包容发展的水平。从供给方面看，信息技术水平、交通状况和财政支出状况为居民选择金融服务提供了条件便利，一方面供给要素能够推进金融基础设施的建设，另一方面也会促进居民消费金融产品和服务。从社会方面来看，良好的社会环境可有效促进金融包容体系的发展。如合理的产业结构、较高的城镇化率和就业率，以及城乡收入差距的不断缩小都可以促进金融包容水平的提高。

从需求层面来看，主要包括7个指标。（1）居民人均可支配收入。居民可支配收入越高，对金融产品和服务的需求越大，居民自身承受、抵抗风险的能力也会越高。本章采用（城镇居民可支配收入+农村居民可支配收入）/总人口数来反映这一指标。（2）居民人均消费支出。居民个人消费水平提高，则居民的消费需求相应提高，对金融服务的需求也会随之提高，这将进一步拉动金融供给端提高其服务能力及产品供给质量，金融包容供求匹配进而总体水平提高。本章采用（城镇居民消费支出+农村居民可支配收入消费支出）/总人口数来表示居民人均消费支出。（3）金融素养。一方面，作为一种可能代际遗传的隐性知识，居民金融素养的高低可以反映出其金融知识的储备情况和获取金融服务能力的高低。另一方面，后天教育水平的高低也会影响金融素养的高低。居民的金融素养也会影响金融供给机构对服务对象的营销和选择。考虑到各省市数据的可得性和科学性，本章采用被较为广泛采纳的平均受教育年限来衡量这一指标。（4）年龄因素。儿童（0~14岁）和老人（65岁以上）对金融产品与金融服务的需求有限，其对金融包容水平的作用并不明显。位于 14 ~65 岁年龄段之间的居民相较于儿童和老人，对金融产品和金融服务的接纳能力会更高。本章采用扣除 0 ~14 岁儿童与 65 岁以上老人人数的总人口的比重来体现这一指标。(5) 住房状况。学者研究表明，依赖贷款、政府救济和没有住房的人对金融包容产生的影响是逆向的。此外，房地产市场与金融市场关系也十分密切。本章采用商品房销售额/GDP 的比重来解释这一指标。(6) 通信服务类居民消费价格指数。该指数反映居民家庭所购买的通信服务类消费品价格变动趋势和程度的相对数。一般通信服务类居民消费价格指数越高，居民获得这类产品的成本越高，相应地会影响居民对于通信服务类消费品的购买和使用，从而对金融包容水平的提升产生不利影响。(7) 通信工具类居民消费价格指数。该指数是反映居民家庭所购买的通信工具消费品价格变动趋势和程度的相对数。与通信服务类居民消费价格指数类似，该指标值越大，对金融包容体系的影响越弱。

从供给层面来看，主要包括 6 个指标。(1) 信息技术水平。伴随信息技术的迅猛发展，互联网科技在金融领域的应用越来越广泛。手机银行、电子银行和移动支付等技术的普及和广泛应用，使居民获得金融服务变得愈发便捷高效。本章假定信息技术水平对金融包容水平有正向促进作用，采用互联网普及率来衡量这一指标。(2) 交通便利度。交通不发达的地区容易产生地理排斥，从而制约了一部分居民获取金融产品和服务，影响金融包容体系的广度和深度。本章采用每十万人拥有的公共汽车数来衡量这一指标。(3) 财政支出规模。政府的财政支出规模可以反映政府对经济发展、社会稳定和文化教育等方面的重视程度和示范影响。本章用财政支出/GDP 来衡量这一指标。(4) 地方政府金融监管支出。该支出一般是由地方财政直接拨款，用于对相关金融机构的监管和防范金融风险的需要。这一项支出越大，居民获得的金融服务的质量也会越好。它部分反映了金融包容风险管理体系的建设情况。(5) 科学技术支出。该支出一般是地方政府用于支持区域创新能力和技术水平的提高，其有利于缩小地区之间的金融差距，促进协调发展。(6) 信息技术计算机投资。这一指标是指财政对计算机和通信等方面的投资，具体到金融领域，该投资可显著提升金融服务的包容度。

从社会层面来看，主要包括5个指标。(1) 城乡收入差距。当前，城乡二元经济的结构特征明显，城乡收入差距越大，农村居民对金融产品和金融服务的需求就会越低，对金融包容将产生逆向影响。城乡协调也是金融包容协调体系的有机组成部分，因而本章采用城镇居民可支配收入/农村居民可支配收入来衡量这一指标。(2) 就业率。就业率高，则表明该地区经济发展水平高，收入水平高，进行金融消费的意愿也会相应地提高。本章采用 (农村从业人员数 + 城镇从业人员数)/总人数来衡量这一指标。(3) 经济增长速度。经济发展状况会对金融发展产生直接影响。本章采用 lnGDP 来反映地区经济增长速度。(4) 城镇化率。城镇化率低的地区，经济发展水平和金融发展水平不高，居民对金融服务的接纳能力较弱，不利于金融包容的发展。本章采用城镇人口数/总人口来衡量该指标。(5) 产业结构。产业结构的优劣对经济发展和金融业发展十分重要。合理的产业结构有助于金融包容水平的提升，考虑到金融业属于第三产业，本章采用第三产业产值占总产值比重来衡量这一指标。

金融包容影响要素的指标选取及变量含义如表3-7所示。

**表3-7　　金融包容影响要素的指标选取及变量含义**

| 变量性质 | 变量名称 | 变量含义 |
|---|---|---|
| 需求 | 居民人均可支配收入 | 城镇居民与农村居民可支配收入总和/总人口 |
| | 居民人均消费支出 | 城镇居民与农村居民消费支出总和/总人口 |
| | 金融素养 | 大专以上人口数/总人口数×15.5+中专人口数/总人口数×12+高中人口数/总人口数×12+初中人口数/总人口数×12+小学人口数/总人口数×6+文盲人口数/总人口数×1 |
| | 年龄 | 扣除0~14岁儿童与65岁以上老人的人口占比 |
| | 住房状况 | 商品房销售额/GDP |
| | 通信服务类居民消费价格指数 | 居民购买通信服务消费品价格变动趋势和程度 |
| | 通信工具类居民消费价格指数 | 居民购买通信工具消费品价格变动趋势和程度 |
| 供给 | 信息技术水平 | 互联网普及率 |
| | 交通便利度 | 每十万人拥有的公共汽车数 |
| | 财政支出规模 | 财政支出/GDP |
| | 地方政府金融监管支出 | 金融监管支出/GDP |
| | 科学技术支出 | 科学技术支出/GDP |
| | 信息技术计算机投资 | 信息技术计算机投资/GDP |

续表

| 变量性质 | 变量名称 | 变量含义 |
|---|---|---|
| 社会 | 城乡收入差距 | 城镇居民可支配收入/农村居民可支配收入 |
| | 就业率 | (农村从业人员数+城镇从业人员数)/总人数 |
| | 经济增长速度 | lnGDP |
| | 城镇化率 | 城镇人口数/总人口数 |
| | 产业结构 | 第三产业产值占总产值比重 |

### 3. 构建方法与数据来源

(1) 构建方法：欧氏距离法和变异系数法。本章采取欧氏距离法和变异系数法构建金融包容体系综合指数和影响金融包容体系的供给因素指数、需求因素指数以及社会因素指数，其具体处理过程如下：

考虑到各变量之间存在量纲差异，为增强其可比性，本书借鉴国内外通行的研究方法，先对各指标原始数据进行极差化处理以消除量纲影响。

当指标为正向指标时，$x_{ij}=\dfrac{A_{ij}-m_{ij}}{M_{ij}-m_{ij}}$

当指标为负向指标时，$x_{ij}=\dfrac{M_{ij}-A_{ij}}{M_{ij}-m_{ij}}$

其中，$x_{ij}$表示极差化法处理之后的数据；$A_{ij}$表示原始数据；$m_{ij}$表示第 $i$ 维度第 $j$ 项指标的样本最小值；$M_{ij}$表示第 $i$ 维度第 $j$ 项指标的样本最大值。通过以上方法处理之后，各项指标值都在 0～1 之间。

基于以上处理结果，根据欧式距离法首先对单一维度包容性指数衡量，然后对金融包容体系的综合指数加以度量。其主要思想是判断各个值与最优值之间的距离，距离越短，其值越优，金融包容指数就越大。具体计算公式如下：

单一维度金融包容指数：

$$FII_i = 1-\frac{\sqrt{w_{i1}^2(1-x_{i1})^2+w_{i2}^2(1-x_{i2})^2+\cdots+w_{ij}^2(1-x_{ij})^2}}{\sqrt{w_{i1}^2+w_{i2}^2+\cdots+w_{ij}^2}}$$

其中，$FII_i$ 表示第 $i$ 维金融包容指数；$w_{ij}$表示第 $i$ 维第 $j$ 个指标的权重。

金融包容体系的综合指数：

$$FII = 1-\frac{\sqrt{W_1^2[\max(FII_1)-FII_1]^2+W_2^2[\max(FII_2)-FII_2]^2+W_3^2[\max(FII_3)-FII_3]^2}}{\sqrt{W_1^2+W_2^2+W_3^2}}$$

其中，$FII$ 表示金融包容指数；$W_1$、$W_2$、$W_3$ 表示各维度的权重；$\max(FII_1)$、$\max(FII_2)$、$\max(FII_3)$ 表示各维度最大值。

各维度权重确定：

权重的确定对最终测度指数影响较大，目前主要有等权重法、变异系数法、层次分析法、组合赋权法等。等权重法没有考虑各指标各维度的重要程度差异；层次分析法和组合赋权法中主观性相对较大。因此本书选用比较客观的赋权方法——变异系数法。

首先，对同一纬度指标赋权，计算公式如下：

$$v_{ij} = \frac{s_{ij}}{\overline{x_{ij}}}$$

$$w_{ij} = \frac{v_{ij}}{\sum_j v_{ij}}$$

其中，$v_{ij}$表示第 $i$ 维第 $j$ 项指标的变异系数；$s_{ij}$表示第 $i$ 维第 $j$ 项指标的标准差；$\overline{x_{ij}}$表示第 $i$ 维第 $j$ 项指标的平均值。

然后对各维度赋权，计算公式如下：

$$V_i = \frac{S_i}{\overline{X_i}}$$

$$W_i = \frac{V_i}{\sum_i V_i}$$

其中，$V_i$ 表示第 $i$ 维金融包容指数的变异系数；$S_i$ 表示第 $i$ 维金融包容指数的标准差；$\overline{X_i}$表示第 $i$ 维金融包容指数的平均值。

（2）数据来源。本书选用 2011～2015 年面板数据进行分析，以更加客观、全面地反映其历史及截面数据的演变。金融包容体系综合指数中金融机构、金融服务人员数量、存款余额和贷款余额来源于各省份金融运行报告；境内上市公司数量、股票市场价值总额来源于《中国证券期货统计年鉴》；GDP、金融业增加值、保险深度和保险密度来源于《中国统计年鉴》；数字金融覆盖广度和使用深度来源于北京大学互联网金融研究中心发布的《北京大学数字普惠金融指数（2011～2015）》；不良资产率来源于中国银行业监督管理委员会年报。需求、供给和社会方面的各个影响因素除互联网普及率来源于 2011～2015 年《中国信息社会发展报告》外，其他相关数据均来源于 2011 ~2015 年《中国统计年鉴》。

### 3.2.3 金融包容的影响要素分析

#### 1. 金融包容影响要素的权重确定

首先，运用变异系数法对需求、供给和社会三个维度下的各个指标进行权重确定，判断各个指标对单维度指数的贡献度。各指标平均权重如表 3 -8 所示。

表 3 -8　　金融包容各影响因素的平均权重

| 变量性质 | 变量名称 | 平均权重 |
|---|---|---|
| 需求 | 居民人均可支配收入 | 0.2006 |
| | 居民人均消费支出 | 0.1804 |
| | 金融素养 | 0.0670 |
| | 年龄 | 0.1082 |
| | 住房状况 | 0.0971 |
| | 通信服务类居民消费价格指数 | 0.1936 |
| | 通信工具类居民消费价格指数 | 0.1533 |
| 供给 | 信息技术水平 | 0.1382 |
| | 交通便利度 | 0.1296 |
| | 财政支出规模 | 0.2290 |
| | 地方政府金融监管支出 | 0.2274 |
| | 科学技术支出 | 0.1612 |
| | 信息技术计算机投资 | 0.1146 |
| 社会 | 城乡收入差距 | 0.1371 |
| | 就业率 | 0.2773 |
| | 经济增长速度 | 0.1787 |
| | 城镇化率 | 0.1323 |
| | 产业结构 | 0.2746 |

从各指标的平均权重中可以看出，居民人均可支配收入、人均消费支出、通信服务类居民消费者价格指数对需求指数贡献较大。其中，人均可支配收入是生产、消费的源泉，是构成个人、家庭和企业对金融产品和实物产品有效需求的基础，实物产品有效需求又会进一步促进企业扩大生产

规模和丰富产品种类，而这个过程往往要借助于金融资本的力量。除可支配收入外，目前消费支出还依赖于消费信贷，催生出一系列诸如信用贷、房贷、车贷等新型金融产品的推广和使用。通信服务类消费者价格指数主要影响居民对通信服务的使用频率和使用质量，进而影响其对互联网金融产品的接触和使用。互联网金融的主要优势就是可以降低交易成本，服务长尾用户。如果通信服务类产品价格过高，将会限制人们对互联网金融的使用深度。

供给层面上，财政支出规模、地方政府金融监管支出和科学技术支出的贡献度相对较高。由于目前中国财政支出尤其是对贫困地区和贫困人群的财政补贴主要是通过金融账户下发和使用，促进了相关金融服务的供给。地方政府金融监管支出有助于优化金融供给环境，防范金融欺诈和金融风险。科技支出之所以能较大程度地促进供给，是因为目前无论是传统金融还是新型金融都需要借助于科技的力量来扩大金融服务广度和拓展金融服务深度。

社会层面上，就业率、经济增长速度和产业结构的贡献率相对较高。就业一方面给劳动供给者带来工资收入，另一方面是劳动需求者扩大生产规模和提高效率必需的要素之一，这两方面都将促进居民、企业对相关金融产品的需求，并且金融机构也更倾向于在就业率较高的地方建立分支机构（聚集效应）。经济增长是一个地区各方面发展的内生源动力，经济增长率较高，人们变得相对富有，则增强人们的未来收入预期。在富有和稳定预期的前提下，参与主体将拥有更多闲置资金来购买理财和保险等金融产品，而伴随收入预期的提升，人们将会对消费信贷产品产生更高的需求。当然，经济繁荣的过程通常也伴随着金融市场的蓬勃发展。之所以说产业结构在诸多社会因素构成中贡献较大，是因为产业结构升级往往意味着社会经济效率的提升，从而间接促进经济增长。

### 2. 地区金融包容影响要素的各维度差异与短板分析

运用欧式距离法分别对金融包容影响要素的需求层（DEM）、供给层（SUP）和社会层（SOC）指数进行计算，分析结果如表 3－9 所示，其中括号内数字表示排序。

表 3－9　　2011～2015 年各省份金融包容影响要素的各维度差异性

| 省份 | 2011 年 | | | 2012 年 | | | 2013 年 | | | 2014 年 | | | 2015 年 | | | 平均值 | | |
|---|---|---|---|---|---|---|---|---|---|---|---|---|---|---|---|---|---|---|
| | DEM | SUP | SOC | DEM | SUP | SOC | DEM | SUP | SOC | DEM | SUP | SOC | DEM | SUP | SOC | DEM | SUP | SOC |
| 北京 | 0. 6247 | 0. 2202 | 0. 9696 | 0. 5512 | 0. 2223 | 0. 8314 | 0. 6440 | 0. 3061 | 0. 8821 | 0. 8151 | 0. 1696 | 0. 8788 | 0. 5625 | 0. 2730 | 0. 8660 | 0. 6395(1) | 0. 2382(6) | 0. 8856(1) |
| 天津 | 0. 5558 | 0. 1595 | 0. 4927 | 0. 4861 | 0. 1578 | 0. 4125 | 0. 3826 | 0. 2383 | 0. 4620 | 0. 4295 | 0. 1367 | 0. 3425 | 0. 4136 | 0. 1900 | 0. 4290 | 0. 4535(3) | 0. 1765(10) | 0. 4277(3) |
| 河北 | 0. 2651 | 0. 0847 | 0. 1547 | 0. 2825 | 0. 0895 | 0. 1264 | 0. 2045 | 0. 1572 | 0. 1237 | 0. 1651 | 0. 0726 | 0. 1258 | 0. 1601 | 0. 0993 | 0. 1464 | 0. 2155(24) | 0. 1006(27) | 0. 1354(24) |
| 山西 | 0. 2327 | 0. 1714 | 0. 2091 | 0. 2655 | 0. 1428 | 0. 2010 | 0. 2194 | 0. 2816 | 0. 2323 | 0. 2400 | 0. 1228 | 0. 2155 | 0. 2092 | 0. 1849 | 0. 2893 | 0. 2333(19) | 0. 1807(7) | 0. 2294(16) |
| 内蒙古 | 0. 3143 | 0. 1341 | 0. 2444 | 0. 4624 | 0. 1109 | 0. 1940 | 0. 2429 | 0. 1655 | 0. 2153 | 0. 2787 | 0. 0990 | 0. 3172 | 0. 3044 | 0. 1497 | 0. 2636 | 0. 3205(9) | 0. 1318(21) | 0. 2469(14) |
| 辽宁 | 0. 3551 | 0. 2074 | 0. 3218 | 0. 3397 | 0. 1718 | 0. 2879 | 0. 2895 | 0. 2320 | 0. 3141 | 0. 2805 | 0. 1185 | 0. 3541 | 0. 2957 | 0. 1605 | 0. 3350 | 0. 3121(10) | 0. 1780(9) | 0. 3226(7) |
| 吉林 | 0. 2805 | 0. 1467 | 0. 2305 | 0. 3143 | 0. 1245 | 0. 1819 | 0. 2338 | 0. 2049 | 0. 2110 | 0. 1941 | 0. 1928 | 0. 2456 | 0. 1932 | 0. 1912 | 0. 2303 | 0. 2432(17) | 0. 1720(13) | 0. 2199(18) |
| 黑龙江 | 0. 2827 | 0. 1273 | 0. 2815 | 0. 3724 | 0. 1236 | 0. 2426 | 0. 3773 | 0. 1548 | 0. 2436 | 0. 2223 | 0. 0846 | 0. 2494 | 0. 2449 | 0. 1453 | 0. 2904 | 0. 2999(13) | 0. 1271(22) | 0. 2615(13) |
| 上海 | 0. 6640 | 0. 2606 | 0. 6308 | 0. 4800 | 0. 2759 | 0. 6976 | 0. 5152 | 0. 3349 | 0. 7054 | 0. 6795 | 0. 1927 | 0. 7972 | 0. 7652 | 0. 2279 | 0. 7672 | 0. 6208(2) | 0. 2584(5) | 0. 7196(2) |
| 江苏 | 0. 4032 | 0. 1545 | 0. 3387 | 0. 3537 | 0. 1422 | 0. 3657 | 0. 2684 | 0. 1842 | 0. 4223 | 0. 3054 | 0. 1017 | 0. 5231 | 0. 3037 | 0. 1496 | 0. 4584 | 0. 3269(8) | 0. 1464(20) | 0. 4216(5) |
| 浙江 | 0. 4707 | 0. 1457 | 0. 4705 | 0. 4282 | 0. 1376 | 0. 5001 | 0. 3184 | 0. 1886 | 0. 4608 | 0. 4453 | 0. 1048 | 0. 5399 | 0. 4266 | 0. 1741 | 0. 4800 | 0. 4178(5) | 0. 1502(17) | 0. 4902(4) |
| 安徽 | 0. 2343 | 0. 1545 | 0. 1123 | 0. 2226 | 0. 1337 | 0. 0809 | 0. 1558 | 0. 1859 | 0. 0903 | 0. 2955 | 0. 1119 | 0. 1352 | 0. 3506 | 0. 1734 | 0. 1666 | 0. 2518(16) | 0. 1519(16) | 0. 1171(31) |
| 福建 | 0. 3962 | 0. 0891 | 0. 3466 | 0. 4072 | 0. 0898 | 0. 2988 | 0. 3301 | 0. 1327 | 0. 3098 | 0. 2533 | 0. 0714 | 0. 3168 | 0. 2928 | 0. 1301 | 0. 2998 | 0. 3359(7) | 0. 1026(26) | 0. 3144(9) |
| 江西 | 0. 2110 | 0. 0538 | 0. 1437 | 0. 2890 | 0. 0875 | 0. 1602 | 0. 1970 | 0. 1375 | 0. 1386 | 0. 2531 | 0. 0787 | 0. 1889 | 0. 2022 | 0. 1399 | 0. 1663 | 0. 2305(20) | 0. 0995(28) | 0. 1595(22) |
| 山东 | 0. 2768 | 0. 1118 | 0. 2601 | 0. 2693 | 0. 0874 | 0. 2510 | 0. 2702 | 0. 1156 | 0. 3016 | 0. 2503 | 0. 0600 | 0. 3297 | 0. 1927 | 0. 1094 | 0. 2842 | 0. 2519(15) | 0. 0968(30) | 0. 2853(11) |
| 河南 | 0. 2068 | 0. 1039 | 0. 1263 | 0. 2165 | 0. 1223 | 0. 1048 | 0. 1503 | 0. 1521 | 0. 1357 | 0. 1492 | 0. 1098 | 0. 1164 | 0. 1885 | 0. 1246 | 0. 1539 | 0. 1822(27) | 0. 1226(23) | 0. 1274(25) |

续表

| 省份 | 2011 年 | | | 2012 年 | | | 2013 年 | | | 2014 年 | | | 2015 年 | | | 平均值 | | |
|---|---|---|---|---|---|---|---|---|---|---|---|---|---|---|---|---|---|---|
| | DEM | SUP | SOC | DEM | SUP | SOC | DEM | SUP | SOC | DEM | SUP | SOC | DEM | SUP | SOC | DEM | SUP | SOC |
| 湖北 | 0.2343 | 0.0921 | 0.2313 | 0.2617 | 0.0891 | 0.1895 | 0.1997 | 0.1505 | 0.2734 | 0.2480 | 0.0945 | 0.3494 | 0.2538 | 0.1083 | 0.2821 | 0.2395(18) | 0.1069(24) | 0.2651(12) |
| 湖南 | 0.2145 | 0.0610 | 0.1795 | 0.2368 | 0.0406 | 0.1453 | 0.1851 | 0.0658 | 0.1521 | 0.2339 | 0.0451 | 0.2265 | 0.2162 | 0.0815 | 0.2570 | 0.2173(23) | 0.0588(31) | 0.1921(20) |
| 广东 | 0.5312 | 0.1500 | 0.3485 | 0.5415 | 0.1610 | 0.2835 | 0.3567 | 0.2031 | 0.4194 | 0.4180 | 0.1326 | 0.4548 | 0.4098 | 0.2512 | 0.4613 | 0.4514(4) | 0.1796(8) | 0.3935(6) |
| 广西 | 0.1781 | 0.1328 | 0.1049 | 0.1563 | 0.1226 | 0.1375 | 0.1354 | 0.1807 | 0.1080 | 0.2000 | 0.0879 | 0.1277 | 0.1159 | 0.2237 | 0.1162 | 0.1572(29) | 0.1495(18) | 0.1189(29) |
| 海南 | 0.3624 | 0.1450 | 0.2671 | 0.4494 | 0.1637 | 0.2073 | 0.2121 | 0.2238 | 0.2896 | 0.2747 | 0.1300 | 0.3475 | 0.2186 | 0.2128 | 0.3945 | 0.3035(12) | 0.1751(12) | 0.3012(10) |
| 重庆 | 0.3613 | 0.2145 | 0.2421 | 0.4298 | 0.1288 | 0.2347 | 0.3794 | 0.2107 | 0.2994 | 0.3170 | 0.1228 | 0.4135 | 0.2569 | 0.1505 | 0.3914 | 0.3489(6) | 0.1655(14) | 0.3162(8) |
| 四川 | 0.2770 | 0.1052 | 0.1375 | 0.2481 | 0.0905 | 0.1185 | 0.1589 | 0.1058 | 0.1488 | 0.2385 | 0.0655 | 0.1509 | 0.1922 | 0.1263 | 0.2340 | 0.2230(21) | 0.0986(29) | 0.1580(23) |
| 贵州 | 0.1187 | 0.1116 | 0.1107 | 0.1370 | 0.0988 | 0.0974 | 0.2453 | 0.1331 | 0.1365 | 0.1487 | 0.0816 | 0.1283 | 0.1264 | 0.1063 | 0.1182 | 0.1552(30) | 0.1063(25) | 0.1182(30) |
| 云南 | 0.2011 | 0.1946 | 0.1144 | 0.2186 | 0.1551 | 0.0924 | 0.1647 | 0.2004 | 0.1378 | 0.1386 | 0.1228 | 0.1570 | 0.1332 | 0.1177 | 0.1136 | 0.1712(28) | 0.1581(15) | 0.1230(27) |
| 西藏 | 0.0724 | 0.3438 | 0.1864 | 0.1870 | 0.3653 | 0.1549 | 0.1420 | 0.5105 | 0.1964 | 0.0770 | 0.4782 | 0.2755 | 0.0511 | 0.4674 | 0.3132 | 0.1059(31) | 0.4330(2) | 0.2253(17) |
| 陕西 | 0.2773 | 0.1331 | 0.1750 | 0.3403 | 0.1425 | 0.1419 | 0.3566 | 0.1638 | 0.1887 | 0.2665 | 0.1023 | 0.1747 | 0.2801 | 0.1974 | 0.1870 | 0.3042(11) | 0.1488(19) | 0.1735(21) |
| 甘肃 | 0.1388 | 0.1519 | 0.1066 | 0.2354 | 0.2369 | 0.0817 | 0.2584 | 0.1694 | 0.1234 | 0.1967 | 0.1196 | 0.1221 | 0.2000 | 0.1998 | 0.1637 | 0.2059(26) | 0.1755(11) | 0.1195(28) |
| 青海 | 0.1893 | 0.4208 | 0.1604 | 0.2178 | 0.4369 | 0.1494 | 0.2197 | 0.3823 | 0.1228 | 0.1911 | 0.5543 | 0.1404 | 0.2700 | 0.5473 | 0.1687 | 0.2176(22) | 0.4683(1) | 0.1483(23) |
| 宁夏 | 0.2528 | 0.3993 | 0.2332 | 0.3060 | 0.3708 | 0.2025 | 0.3742 | 0.2938 | 0.2391 | 0.1966 | 0.4951 | 0.2740 | 0.1934 | 0.4200 | 0.2670 | 0.2646(14) | 0.3958(3) | 0.2432(15) |
| 新疆 | 0.2028 | 0.3169 | 0.2220 | 0.2472 | 0.3936 | 0.1711 | 0.1954 | 0.2905 | 0.2148 | 0.1798 | 0.1558 | 0.1716 | 0.2077 | 0.2581 | 0.2283 | 0.2066(25) | 0.2830(4) | 0.2016(19) |

表3－9的指数计算结果表明，纵向来看，中国各省份金融包容影响因素的需求指数和社会指数得分普遍大于供给指数得分，说明从目前来看各地区推动金融包容体系发展的内生需求和社会环境的基础较稳固，发展态势良好，即需求方面的居民收入、支出、金融素养、年龄结构、住房状况、通信服务类居民消费价格指数、通信工具类居民消费价格指数等因素，以及社会层面的城乡收入差距、就业率、经济增长速度、城镇化率、产业结构等因素发展相对较好。而供给方面，如互联网普及率、交通便利度、财政支出规模、地方政府金融监管支出、地方财政科学技术支出、信息传输、计算机服务、软件业固定资产投资，目前的发展仍相对不足。这也是目前决策层一再强调金融供给侧改革的本质原因和动力。横向来看，各区域需求层面和社会层面的发展差距大于供给层面的发展差距，前两者的地区发展不平衡性显然大于后者的发展不平衡性，这是影响区域金融协调发展的短板和软肋。

具体来看，大多数地区金融包容的需求层面、供给层面和社会层面的要素发展具有非一致性。只有小部分地区金融需求、供给和社会三个层面的要素发展较为均衡，其中北京、上海、广东各方面发展均处于全国较高水平，吉林、辽宁和海南各方面发展都处于全国中等水平，而安徽、河北、河南、湖南和贵州各方面发展均位于全国较为落后的位次（需求、供给和社会环境均存在短板）。还有很多地区其需求和社会要素的发展具有一致性，而供给层面要素则发展差异较大。山西、广西、云南、西藏、甘肃、青海、宁夏、新疆等地金融包容需求和社会层面要素相对于供给方面因素发展较慢，而内蒙古、黑龙江、江苏、江西、湖北、四川等地需求和社会方面因素相对于供给方面因素发展较快。从发展补短板的角度来说，需求、供给和社会层面的发展均处于中等以及偏下水平的吉林、辽宁、海南、安徽、河北、河南、湖南和贵州等地应该注意三方面的协同发展；山西、广西、云南、西藏、甘肃、青海、宁夏和新疆等地应该注重需求和社会层面要素的发展；内蒙古、黑龙江、江苏、江西、湖北和四川等地应着重致力于供给诱致要素的加速发展。

### 3.2.4　金融包容影响要素的计量检验

#### 1. 模型设定

本书将诸多金融包容影响要素指标进行归类处理，运用变异系数法和欧式距离法得出需求指数、供给指数和社会指数，并在此基础上研究这些影响因素对金融包容体系综合指数的影响程度和显著性，简化了实证模型的处理过程，且更加便利于根据各地区影响要素之间的发展差异性有针对性地为促进各区域的金融包容发展，推进适度差距、区域协调等提出思路和建议。除此之外，考虑到金融发展过程中的累积效应及部分指标发展的滞后性，在模型中引入金融包容指数的滞后项，并运用 GMM 法进行稳健性检验。模型设计如下：

模型 1：$FII_{i,t} = \alpha_i + \beta_1 DEM_{i,t} + \beta_2 SUP_{i,t} + \beta_3 SOC_{i,t} + \varepsilon_{i,t}$

模型 2：$FII_{i,t} = \alpha_i + \beta_1 FII_{i,t-1} + \beta_2 DEM_{i,t} + \beta_3 SUP_{i,t} + \beta_4 SOC_{i,t} + \varepsilon_{i,t}$

其中，$i$ 表示各省份；$t$ 表示年份；$FII$ 表示金融包容体系综合指数[①]；$DEM$ 表示需求指数；$SUP$ 表示供给指数；$SOC$ 表示社会指数；$\varepsilon$ 表示随机扰动项。

#### 2. 变量的描述性统计分析

模型 1 和模型 2 的解释变量与被解释变量的描述性统计结果如表 3 – 10 所示。

**表 3 – 10　变量的描述性统计分析**

| 变量 | 观测值 | 平均值 | 标准差 | 最小值 | 中位数 | 最大值 |
|---|---|---|---|---|---|---|
| *FII* | 155 | 0. 2326 | 0. 1177 | 0. 1399 | 0. 1936 | 0. 7094 |
| *DEM* | 155 | 0. 2873 | 0. 1331 | 0. 0511 | 0. 2533 | 0. 8151 |
| *SUP* | 155 | 0. 1786 | 0. 1043 | 0. 0406 | 0. 1497 | 0. 5543 |
| *SOC* | 155 | 0. 2730 | 0. 1772 | 0. 0809 | 0. 2305 | 0. 9696 |

① “三度统一”的金融包容指标体系的各省份排名和得分参见第 3. 1 节。

从表3－10中可以看出，金融包容体系综合指数、需求指数、供给指数和社会指数平均值相差不大，而需求指数和社会指数的差异幅度较大，这说明各年份、各省份的需求和社会层面要素发展变化较之金融包容性本身和相关供给层面因素发展较大。从中位数和平均值的比较来看，本章155个观测值中大部分观测值的金融包容体系综合指数小于金融包容指数的平均水平，且大部分观测值的需求指数低于平均需求指数；对于供给指数和社会指数来说，大部分观测值高于平均水平。一般来讲，各年份、各地区的金融包容性、需求因素、供给因素和社会因素应该较为均衡和协调的发展，因而要注重金融包容性较差、需求因素发展较慢的省份在这两方面的发展提速，而供给因素和社会因素发展较为快速的省份则可以通过溢出效应、扩散效应等，带动其他地区的发展。

### 3. 实证检验

以上分析主要基于理论假定、逻辑推演和各区域排名先后的推测和判断，本节将运用stata软件进行计量检验。首先对模型1进行固定效应和随机效应分析，继而对模型2进行GMM估计，得到的参数估计结果如表3－11所示。

**表3－11　　模型估计结果**

| 变量 | 模型1 | | 模型2 |
|---|---|---|---|
| | fe | re | GMM |
| *L. FII* | | | 0.981***<br>(－21.488) |
| *DEM* | 0.022<br>(－0.785) | 0.112***<br>(－3.73) | 0.122***<br>(－4.29) |
| *SUP* | 0.140***<br>(－3.699) | 0.162***<br>(－4.025) | 0.003<br>(－0.112) |
| *SOC* | 0.094**<br>(－2.439) | 0.278***<br>(－8.07) | 0.124***<br>(－4.294) |
| *cons* | 0.176***<br>(－10.133) | 0.095***<br>(－5.336) | －0.154***<br>(－20.463) |

注：***、**、*分别表示1%、5%、10%置信区间下的显著性水平，fe、re括号中的数值为t检验值，GMM括号中的数值为z检验值。

对模型 1 的固定效应和随机效应进行 Hausman 检验，相应 $P$ 值较小，因而对模型 1 进行固定效应分析。从表 3－11 中可以看出，需求指数、供给指数和社会指数对金融包容均有正向贡献，且供给指数和社会指数分别通过了 1% 和 5% 的显著性检验。对模型 1 进行 GMM 分析时，即在引入金融包容指数滞后一项的情况下，我们发现一个地区金融包容发展水平受上期金融包容发展水平影响较大，并且在 1% 的水平下显著，这充分说明了地区金融资源、金融发展的积累和集聚效应明显，而且区域的金融包容体系的综合发展水平是螺旋上升的，不可能一蹴而就。由此可见，模型 2 回归结果的可信度较高。

模型 2 中，金融包容指数滞后期、需求指数、供给指数和社会指数均对当期金融包容体系综合指数的提升有促进作用，其中金融包容指数滞后期、需求指数和社会指数在 1% 的水平下显著。从各指数对当期金融包容体系的影响程度来看，在其他因素保持不变的情况下，上期金融包容指数每上升 1 个单位将促进本期金融包容指数显著上升 0. 981 个单位；需求指数每上升 1 个单位，当期金融包容指数显著提升 0. 122 个单位；供给指数每上升 1 个单位，金融包容指数则只上升 0. 003 个单位，并且这种促进作用并不特别明显；社会指数每上升 1 个单位，可以带动金融包容指数显著提升 0. 124 个单位。这表明地区金融包容性综合水平的提升，既要注重自身金融实力的积累，也要提升当期居民和企业对金融产品与服务的有效需求，建立健全有助于推动金融产品和服务有效供给的相关基础设施，同时打造适宜金融需求和供给有效匹配的社会环境。

从需求要素来看，通过提高居民人均可支配收入、人均消费支出、金融素养，优化人口年龄比例，满足居民住房需求，降低通信服务类和通信工具类居民消费价格，将有助于提升居民对传统金融、互联网金融的有效接触和深度使用。从供给方面因素来看，提高地区互联网普及率、地方财政科学技术支出、信息传输、计算机服务和软件业固定资产投资额可以完善和优化互联网金融发展的基础设施建设，通过降低金融服务成本和扩大互联网金融包容广度促进金融包容综合水平的提升；而交通便利度则是传统金融机构向边远地区、贫困地区扩展营业网点、提供金融服务的重要考虑因素；地方财政支出，尤其是地方政府金融监管支出，对引导金融机构提供适当、合法的金融服务及控制风险有着积极作用，有助于增加金融服务在可承载风险范畴内的有效供给。从社会层面因素来看，城乡收入差距缩小，就业率、城镇化率和经济增长率提升，产业结构优化，有助于打造和谐的金融环境，金融地理的“大生境”催化金融需求和供给的有效匹配。

### 3.2.5 结论与政策建议

#### 1. 结论

本章以中国 2011 ~2015 年 31 个省份的金融包容体系综合指数及其影响因素为研究对象，分析各省份金融包容影响因素的发展差异性，并在此基础上解析各影响因素对地区金融包容水平的作用方向及贡献率，得出以下结论：

第一，从金融包容影响要素的各指标权重来看，居民人均可支配收入、人均消费支出、通信服务类居民消费者价格指数对需求指数贡献较大；财政支出规模、地方政府金融监管支出和科学技术支出对供给指数的贡献度相对较高；就业率、经济增长速度和产业结构对社会指数的贡献程度相对较高。

第二，中国各省份金融包容影响因素的发展具有明显的地区差异性。山西、广西、云南、西藏、甘肃、青海、宁夏、新疆等地金融包容的需求和社会层面因素发展相对较慢；内蒙古、黑龙江、江苏、江西、湖北、四川等地金融包容供给方面因素发展相对较慢；而安徽、河北、河南、湖南和贵州等地金融包容需求、供给和社会三方面因素均发展较为薄弱。

第三，金融包容相关影响要素的作用程度具有差异性。其中，上期金融包容指数、需求指数和社会指数对当期金融包容指数的提升具有显著促进作用，而供给指数虽然有积极作用，但是其作用并不十分显著。

#### 2. 政策建议

第一，扩大金融的有效需求。金融包容体系发展的初衷和源动力是满足各个阶层的金融需求，而金融需求也会反过来显著作用于金融包容体系，金融需求有不同类型，如现实需求、潜在需求、有效需求等，而如何激发潜在金融需求使之转化为有效金融需求，则要求需求主体对金融产品和金融服务有金融诉求权、金融选择权和金融能力、金融意识等。金融参与主体具备充足的可支配收入，能够负担消费支出、通信工具价格，有基本住房等生活配置，对金融知识有一定的了解或掌握一定的金融知识等将有助于诱导潜在需求向现实需求过渡。尤其是山西、广西、云南、西藏、甘肃、青海、宁夏、新疆、安徽、河北、河南、湖南和贵州等地其需求综合指数相对较低，马太效应导致区域差异过大，将不利于金融包容协调体系的构建，今后要加强对金融有效需求的引导和提升。

第二，增加金融有效供给。除政策性金融、开发性金融及合作金融以外，绝大多数金融机构的经营都是秉持商业化原则，追求成本最小化和收益最大化。从金融发展历程来看，边缘地区和贫困地区等往往都是金融排斥的对象，较少拥有甚至极度缺乏相应的金融基础设施。这就要求政府部门加大对金融排斥落后地区的财政补贴，牵头示范并引导金融机构承担相应的社会责任，鼓励多元化金融组织的合作等。此外，互联网时代背景下，金融包容体系的完善不应忽视科技的力量，金融科技可以促进传统金融和互联网金融在广度上的拓展与深度上的延伸。例如，内蒙古、黑龙江、江苏、江西、湖北、四川、安徽、河北、河南、湖南和贵州等地其供给综合指数相对较低，可以尝试调整、革新金融供给技术和手段以促进金融包容创新体系、组织体系、协调体系的发展。

第三，促进金融需求和金融供给的有效匹配。无论是金融需求者还是金融供给者，都不是孤立存在的，他们彼此间在不断地相互搜索、匹配，而如何促进两者的有效匹配是促进金融包容体系构建的核心问题。第4章还将就金融包容的需求侧和供给侧展开深层次探讨。此外，实证分析表明，经济增长率高、就业率高和产业结构优化更有益于创造和谐金融的社会环境，鉴于经济、金融、社会这三大系统之间的相互作用和相互影响，山西、广西、云南、西藏、甘肃、青海、宁夏、新疆、安徽、河北、河南、湖南和贵州等社会综合指数相对较低的省份要提升地区金融包容水平，构建各系统协调发展的金融包容体系则应率先打造良好的金融社会环境。

## 3.3 金融包容对经济福利的影响

近年来关于金融包容的研究有很多，大多集中于金融包容发展状况及其影响因素的探析，对其传导体系研究相对薄弱；学术界也不乏对福利水平的研究，如中国福利指数的测度、各省份福利的差异等。然而单独研究经济福利的文献则相对较少，特别是剖析金融包容对经济福利影响的专题研究并不多见。习近平在 2015 ~2016 年发表的一系列讲话中均指出，发展应当是遵循社会发展规律的包容性发展。[①] 为了使全体人民能更多更公平地享受国家的发展成果，一定要坚持全面改善民生、保障民生，建立更加公正、公平、共享的包容性发展新机制。可见包容性发展的出发点和终点都是为了提高人民福利，研究金融包容对经济福利的传导和影响，有着重要的现实意义与理论意义。不仅可以丰富金融包容体系的理论研究，而且能够检验目前中国金融改革的效果，为决策者制定相关政策、促进金融发展提供理论依据：金融包容性水平越高，越有利于社会资本的积累，丰富社会可用来分配的金融资源数量；个人和家庭可以获得更多合适的金融服务，从而改善自身的金融资源管理，使个人和家庭的效用水平进一步提高（钱晓萍、陈三毛，2014）。

本书以测度中国省级经济福利水平为出发点，从收入水平、消费水平、生活质量水平三个维度出发，在借鉴同类相关研究的基础上，采用变异系数法和主成分因子分析法，构建 2011 ~2015 年中国各省份多维度的经济福利指数，对中国经济福利水平进行综合测算。在此基础上着重探究金融包容对经济福利的传导及影响，对 2011 ~2015 年中国省际面板数据进行了面板回归分析。希望通过解析金融包容对经济福利的传导机制，为完善金融包容的传递渠道、合理化中国居民整体经济福利的区域差异和省际差异等提供相关建议，并使中国居民能够更好地享受主流金融服务，融入金

---

① 范锐平：《对习近平总书记关于发展的“三个规律”的实践思考》，新华网，2015 年 1 月 9 日。

融包容体系。

本书尝试从以下五个方面改进或创新。第一，由于目前国内外对于经济福利的衡量没有明确、统一的标准。拟构建一个全方位的综合经济福利指数，不仅分析收入、消费等纯经济福利，也研究居民的社会福利（即居民在交通、环境、医疗、社会保障和文化教育等方面的福利）。这些福利与整个社会的经济发展关系密切，将在生活质量水平这个维度里有所体现。第二，与一般只采用一种构造方法不同，本书采用主成分因子分析法与变异系数法分别构造经济福利指数，并将二者的最终结果进行比对，具体、细化地剖析在两种构造方法下的区域经济福利差异以及省际经济福利差异。第三，在金融包容对经济福利影响的实证分析中，所选取的金融包容指数由金融包容宽度（width of financial inclusion）、金融包容深度（depth of financial inclusion）及风险容忍度（tolerance of financial inclusion）三个维度综合构建而成，除了综合分析金融包容体系对经济福利指数的作用以外，还剖析了其各个维度对经济福利的影响。第四，将惯常的截面分析扩展到面板分析，由于金融包容深度中包含数字金融使用深度指标（基于支付宝的支付、信贷、保险、投资、征信业务），而这一指标的最新数据只截至2015年，所以基于数据口径的一致性，本书对2011～2015年中国各省份的相关数据进行面板分析。第五，本书采用系统广义矩方法分析金融包容对经济福利的影响和作用，丰富了金融包容体系传导机制和社会效应的实证研究。

### 3.3.1 研究现状

#### 1. 经济福利的内涵

“福利”一词最初的解释是人们对幸福的主观感受和满足程度。庇古（Pigou，1920）从经济角度出发，提出经济福利是社会福利的一部分。经济福利是从狭义角度来考虑的，而社会福利是从广义角度来考虑的，具体包括经济福利、政治福利和文化福利（胡象明，2010）。蔡宏昭（2004）从消费、收入、社会保障和个人主观满意度等方面来衡量居民的经济福利。王桂胜（2006）认为经济福利体现为居民从自身的精神和物质消费中获得的幸福和满足感，这些效用都是居民收入带来的利益。陈茜茜（2016）提出虽然可以用货币来衡量经济福利，但居民的经济福利不局限于收入和消费两方面，居民的文化教育水平、医疗卫生水平、社会保障水平和环境保护水平也会影响到自身的经济福利。可以看出，学者们在研究经济福利时不再仅考虑消费收入等纯经济指标，也试图从社会保障、文化、教育、环境等方面来考察经济福利。不过学界对经济福利的内涵始终缺乏一个统一的界定标准。

**2. 经济福利的测度**

国内外对于经济福利的测度并无统一标准，主要采用以下三类方法。

一是基于国民经济核算体系测度经济福利。如庇古（1920）将经济福利与国民收入对等。在此基础上，学者们多用 GDP 和 GNP 衡量经济福利。戴利（Daly）、科布（Cobb）于 1989 年提出并构建了可持续经济福利指数，该指数除了以 GDP 衡量物质福利外，还考虑了非市场活动、防护性支出、环境损害对经济福利的影响。这种指数构建方法既反映了经济增长的可持续性，又体现了经济福利的变化（唐蕾，2016）。

二是基于阿玛蒂亚·森（A. Sen）的可行能力福利思想，采用数理经济学方法构建福利指数模型。如奥尼（Oni）、阿德博尤（Adepoju）于 2011 年采用教育水平、医疗卫生条件、住房状况和安全性等方面的指标，用模糊数学法将所有指标形成一个综合评价指数，对尼日利亚农民进行问卷调查并研究其福利水平。周义、李梦玄（2013）基于阿特金森的广义均值不平等测度理论和阿玛蒂亚·森的可行能力福利思想，考虑中国农村的物质水平、中国农村知识水平、中国农村健康状况和中国农村环境状况四个方面，构建中国农村社会福利指数新模型。

三是采用多指标综合计算评价经济福利水平。如余谦、高萍（2011）从收入分配与公平、医疗保障、教育文化、农业生产四方面来衡量农民福利，并运用改进的层次分析法确定各指标在中国农村福利指数中的权重。王修华、傅小勇、陈茜茜（2017）从反映居民个体的经济利益收入水平、消费水平和反映社会经济发展状况的生活质量水平出发研究居民经济福利指数。其中，收入水平和消费水平用人均指标来体现，生活质量水平用群体消耗指标来体现。

上述三种方法各有优缺点，第一种方法简单易行，但单纯以 GDP 为主衡量经济福利，指标较为单一，不能全面考虑经济发展的环境成本、收入分配等情况；第二种方法的优点在于通过调研获得福利指标的各类数据，较为准确全面，但这种方法局限于某一年的截面数据，无法获知历年福利的变动情况；而第三种方法可以弥补第二种方法的不足，然而目前大多数国内学者还是偏向从收入、消费两方面测度经济福利，选取的指标仍不太全面。

### 3. 金融包容对经济福利的影响

王修华、何梦、关键（2014）详细总结了国外学者在金融包容的经济福利效应方面的研究，指出国外学者对金融包容的经济福利效应研究主要体现在宏观与微观效应两方面。在宏观效应方面，金融包容可以促进贫困减少，推动经济增长，提高金融稳定；在微观效应方面，金融包容能够改善居民消费和支出，促进投资、提升健康水平和妇女权利。英国社区金融与学习倡议组织（the Community Finance and Learning Initiative，CFLI）指出了金融包容与福利的内在关联，认为金融排斥会导致家庭预算资金的外流；更强的金融意识可以增加人们获得福利的可能性；接触一系列金融产品能够使人们避免陷入贫困陷阱或帮助人们走出贫困陷阱的恶性循环。

国内学者对金融包容的经济福利效应研究集中体现在金融包容影响居民的收入水平、消费水平等方面，也有学者重点研究金融包容对农村居民收入的影响。如田霖（2011）认为经济福利主要表现为金融包容影响居民的收入水平、消费水平及家庭开支，同时从营养经济学角度论述了金融包容对非经济福利的影响。田杰、陶建平（2012）利用 2006 ~ 2009 年 1877 个县（市）的数据，针对农村普惠性金融发展对农户收入的影响进行面板分析。汤凯、田璐（2013）以河南和江浙地区为例，分析了包容性金融对农户收入的影响。徐强、陶侃（2017）的实证结果表明，金融包容通过经济增长作用于贫困减缓，金融包容与贫困减缓之间呈现稳定的正向关系，金融包容水平的提高有利于贫困的减缓甚至消除。寻努绩（2015）通过实证研究得出农村包容性金融服务水平与农村居民收入水平间存在长期稳定的均衡关系的结论，并且分析了农村金融包容性发展对福利增进效用的影响机制，即前者通过影响农村资本形成与配置，降低居民获得金融服务和产品的门槛，从而作用于农村经济发展，进而影响农村居民收入变化和城乡收入分配。

综上所述，国内外学者对金融包容的经济福利效应剖析累积了一些研究成果，然而在具体实证分析金融包容对经济福利的具体影响方面，多数仍停留在某一方面的经济福利效应解析，如单独研究金融包容对居民消费的影响，或其对居民收入或贫困度的影响等。可见，需要构建一个全面的、多层次的复合经济福利指数以精准地测度居民经济福利。本书在借鉴前人研究的基础上，利用多指标综合评价方法构建经济福利指数，然后利用相关数据，评析金融包容对经济福利水平的影响。

### 3.3.2 中国经济福利水平的测度

#### 1. 经济福利指数的构建

在遵循具体指标设计的客观性，样本数据具有完整性、准确性、可比性、一致性和计算方法科学性等原则的前提下，参照王修华（2017）构建经济福利指数的方法并加以改进，从城乡居民生活水平和生活质量两方面来选择反映经济福利的具体指标，其中生活水平包括居民的收入水平和消费水平两方面，而生活质量则从居民的教育、医疗卫生、环境、交通等方面考虑。总共选取了 18 个指标构建居民经济福利指标体系，具体如表 3－12 所示。

**表 3－12　　经济福利指数的构建**

| | 维度 | 基础指标 | 单位 | 指标性质 |
|---|---|---|---|---|
| 经济福利指数（IEW） | 收入水平（INL） | 城镇居民人均可支配收入 | 元 | 正 |
| | | 农村居民人均可支配收入 | 元 | 正 |
| | | 人均财政收入占人均 GDP 比重 | % | 正 |
| | 消费水平（COL） | 城镇居民人均消费支出 | 元 | 正 |
| | | 农村居民人均消费支出 | 元 | 正 |
| | | 城镇居民恩格尔系数 | % | 逆 |
| | | 农村居民恩格尔系数 | % | 逆 |

续表

| | 维度 | | 基础指标 | 单位 | 指标性质 |
|---|---|---|---|---|---|
| 经济福利指数（IEW） | 生活质量水平(QUL) | 教育 | 高等学校入学率 | % | 正 |
| | | | 财政性教育经费占 GDP 比重 | % | 正 |
| | | 医疗 | 每千人拥有的卫生机构数 | 个 | 正 |
| | | | 每千人口医疗卫生机构床位数 | 人 | 正 |
| | | 环境 | 城市人均公园绿地面积 | % | 正 |
| | | | 环境污染治理占 GDP 比重 | % | 正 |
| | | 保障 | 城镇职工基本养老保险参保人数占比 | % | 正 |
| | | | 城镇医疗保险参保人数占比 | % | 正 |
| | | 交通 | 交通运输线路密度 | % | 正 |
| | | | 每十万人私人汽车拥有量 | 辆 | 正 |
| | | | 每十万人公共交通拥有量 | 辆 | 正 |

（1）指标选取。

第一，收入水平（income level）。收入水平具体涵盖人均财政收入占人均 GDP 的比重、农村居民人均可支配收入和城镇居民人均可支配收入三个指标。这三个指标均是影响经济福利的正向指标。其中，城乡居民可以自由支配的收入通过城镇居民人均可支配收入和农村居民人均可支配收入来体现。本章认为人均收入水平越高，人均财政收入占人均 GDP 的比重越大，则居民的经济福利水平越高。

第二，消费水平（consumption level）。消费水平包含城镇居民人均消费支出、农村居民人均消费支出、城镇居民的恩格尔系数（the Engel coefficient of urban residents）和农村居民的恩格尔系数（the Engel coefficient of rural residents）。城镇居民的人均消费支出和农村居民的人均消费支出是影响经济福利的正向指标，直接反映居民的消费水平。本章认为人均消费支出对经济福利水平有正向贡献。城镇居民的恩格尔系数和农村居民的恩格尔系数则是逆向指标。因为居民的食品消费支出占据日常支出很重要的一部分，恩格尔系数越高，说明居民的收入只能满足其日常基本生活需要，生活水平会越低，居民的经济福利水平就会越差。

第三，生活质量水平（quality of life）。生活质量水平反映的是影响经济福利的社会因素，包括文化教育水平、医疗卫生水平、环境保护状况、社会保障水平和交通便利度五方面。

文化教育水平。具体包括高等学校入学率和财政性教育经费占 GDP 比重等两个正向指标。教育可以提高居民的生活质量，是居民获得社会可分配资源及改善自身生活福利的重要途径。高等教育入学率用每十万人口中高等教育学校平均在校生数来表示，是影响经济福利的正向指标。该指标可以间接反映居民的金融素养，金融素养包括金融知识、金融能力及金融意识三方面（朱晓云、吕晓雯，2017）。在大学接受高等教育的人数越多，那么居民整体的金融素养会相对较高，个体获取社会金融资源的能力会越强，经济福利水平也会越高。财政性教育经费占 GDP 的比重可以反映国家对教育事业、人力资源的重视程度，该指标值越大，说明政府对教育越重视，投入力度越大，人力资源越被重视，居民经济福利水平也会越高。

医疗卫生水平。医疗卫生水平可以反映中国居民的健康状况和医疗发展水平。健康是居民生活质量的集中体现。本章用每千人拥有的卫生机构数和每千人口医疗卫生机构床位数两个指标来衡量医疗卫生水平，二者均为影响经济福利的正向指标。每千人所拥有的医疗卫生机构数目和每千人所拥有的医疗机构床位数目越大，居民整体健康状况越受重视，居民经济福利水平越高。

环境质量水平。环境质量水平的高低反映生态环境质量的高低。笔者用城市人均公园绿地面积和环境污染治理占 GDP 比重两个指标来衡量环境质量水平，二者均为影响经济福利的正向指标。城市人均公园绿地面积通过城市公园绿地面积/年末城市人口计算得出。环境污染治理占 GDP 比重越大，说明政府在环境保护方面投入越大，越重视治理环境污染，居民经济福利水平越高。

社会保障水平。本章用城镇职工基本养老保险参保人数占比和城镇医疗保险参保人数占比两个指标来衡量社会保障水平。二者均为影响经济福利的正向指标，该比重越高，社会保障水平越高，居民的生活质量越好，所获得的经济福利效用越多。

交通便利水平。交通便利水平可以反映中国基础设施的建设状况，是经济福利水平的重要体现。笔者用交通运输线路密度、每十万人私人汽车拥有量、每十万人公共交通拥有量三个指标来衡量交通便利水平。其中交通运输线路密度用地区运输线路总长度（铁路营运里程、内河航道里程和公路里程的总和）与地区国土面积的比值计算得到。

（2）数据来源。构建经济福利指数的各个具体指标的原始数据大都来源于《中国统计年鉴》，其中环境污染治理占 GDP 的比重数据来源于《中国环境统计年鉴》，城镇职工基本养老保险和城镇医疗保险参保人数的数据来源于《中国劳动统计年鉴》。交通运输线路密度指标中的各省市国土面积来自中华人民共和国中央人民政府门户网站。

（3）经济福利指数的构建方法。本书采取变异系数法和主成分因子法构建经济福利指数，期望通过对两种指数所反映的结果进行比较，进一步洞悉经济福利，同时在分析金融包容对经济福利的影响时，选取较为合适的指数值，由于主成分因子分析法可以由 SPSS 自动执行，在此不做详细介绍。变异系数法的具体操过程如下：

首先，采用极差法对指标数据进行标准化处理。

$$a_{i,j}=\begin{cases}\dfrac{A_{i,j}-m_{i,j}}{M_{i,j}-m_{i,j}}\ \text{（当所选指标为正向指标时）}\\[2ex]\dfrac{M_{i,j}-m_{i,j}}{M_{i,j}-m_{i,j}}\ \text{（当所选指标为逆向指标时）}\end{cases}\tag{3.1}$$

式（3.1）中，$a_{i,j}$、$A_{i,j}$、$M_{i,j}$、$m_{i,j}$分别表示第 $i$ 维度下第 $j$ 指标标准化处理值、实际值、最大值和最小值。其中标准化处理值在 0 到 1 之间。

其次，确定每个具体维度下各个指标的权重。先计算第 $i$ 维度下第 $j$ 指标的标准差 $S_{i,j}$和均值$\overline{A_{i,j}}$，从而得出第 $i$ 维度下第 $j$ 指标的变异系数 $V_{i,j}$，然后确定第 $i$ 维度下第 $j$ 指标的权重 $W_{i,j}$，其中：

$$V_{i,j}=\frac{S_{i,j}}{\overline{A_{i,j}}}\tag{3.2}$$

$$W_{i,j}=\frac{V_{i,j}}{\sum_{j}V_{i,j}}\tag{3.3}$$

再其次，确定各维度指数$FII_i$。

$$FII_i=1-\frac{\sqrt{\sum_{j=1}^{n}w_{i,j}^2(1-\alpha_{i,j})^2}}{\sqrt{\sum_{j=1}^{n}w_{i,j}^2}}\tag{3.4}$$

根据式（3.4）可分别计算出收入水平、消费水平和生活质量水平的经济福利指数。然后，确定各维度权重。先计算第 $i$ 维度指数值的标准差 $S_i$ 和均值$\overline{A_i}$，从而可以得出第 $i$ 维度的变异系数 $V_i$，计算公式为：$V_i = \frac{S_i}{A_i}$。再确定第 $i$ 维度指标的权重 $W_i = \frac{V_i}{\sum_i V_i}$。

最后，合成综合经济福利指数 $FII$。

$$FII = 1 - \frac{\sqrt{\sum_{i=1}^{3} w_i^2 (MAX(FII_i) - FII_i)^2}}{\sqrt{\sum_{i=1}^{3} w_i^2}} \tag{3.5}$$

其中，$\max(FII_i)$ 表示各维度指数值的最大值，$w_1$、$w_2$、$w_3$ 分别表示收入水平、消费水平和生活质量水平的权重。

### 2. 中国经济福利水平分析及评价

（1）变异系数法构造的经济福利指数结果及其分析。

第一，描述性分析。对经济福利指数进行描述统计，并对 2011 ~ 2015 年各省份的经济福利指数求均值，得出其平均水平，进行省份之间的水平比较，结果见表 3 - 13 和表 3 - 14。

由表 3 - 13 可以看出，2011 ~ 2015 年，几乎每年经济福利指数的最小值与最大值都会有所增加，最小值与平均值，在 2011 年最大，2012 ~ 2014 年都有所增加。

**表 3 - 13　　2011 ~ 2015 年中国各省份经济福利指数的描述统计**

| 年份 | 观测值 | 最小值 | 最大值 | 平均值 | 标准值 |
|---|---|---|---|---|---|
| 2011 | 31 | 0.1651 | 0.8553 | 0.347055 | 0.169504 |
| 2012 | 31 | 0.1123 | 0.9516 | 0.330587 | 0.203879 |
| 2013 | 31 | 0.1272 | 0.94 | 0.315619 | 0.204314 |
| 2014 | 31 | 0.1273 | 0.9475 | 0.310732 | 0.204626 |
| 2015 | 31 | 0.0963 | 0.9536 | 0.276881 | 0.216799 |

由表 3 - 14 和图 3 - 2 可以看出，经济福利水平省际差异悬殊。上海和北京的经济福利水平位居全国前列，且远超其他省份，其中上海的均值为

0.9217，北京均值为0.9081。按均值水平将全国31个省份分类，分类标准为0.5以上的为较高水平，0.3～0.5为中等偏上水平，0.2～0.3为中等偏下水平，0.2以下为较低水平。可以看出，虽然浙江、天津、江苏位于较高水平，但是与北京、上海相比还是有很大差距。大多数省份的经济福利水平多集中在0.2～0.3之间，有7个省份的经济福利水平低于0.2。这表明当前中国经济福利发展整体水平较低，具有明显的区域差异，事实上，这与经济发展水平也具有一定的相关性。

**表3－14　　2011～2015年中国各省份经济福利指数均值水平比较**

| 发展水平 | 数值范围 | 省份 |
|---|---|---|
| 较高水平 | 0.5以上 | 上海、北京、浙江、天津、江苏 |
| 中等偏上水平 | 0.3～0.5 | 广东、福建、辽宁、内蒙古、山东、重庆 |
| 中等偏下水平 | 0.2～0.3 | 海南、湖南、安徽、新疆、陕西、四川、宁夏、湖北、山西、江西、云南、吉林、河北 |
| 较低水平 | 0.2以下 | 黑龙江、贵州、广西、河南、青海、西藏、甘肃 |

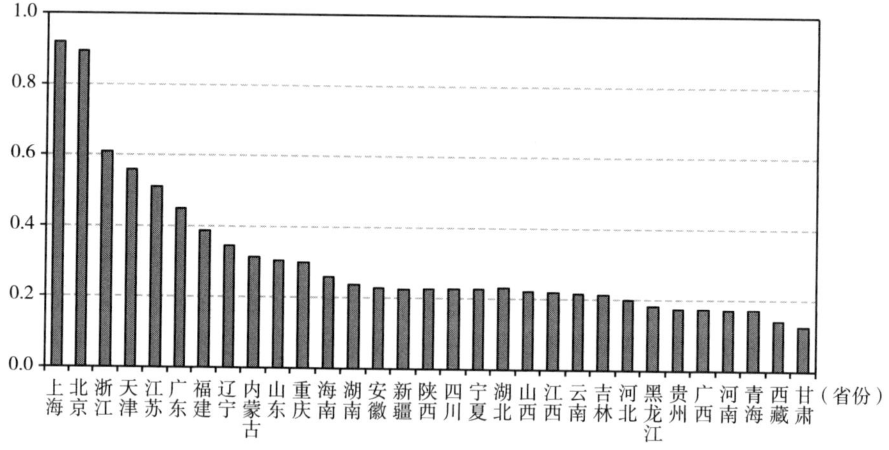


**图3－2　2011～2015年中国各省份经济福利平均水平**

第二，分区域经济福利指数分析。为进一步分析中国经济福利水平的区域差异，依据中国《区域金融运行报告》将31个省份划分为东北地区、东部地区、中部地区、西部地区四大区域。区域具体包括的省份以及各区域2011～2015年经济福利指数值如表3－15所示。

**表 3-15　　2011～2015 年中国各省份经济福利指数**

| 地区 | | 2011 年 | | 2012 年 | | 2013 年 | | 2014 年 | | 2015 年 | |
|---|---|---|---|---|---|---|---|---|---|---|---|
| | | 指数 | 排名 | 指数 | 排名 | 指数 | 排名 | 指数 | 排名 | 指数 | 排名 |
| 东北 | 辽宁 | 0.3961 | 8 | 0.3909 | 8 | 0.3824 | 8 | 0.3514 | 8 | 0.2555 | 10 |
| | 吉林 | 0.2682 | 19 | 0.2485 | 15 | 0.2162 | 19 | 0.2048 | 22 | 0.1517 | 23 |
| | 黑龙江 | 0.2395 | 26 | 0.1903 | 27 | 0.1978 | 25 | 0.1829 | 26 | 0.1175 | 29 |
| 东部 | 北京 | 0.8553 | 1 | 0.9006 | 2 | 0.9400 | 1 | 0.9169 | 2 | 0.9277 | 2 |
| | 天津 | 0.5882 | 4 | 0.6257 | 3 | 0.5348 | 4 | 0.5297 | 4 | 0.5172 | 4 |
| | 河北 | 0.2406 | 24 | 0.2054 | 24 | 0.2042 | 24 | 0.1976 | 24 | 0.1636 | 21 |
| | 山西 | 0.2590 | 22 | 0.2565 | 14 | 0.2381 | 15 | 0.2140 | 20 | 0.1492 | 25 |
| | 上海 | 0.8172 | 2 | 0.95158 | 1 | 0.9385 | 2 | 0.9475 | 1 | 0.9536 | 1 |
| | 江苏 | 0.5196 | 5 | 0.53105 | 5 | 0.5190 | 5 | 0.5062 | 5 | 0.4743 | 5 |
| | 浙江 | 0.5884 | 3 | 0.60085 | 4 | 0.6258 | 3 | 0.6300 | 3 | 0.6156 | 3 |
| | 福建 | 0.4106 | 7 | 0.40178 | 7 | 0.3927 | 7 | 0.3916 | 7 | 0.3595 | 7 |
| | 广东 | 0.4884 | 6 | 0.50154 | 6 | 0.4260 | 6 | 0.4467 | 6 | 0.4268 | 6 |
| | 海南 | 0.3193 | 12 | 0.29464 | 12 | 0.2477 | 14 | 0.2477 | 13 | 0.2179 | 12 |
| 中部 | 安徽 | 0.2930 | 14 | 0.26384 | 13 | 0.2150 | 20 | 0.2187 | 18 | 0.1841 | 18 |
| | 江西 | 0.2592 | 21 | 0.23678 | 19 | 0.2148 | 21 | 0.2108 | 21 | 0.1871 | 17 |
| | 山东 | 0.3488 | 10 | 0.33565 | 10 | 0.3003 | 10 | 0.2978 | 10 | 0.2650 | 9 |
| | 河南 | 0.2187 | 28 | 0.17947 | 28 | 0.1798 | 28 | 0.1744 | 27 | 0.1326 | 26 |
| | 湖北 | 0.2752 | 17 | 0.22544 | 21 | 0.2138 | 23 | 0.2242 | 15 | 0.2033 | 15 |
| | 湖南 | 0.2598 | 20 | 0.22043 | 23 | 0.2519 | 12 | 0.2510 | 12 | 0.2164 | 13 |
| 西部 | 内蒙古 | 0.3271 | 11 | 0.31734 | 11 | 0.3379 | 9 | 0.3398 | 9 | 0.2970 | 8 |
| | 广西 | 0.2404 | 25 | 0.20449 | 25 | 0.1813 | 27 | 0.1622 | 29 | 0.1239 | 28 |
| | 重庆 | 0.3806 | 9 | 0.36081 | 9 | 0.2676 | 11 | 0.2677 | 11 | 0.2350 | 11 |
| | 四川 | 0.2794 | 15 | 0.23612 | 20 | 0.2206 | 17 | 0.2234 | 16 | 0.1932 | 16 |
| | 贵州 | 0.2351 | 27 | 0.20041 | 26 | 0.1766 | 29 | 0.1687 | 28 | 0.1316 | 27 |
| | 云南 | 0.2755 | 16 | 0.24666 | 17 | 0.2141 | 22 | 0.2045 | 23 | 0.1606 | 22 |
| | 西藏 | 0.1863 | 30 | 0.14569 | 30 | 0.1296 | 30 | 0.1325 | 30 | 0.1134 | 30 |
| | 陕西 | 0.3006 | 13 | 0.24744 | 16 | 0.2205 | 18 | 0.2155 | 19 | 0.1723 | 20 |
| | 甘肃 | 0.1651 | 31 | 0.11227 | 31 | 0.1272 | 31 | 0.1273 | 31 | 0.0963 | 31 |
| | 青海 | 0.2020 | 29 | 0.15264 | 29 | 0.1900 | 26 | 0.1893 | 25 | 0.1509 | 24 |
| | 宁夏 | 0.2728 | 18 | 0.23998 | 18 | 0.2296 | 16 | 0.2232 | 17 | 0.1836 | 19 |
| | 新疆 | 0.2487 | 23 | 0.22347 | 22 | 0.2504 | 13 | 0.2347 | 14 | 0.2069 | 14 |

为了更清楚地解析各区域的经济福利指数差异，求出各个区域、各个省份2011～2015年的经济福利均值，结果如图3－3所示。

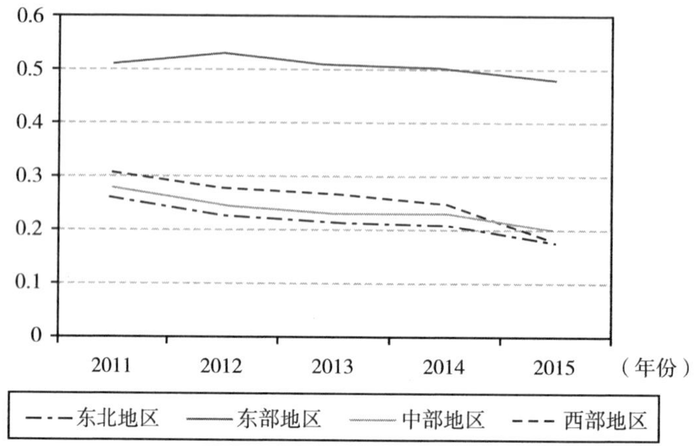


**图3－3　2011～2015年中国分地区经济福利水平均值变化情况**

由图3－3可以看出，中国东部地区的经济福利水平最高，且显著高于其他三个地区，东北地区次之，最后是中部地区和西部地区，但在2015年，中部地区整体经济福利水平超过东北地区。

（2）主成分因子分析构造的经济福利指数结果及其分析。

第一，主成分因子分析过程。对2011～2015年的具体数据通过SPSS进行主成分因子分析，现以2011年为例详细说明经济福利指数的形成过程，最终得出5年的经济福利指数及其排名，并对结果进行详细解释。

首先，对2011～2015年的数据进行相关性检验。由各年份数据相关系数矩阵与KMO（kaiser-meyer-olkin）检验统计量和巴特利特球形度检验的结果来判断是否适合进行主成分因子分析。各年份相关系数结果大都大于0.3，说明各指标变量线性关系较强，适合做因子分析；根据KMO和巴特利特球形度检验结果，2011～2015年KMO值分别为0.649、0.708、0.615、0.639和0.616，且均大于0.6，2011～2015年巴特利特球形度统计量观测值分别为625.801、562.755、556.053、564.776和557.698，P值也都接近于0，说明各个年份的相关系数矩阵并不是单位矩阵，各个指标变量也适合用主成分因子分析法进行分析。

其次，对2011～2015年的样本数据进行因子分析。以2011年分析结果为例，所提取的 4 个因子分别可以解释原有 18 个指标的 47.994%、14.742%、11.521%、6.776%(见表 3－16)。累计贡献率为 81.03%，表明用主成分因子分析法提取的成分解释的信息占总信息的 81.03%，较好地满足主成分因子分析法的要求。2012～2015 年的累计贡献率分别为 79.11%、77.15%、78.20%、76.71%，均大于 75%，表明提取的 4 个因子是合适的。

**表 3－16　　2011 年经济福利指数总方差解释**

| 成分 | 初始特征值 | | | 提取载荷平方和 | | | 旋转载荷平方和 | | |
|---|---|---|---|---|---|---|---|---|---|
| | 总计 | 方差百分比 | 累积(%) | 总计 | 方差百分比 | 累积(%) | 总计 | 方差百分比 | 累积(%) |
| 1 | 8.639 | 47.994 | 47.99 | 8.639 | 47.994 | 47.99 | 7.175 | 39.863 | 39.9 |
| 2 | 2.654 | 14.742 | 62.74 | 2.654 | 14.742 | 62.74 | 3.052 | 16.955 | 56.8 |
| 3 | 2.074 | 11.521 | 74.26 | 2.074 | 11.521 | 74.26 | 2.602 | 14.456 | 71.3 |
| 4 | 1.22 | 6.776 | 81.03 | 1.22 | 6.776 | 81.03 | 1.757 | 9.76 | 81.03 |

对上述 4 个因子进行最大方差旋转，得到旋转后的成分矩阵（见表 3－17）。

**表 3－17　　旋转后的成分矩阵**

| 观测值 | 因子 1 | 因子 2 | 因子 3 | 因子 4 |
|---|---|---|---|---|
| X1 | 0.915 | －0.264 | －0.084 | 0.047 |
| X2 | 0.919 | －0.282 | 0.017 | 0.014 |
| X3 | 0.667 | 0.079 | 0.041 | 0.436 |
| Y1 | 0.889 | －0.317 | －0.029 | 0.121 |
| Y2 | 0.885 | －0.316 | 0.091 | －0.004 |
| Y3 | －0.306 | 0.417 | －0.636 | 0.412 |
| Y4 | －0.262 | 0.132 | －0.694 | 0.517 |
| Z1 | 0.823 | －0.124 | 0.127 | －0.173 |
| Z2 | －0.272 | 0.819 | －0.168 | 0.262 |
| Z3 | －0.379 | 0.785 | －0.082 | －0.244 |
| Z4 | 0.152 | －0.060 | 0.811 | 0.053 |
| Z5 | 0.189 | －0.009 | －0.022 | 0.855 |

续表

| 观测值 | 因子 1 | 因子 2 | 因子 3 | 因子 4 |
|---|---|---|---|---|
| Z6 | -0.110 | 0.846 | 0.127 | 0.000 |
| Z7 | 0.866 | -0.303 | 0.218 | 0.233 |
| Z8 | 0.787 | -0.315 | 0.181 | 0.251 |
| Z9 | 0.578 | -0.469 | -0.188 | -0.263 |
| Z10 | 0.784 | 0.121 | 0.340 | -0.146 |
| Z11 | -0.171 | 0.240 | 0.861 | 0.122 |

注：表中字母所代表的变量与构建经济福利指数时表 3－12 中代表的变量一一对应。表中的数值越大，说明该变量被公因子替代的可能性越大。

由表 3－17 可知，因子 1 上高载荷的指标有人均财政收入占人均 GDP 比重、农村居民人均可支配收入、城镇居民人均可支配收入、城镇居民和农村居民人均消费支出、高等学校入学率、城镇职工基本养老保险参保人数占比、城镇医疗保险参保人数占比、交通运输线路密度、每十万人私人汽车拥有量等指标。因子 2 上高载荷的指标有财政性教育经费占 GDP 比重、环境污染治理占 GDP 比重和每千人拥有的卫生机构数等主要反映居民教育、医疗和环境福利的指标。因子 3 上高载荷的指标有城镇居民恩格尔系数、农村居民恩格尔系数、每千人医疗卫生机构的床位数，主要反映了居民的消费水平和医疗卫生水平方面的经济福利。因子 4 上高载荷的指标为城市人均公园绿地面积，这反映了中国居民在环境水平方面的经济福利。

再其次，由因子得分矩阵表 3－18 计算得出 4 因子的得分函数：

$$F1 = 0.159X1 + 0.151X2 + 0.123X3 + 0.131Y1 + 0.132Y2 + \cdots + 0.186Z10 - 0.074Z11$$

$$F2 = 0.043X1 + 0.035X2 + 0.116X3 + 0.001Y1 + 0.011Y2 + \cdots + 0.216Z10 + 0.040Z11$$

$$F3 = -0.095X1 - 0.056X2 + 0.016X3 - 0.058Y1 - 0.022Y2 + \cdots + 0.060Z10 + 0.394Z11$$

$$F4 = -0.034X1 - 0.041X2 + 0.212X3 + 0.028Y1 - 0.035Y2 + \cdots - 0.135Z10 + 0.175Z11$$

表 3-18　　成分得分系数矩阵

| 观测值 | 成分 | | | |
|---|---|---|---|---|
| | F1 | F2 | F3 | F4 |
| X1 | 0.159 | 0.043 | -0.095 | -0.034 |
| X2 | 0.151 | 0.035 | -0.056 | -0.041 |
| X3 | 0.123 | 0.116 | 0.016 | 0.212 |
| Y1 | 0.131 | 0.001 | -0.058 | 0.028 |
| Y2 | 0.132 | 0.011 | -0.022 | -0.035 |
| Y3 | 0.026 | 0.125 | -0.214 | 0.160 |
| Y4 | -0.024 | -0.019 | -0.218 | 0.248 |
| Z1 | 0.168 | 0.113 | -0.030 | -0.154 |
| Z2 | 0.087 | 0.333 | -0.048 | 0.075 |
| Z3 | 0.095 | 0.350 | -0.065 | -0.221 |
| Z4 | -0.049 | -0.038 | 0.348 | 0.130 |
| Z5 | -0.035 | -0.066 | 0.085 | 0.523 |
| Z6 | 0.129 | 0.397 | 0.032 | -0.072 |
| Z7 | 0.098 | -0.019 | 0.065 | 0.132 |
| Z8 | 0.080 | -0.040 | 0.058 | 0.147 |
| Z9 | 0.079 | -0.085 | -0.145 | -0.189 |
| Z10 | 0.186 | 0.216 | 0.060 | -0.135 |
| Z11 | -0.074 | 0.040 | 0.394 | 0.175 |

将 2011 年的 Z 标准化数据带入公式得出 2011 年各省份的公共因子得分，然后以表 3-16 的初始特征值的贡献率为权重，计算综合得分，计算公式如下：

$$F = F1 \times 47.994\% + F2 \times 14.742\% + F3 \times 11.521\% + F4 \times 6.776\%$$

最后，依据上述步骤得出 2011~2015 年中国各省份经济福利指数值。

第二，结果及分析。表 3-19 为用主成分因子分析法构造的指数的描述性统计结果，图 3-4 为 2011~2015 年中国各省份经济福利平均水平由高到低的情况。

**表 3－19　　2011～2015 年中国各省经济福利指数描述性统计**

| 年份 | 观测值 | 最小值 | 最大值 | 平均值 | 标准值 |
|---|---|---|---|---|---|
| 2011 | 31 | －0. 6115 | 1. 8442 | 0. 000000 | 0. 519552 |
| 2012 | 31 | －0. 8317 | 1. 579 | 0. 000000 | 0. 487895 |
| 2013 | 31 | －0. 5754 | 1. 6727 | －0. 000006 | 0. 470663 |
| 2014 | 31 | －0. 5318 | 1. 5854 | 0. 000000 | 0. 482245 |
| 2015 | 31 | －0. 5671 | 1. 5068 | 0. 000000 | 0. 478582 |

注：主成分因子法分析所得。

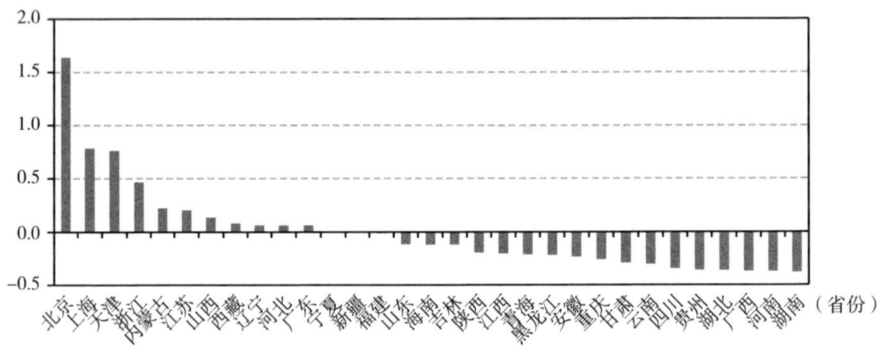


**图 3－4　2011～2015 年中国各省份经济福利平均水平**

**表 3－20　　2011～2015 年中国各省份经济福利指数均值水平比较**

| 发展水平 | 数值范围 | 省份 |
|---|---|---|
| 较高水平 | 0. 2 以上 | 北京、上海、天津、浙江、内蒙古、江苏 |
| 中等水平 | 0～0. 2 | 山西、西藏、辽宁、河北、广东、 |
| 中等偏下水平 | －0. 2～0 | 宁夏、新疆、福建、山东、海南、吉林、陕西、江西 |
| 较低水平 | －0. 2 以下 | 青海、黑龙江、安徽、重庆、甘肃、云南、四川、贵州、河北、广西、河南、湖南 |

由表 3－19 可以看出，2011～2015 年，几乎每年经济福利指数的最小值、最大值均出现在 2011 年。由图 3－4 和表 3－20 可以看出，各省份之间的经济福利水平差异较大。北京、上海和天津的经济福利水平位居全国前列，其均值分别为 1. 637、0. 786、0. 761。可以看出，虽然浙江、内蒙古、江苏位于较高水平，但是与北京相比还是有很大差距，北京的经济福利水平要远远超过其他省份。同样地，按均值水平将全国 31 个省份分类，分类标准为 0. 2 以上的为较高水平，0～0. 2 为中等偏上水平，－0. 2～0 为中等偏下水平，－0. 2 以下为较低水平。可以看出大多数省份的经济福利

水平多集中在 -0.2 以下，表明当前中国经济福利发展整体水平较低，具有明显的区域差异。

由图 3-5 可以很直观地看出东部地区经济福利水平一直遥遥领先，其他三个区域情况具体如下：2011～2012 年东北地区经济福利水平要高于西部地区，中部地区最低，但是在 2013 年之后，西部地区经济福利水平逐步提高，超过东北地区，中部地区的经济福利水平也有缓慢上升。2011～2015 年中国各省份经济福利指数如表 3-21 所示。

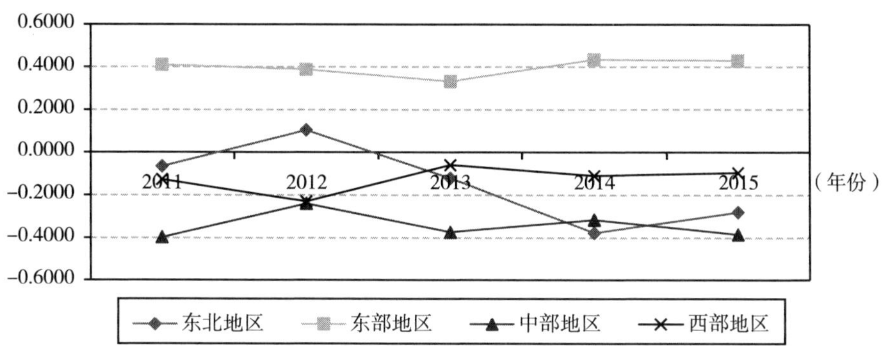


**图 3-5　2011～2015 年中国分地区经济福利水平均值变化情况**

**表 3-21　2011～2015 年中国各省份经济福利指数**

| 地区 | 省份 | 2011 年 | | 2012 年 | | 2013 年 | | 2014 年 | | 2015 年 | |
|---|---|---|---|---|---|---|---|---|---|---|---|
| | | 指数 | 排名 | 指数 | 排名 | 指数 | 排名 | 指数 | 排名 | 指数 | 排名 |
| 东北地区 | 辽宁 | 0.2575 | 6 | 0.3777 | 6 | 0.0459 | 13 | -0.2241 | 21 | -0.1404 | 15 |
| | 吉林 | -0.1776 | 19 | 0.0284 | 13 | -0.1899 | 18 | -0.3916 | 28 | -0.2558 | 22 |
| | 黑龙江 | -0.2783 | 21 | -0.0955 | 17 | -0.2220 | 19 | -0.5149 | 30 | -0.4466 | 28 |
| 东部地区 | 北京 | 1.8442 | 1 | 1.5790 | 1 | 1.6727 | 1 | 1.5854 | 1 | 1.5068 | 1 |
| | 天津 | 0.7574 | 3 | 0.6649 | 3 | 0.6345 | 3 | 0.7984 | 3 | 0.6329 | 4 |
| | 河北 | -0.0872 | 15 | -0.0871 | 16 | 0.0770 | 12 | -0.3535 | 26 | -0.0813 | 13 |
| | 山西 | -0.0087 | 13 | 0.0544 | 12 | 0.2611 | 8 | -0.0400 | 12 | -0.0977 | 14 |
| | 上海 | 1.0748 | 2 | 0.9906 | 2 | 0.6368 | 2 | 1.1303 | 2 | 1.0458 | 2 |
| | 江苏 | 0.2103 | 7 | 0.3784 | 5 | 0.1633 | 11 | 0.1551 | 8 | 0.2253 | 7 |
| | 浙江 | 0.4667 | 5 | 0.5928 | 4 | 0.5134 | 4 | 0.5244 | 5 | 0.5999 | 5 |
| | 福建 | -0.1548 | 18 | -0.1480 | 18 | -0.0175 | 15 | 0.0716 | 9 | 0.0337 | 12 |
| | 广东 | 0.1242 | 9 | 0.1833 | 9 | -0.2712 | 20 | 0.2333 | 7 | 0.3419 | 6 |
| | 海南 | -0.1136 | 17 | -0.3166 | 23 | -0.3437 | 23 | 0.2463 | 6 | 0.0990 | 10 |

续表

| 地区 | 省份 | 2011 年 | | 2012 年 | | 2013 年 | | 2014 年 | | 2015 年 | |
|---|---|---|---|---|---|---|---|---|---|---|---|
| | | 指数 | 排名 | 指数 | 排名 | 指数 | 排名 | 指数 | 排名 | 指数 | 排名 |
| 中部地区 | 安徽 | -0.4119 | 26 | -0.2734 | 21 | -0.4178 | 26 | -0.2132 | 20 | -0.2867 | 23 |
| | 江西 | -0.3599 | 23 | -0.3837 | 26 | -0.3054 | 21 | -0.0869 | 14 | -0.1892 | 17 |
| | 山东 | -0.0996 | 16 | 0.1535 | 10 | -0.1710 | 17 | -0.2601 | 22 | -0.2154 | 19 |
| | 河南 | -0.6115 | 31 | -0.2883 | 22 | -0.4286 | 28 | -0.5318 | 31 | -0.5143 | 29 |
| | 湖北 | -0.3635 | 24 | -0.2566 | 20 | -0.5308 | 30 | -0.3905 | 27 | -0.5366 | 30 |
| | 湖南 | -0.5388 | 30 | -0.3926 | 27 | -0.3879 | 25 | -0.4133 | 29 | -0.5671 | 31 |
| 西部地区 | 内蒙古 | 0.1796 | 8 | 0.2039 | 8 | 0.3385 | 7 | -0.0251 | 11 | 0.1396 | 9 |
| | 广西 | -0.5369 | 29 | -0.4840 | 29 | -0.4830 | 29 | -0.3516 | 25 | -0.3186 | 24 |
| | 重庆 | 0.1128 | 11 | 0.0012 | 14 | -0.5754 | 31 | -0.0590 | 13 | -0.3192 | 25 |
| | 四川 | -0.3721 | 25 | -0.3597 | 24 | -0.4206 | 27 | -0.2014 | 18 | -0.3753 | 26 |
| | 贵州 | -0.4760 | 28 | -0.5514 | 30 | -0.3692 | 24 | -0.1384 | 16 | -0.3834 | 27 |
| | 云南 | -0.3478 | 22 | -0.3737 | 25 | -0.3123 | 22 | -0.2113 | 19 | -0.2477 | 20 |
| | 西藏 | 0.5104 | 4 | -0.8317 | 31 | 0.3812 | 6 | 0.5880 | 4 | 0.6837 | 3 |
| | 陕西 | -0.0492 | 14 | -0.0391 | 15 | -0.0758 | 16 | -0.1833 | 17 | -0.2127 | 18 |
| | 甘肃 | -0.4697 | 27 | -0.4303 | 28 | -0.0162 | 14 | -0.2695 | 23 | -0.2536 | 21 |
| | 青海 | -0.2211 | 20 | -0.2546 | 19 | 0.2153 | 9 | -0.3258 | 24 | -0.1664 | 16 |
| | 宁夏 | 0.1137 | 10 | 0.2349 | 7 | 0.2084 | 10 | -0.1280 | 15 | 0.2100 | 8 |
| | 新疆 | 0.0266 | 12 | 0.1233 | 11 | 0.3900 | 5 | -0.0195 | 10 | 0.0894 | 11 |

（3）两种方法构造的经济福利指数结果对比。

第一，描述性分析。两种方法所呈现的经济福利指数描述性分析结果有很大不同。从最小值、最大值与平均值来看，2011～2015 年由变异系数法所构造的经济福利指数的最小值逐年减小，最大值逐年增加；而由主成分因子法所构造的经济福利指数的最小值却在逐年增大，最大值则几乎是逐年减小。

第二，省际差异分析。两种方法所呈现的经济福利指数省际差异结果基本相似，但又有所不同。从分析结果均可以看出中国经济福利水平省际差异悬殊。由变异系数法所构造的经济福利指数省际分析结果是上海和北京的经济福利水平位居全国前列，且远超其他省份。由主成分因子法所构造的经济福利指数省际分析结果是北京、上海和天津的经济福利水平位居全国前列，且北京的经济福利水平最高，远远高于上海、天津、浙江、内蒙古、江苏等省份。在主成分因子法所构造的经济福利指数省际分析结果中，内蒙古和西藏的经济福利水平较高，尤其是西藏的经济福利指数排名变化很大，而在变异系数法所构造的经济福利指数省际分析结果中，西藏的经济福利水平是很低的。这可能与两种方法的标准化方法不同有关。

第三，区域分析。在区域差异方面，两种方法呈现出的总体结果相似。从分析结果均可以看出中国经济福利水平总体较低，其中东部地区经济福利水平最高，且与其他区域有显著的差距。由变异系数法所构造的经济福利指数区域分析结果是：西部地区经济福利水平最低，中部地区经济福利水平小于东北地区经济福利水平，东部地区经济福利水平最高，中部地区整体福利水平在 2015 年超过东北地区。而由主成分因子法所构造的经济福利指数区域分析结果是：除东部地区遥遥领先外，其他三个区域并无明显差距，只是在不同年份，情况有所不同，其中东北地区的经济福利水平在 2012 年达到最高，之后开始明显下降，到 2014 年经济福利水平又有所提高，西部地区的经济福利水平一直稳中有增。这可能反映出中国西部大开发战略和中原崛起战略的效果。

第四，排名变化。通过具体的折线图来看中国各省份 2011 ~ 2015 年经济福利指数值排名的变化（见图 3 –6 和图 3 –7）。

由变异系数法所构造的经济福利指数水平排名变化折线图（见图 3 –6）可以看出，上海、北京、浙江、天津、江苏、广东、福建的排名在这 5 年间几乎没有变化，上海和北京的排名有此消彼长的变化；辽宁、内蒙古、山东的经济福利指数排名在这 5 年间均在 5 ~ 10 名变动；重庆、海南、湖南、安徽、新疆、陕西、四川、宁夏、湖北、山西的排名在 10 ~ 25 名之间变动，其中新疆的排名逐年上升，陕西的排名逐年下降；江西、广西、云南、河南、吉林、黑龙江、河北、贵州、青海、西藏、甘肃的排名在 20 ~ 31 之间变动，其中西藏和甘肃的排名 5 年来没有发生变化，一直位于第 30 ~ 31 名。

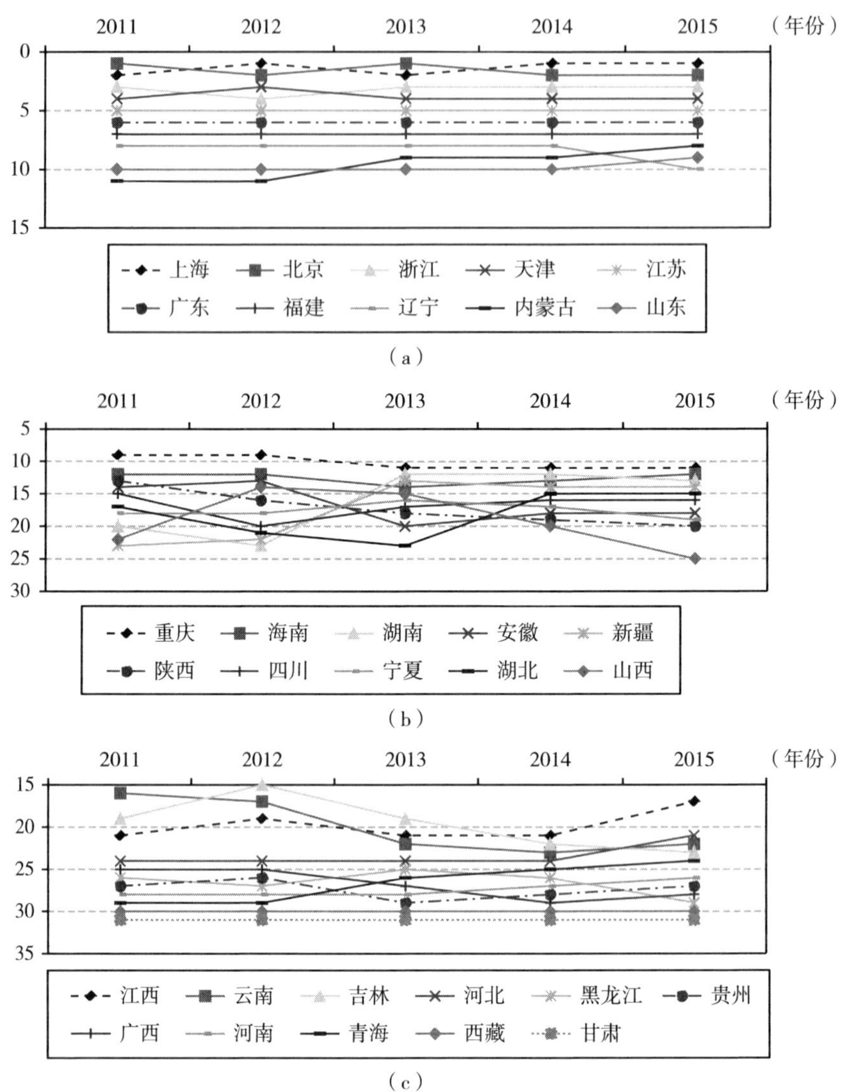


**图 3-6　由变异系数法构造的 2011～2015 年经济福利指数水平排名变化**

由主成分因子分析法构造的经济福利指数水平排名变化折线图（见图 3-7），可以看出北京、上海、天津、浙江的排名在这 5 年间几乎没有变化；内蒙古、江苏、山西排名变动幅度很小，在这 5 年间均在 5～10 名变动；西藏、辽宁、河北排名变动幅度很大，尤其是 2011 年西藏排名最末位，却在 2013～2015 年排名升至前 6 位；而其他省份在这 5 年间均变动幅度很小；河南与湖南排名一直很低。

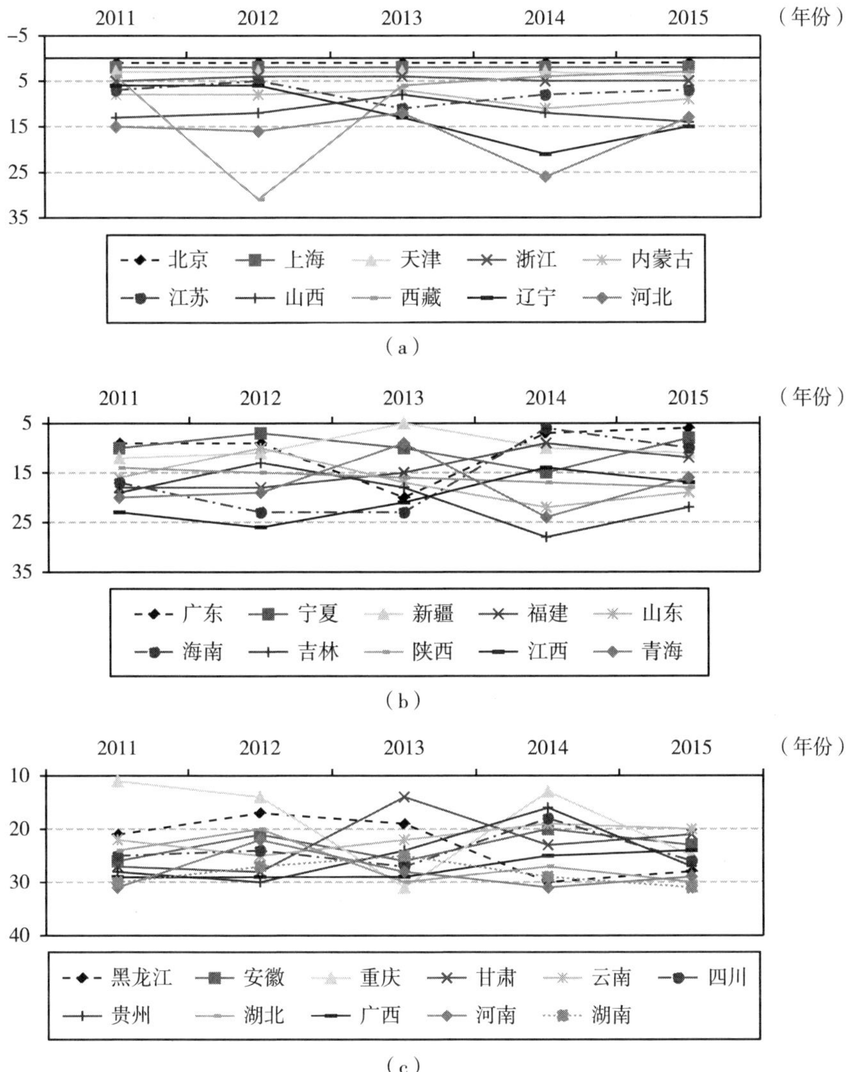


**图 3-7　由主成分因子分析法构造的 2011 ~ 2015 年经济福利指数水平排名变化**

从横向水平来看，两种方法的分析结果中西藏、内蒙古、河南、湖南这几个省份从 2011 ~ 2015 年的变化幅度是一致的。

（4）小结。

综上可以看出，变异系数法与主成分因子法构造出的经济福利指数结果既有共性，也有差异。差异主要体现在描述性分析结果的不同和个别省份排名上的差异，这可能与两种方法的标准化处理方式不同、赋权方式不同有关。从整体来看，两种方法的分析结果差别不大，区域差异结果相似。其分析结果可以作为参考。在分析金融包容对经济福利的传导和影响时，要根据分析结果选择最合适的福利指数构建方法。经过反复试算，发现变异系数法构造的经济福利指数在分析时，金融包容指数以及其他一些变量系数容易为负值，显然有悖于经济学原理。通过与主成分因子法构造指数分析结果进行对比，决定采用主成分因子分析法构造的经济福利指数进行金融包容对经济福利影响的实证分析。

### 3.3.3 金融包容对经济福利的影响

#### 1. 金融包容对经济福利的传导机制

在进一步实证分析金融包容对经济福利影响之前，笔者认为有必要先阐明金融包容对经济福利的传导机制。笔者借鉴陈茜茜（2016）的观点，认为金融包容对经济福利的传导机制有直接和间接之分。直接机制是指金融包容中所涵盖的银行储蓄、信贷、保险、理财等服务可以直接影响中国居民的经济福利水平；而间接机制则体现为金融包容可以通过经济增长效应（为居民创造更多的就业机会、提高各要素所有者的收入分配比例、保障居民物质生活质量等）和门槛降低效应（降低个人和中小企业的融资门槛与人力资本门槛），影响居民在收入、消费和生活质量方面的福利从而进一步间接影响经济福利。具体机制如图 3－8 所示。

#### 2. 变量选取与模型设定

（1）变量选取。本书在测度出经济福利水平的基础上，为了更深入地研究金融包容对经济福利的影响，综合参考王修华和陈茜茜（2017）、田杰和陶建平（2012）、徐强和陶侃（2017）等人的研究，并根据相关数据的可得性，以经济福利指数（index of economic welfare）作为因变量，金融包容指数（index of financial inclusion）作为自变量，同时选取了 5 个指标来构建模型进行研究。各变量的具体设定如表 3－22 所示。

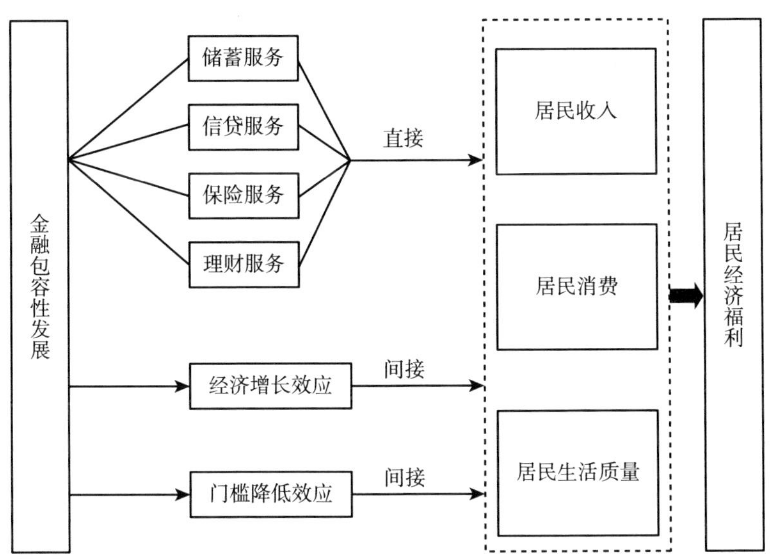


**图 3-8 金融包容对经济福利传导机制**

资料来源：陈茜茜，《我国金融包容性发展的经济福利效应研究》，湖南大学硕士论文，第 24 页。

**表 3-22 模型变量定义**

| 变量性质 | 变量名称 | 计算方法 |
|---|---|---|
| 因变量 | 经济福利指数（*IEW*） | 计算得到 |
| 自变量 | 金融包容指数（*FII*） | 计算得到 |
| | 金融包容广度（*FIW*） | 计算得到 |
| | 金融包容深度（*FID*） | 计算得到 |
| | 金融包容风险容忍度（*FRT*） | 计算得到 |
| | 经济增长速度（*EGR*） | ln*GDP* |
| 控制变量 | 产业结构（*INS*） | 第三产业产值占总产值比重 |
| | 政府财政支出（*GOE*） | 财政支出/GDP |
| | 就业率（*EMR*） | （农村从业人员数 + 城镇从业人员数）/总人口数 |
| | 投资水平（*INL*） | 固定资产投资/GDP |

**因变量：**

经济福利指数：从收入水平、消费水平和生活质量水平三方面选取 18 个指标，采用主成分因子法构建的经济福利指数。

**自变量：**

滞后一期的经济福利指数（IEW（-1））：在模型中加入因变量的滞后一期反映动态变化。

金融包容指数：从金融包容覆盖广度、金融包容使用深度和风险容忍度三个维度出发，采用变异系数法构建的金融包容指数。①

经济增长速度：人均GDP较高的地区，经济发展速度较快，金融服务也会更倾向于经济发展速度快的地区，提高相应地区的经济福利。

**控制变量：**

产业结构：产业结构的发展与经济金融的发展密切相关，会间接影响居民的经济福利。

政府财政支出：政府财政支出可以反映出政府对地区经济的支持力度，能够提高居民收入，影响居民经济福利。

就业率：居民的充分就业能够使其获得更多的收入，从而影响居民的经济福利。

投资水平：全社会固定资产投资是影响城镇居民收入的重要因素，会间接影响居民的经济福利。

由于金融包容深度中包含数字金融使用深度指标（基于支付宝的支付、信贷、保险、投资、征信业务），这一指标的最新数据只截至2015年，所以基于数据的一致性，本书的样本区间为2011~2015年，具体数据来源于《中国统计年鉴》、《中国劳动统计年鉴》和各省份的《金融统计年鉴》及笔者计算所得。

（2）模型设定。考虑到本章研究不同省份在不同时间点上金融包容与经济福利的内在关系，涉及不同的截面数据和时间数据，因此适合采用面板数据模型。设定动态面板模型如下：

$$IEW_{i,t} = \beta_0 + \beta_1 IEW_{i,t-1} + \beta_2 FII + \beta_3 EGR + \sum_{j=1}^{n} \beta_j X_{i,t} + \varepsilon_i + \theta_t + \mu_{i,t}$$

其中，$X_{i,t}$为控制变量，依次为产业结构（*INS*）、政府财政支出（*GOE*）、就业率（*EMR*）、投资水平（*INL*），$\varepsilon_i$ 为各省份的个体差异，$\theta_t$ 为各截面

① 具体可参看3.1节“三度统一”的金融包容指数构建的相关内容，其中 $FII_1$、$FII_2$、$FII_3$ 分别等价于FIW、FID及FRT。

的时间差异，$\mu_{i,t}$为模型随机扰动项。

对上述变量进行描述性统计，统计结果如表 3－23 所示。

**表 3－23　　　　　　　　　　变量的描述性统计**

| 变量 | 观测值 | 最大值 | 最小值 | 平均值 | 标准值 |
|---|---|---|---|---|---|
| *IEW* | 155 | 1.8442 | －0.8317 | 0.0000 | 0.4817 |
| *FII* | 155 | 0.7094 | 0.1399 | －0.2326 | 0.1177 |
| *FIW* | 155 | 0.8863 | 0.0246 | 0.1387 | 0.1628 |
| *FID* | 155 | 0.9588 | 0.0303 | 0.1447 | 0.1623 |
| *FRT* | 155 | 1.0000 | 0.0000 | 0.4170 | 0.1987 |
| *EGR* | 155 | 11.5895 | 9.7058 | 10.6626 | 0.4196 |
| *INS* | 155 | 79.6527 | 29.6748 | 43.3689 | 9.2112 |
| *GOE* | 155 | 134.5941 | 11.0270 | 27.4417 | 21.0889 |
| *EMR* | 155 | 46.6795 | 4.1588 | 16.4612 | 7.2700 |
| *INL* | 155 | 132.8313 | 25.2859 | 77.8558 | 22.3354 |

### 3. 实证结果分析

将滞后一期的因变量作为自变量，模型容易出现序列相关性和异方差问题。由于采用系统广义矩估计（SYS-GMM）模型，可以不考虑数据存在的序列相关性和异方差问题。因而报告将主要采用 SYS-GMM 的数据处理结果展开分析，同时参考采用混合 OLS、固定效应和随机效应回归的估计结果。

本章用 stata14.0 进行参数估计，实证结果如表 3－24 和表 3－25 所示。

在表 3－24 中，模型（1）、模型（2）和模型（3）是在未加入控制变量（*INS*、*GOE*、*EMR*、*INL*）的条件下，分别对核心变量（*IEW*（－1）、*FII*、*EGR*）进行 OLS 估计、固定效应（fixed effect）估计和随机效应（random effect）估计。模型（4）是对核心变量进行系统广义矩（SYS-GMM）估计。模型（5）到模型（8）是依次加入控制变量即 *INS*、*GOE*、*EMR*、*INL*，并对其进行 SYS-GMM 估计，模型（9）是加入全部控制变量的用 SYS-GMM 估计的整体结果。

**表 3－24　　金融包容的经济福利效应实证结果**

| 变量 | 混合 OLS | FE | RE | SYS-GMM | | | | | |
|---|---|---|---|---|---|---|---|---|---|
| | （1） | （2） | （3） | （4） | （5） | （6） | （7） | （8） | （9） |
| *IEW*（－1） | 0. 371 ***<br>（－5. 135） | 0. 084<br>（－1. 028） | 0. 335 ***<br>（－4. 534） | 0. 320 ***<br>（－3. 071） | 0. 419 ***<br>（－4. 459） | 0. 292 ***<br>（－3. 056） | 0. 288 ***<br>（－3. 431） | 0. 313 ***<br>（－3. 246） | 0. 271 ***<br>（－3. 262） |
| *FII* | 1. 684 ***<br>（－5. 926） | －0. 339<br>（－0. 305） | 1. 745 ***<br>（－5. 745） | 2. 856 ***<br>（－4. 737） | 1. 446 *<br>（－1. 722 | 1. 902 ***<br>（－3. 491） | 2. 178 ***<br>（－4. 903） | 3. 012 ***<br>（－5. 015） | 1. 966 ***<br>（－2. 9） |
| *EGR* | 0. 183 **<br>（－2. 444） | 0. 258<br>（－1. 099） | 0. 199 **<br>（－2. 473） | －0. 128<br>（－0. 930） | －0. 128<br>（－0. 930） | 0. 054<br>（－0. 426） | 0. 24<br>（－1. 525） | －0. 112<br>（－0. 936） | －0. 065<br>（－0. 505） |
| *INS* | | | | | 0. 007<br>（－0. 762） | | | | －0. 005<br>（－0. 703） |
| *GOE* | | | | | | 0. 004 **<br>（－2. 61） | | | 0. 004 **<br>（－2. 547 |
| *EMR* | | | | | | | 0. 010 *<br>（－1. 973） | | 0. 011 **<br>（－2. 123） |
| *INL* | | | | | | | | 0. 002<br>（－1. 171） | 0. 001<br>（－0. 64） |
| 常数项 | －2. 349 ***<br>（－2. 993） | －2. 687<br>（－1. 095） | －2. 537 ***<br>（－3. 013） | 0. 7<br>（－0. 507） | －1. 221<br>（－0. 876） | －3. 124 *<br>（－1. 911） | 0. 525<br>－0. 432 | －0. 192<br>（－0. 136） | －3. 125 **<br>（－2. 414） |
| $R^2$ | 0. 74 | 0. 42 | 0. 79 | — | — | — | — | — | — |
| *F* | 119. 3 | 0. 841 | — | 53. 99 | 44. 6 | 46. 07 | 52. 62 | 56. 2 | 45. 57 |
| *AR*（1） | — | — | — | 有自相关 | — | — | — | — | — |
| *AR*（2） | — | — | — | 无自相关 | — | — | — | — | — |
| 截面数 | 31 | 31 | 31 | 31 | 31 | 31 | 31 | 31 | 31 |
| 观测数 | 124 | 124 | 124 | 124 | 124 | 124 | 124 | 124 | 124 |

注：***、**、* 分别表示在 1%、5%、10% 的显著性水平下显著；括号上的数值为系数，括号内的数值为 t 值。

由模型（1）至模型（8）的结果可以看出滞后一期的经济福利指数（*IEW*（-1））、金融包容指数（*FII*）在1%的显著性水平下对经济福利正向影响显著。

其中，在模型（1）和模型（3）中，金融包容指数在1%的水平下对经济福利有明显的正向促进作用。模型（1）中 *FII* 的系数值为1.684，表明金融包容指数每增加一个单位，中国居民经济福利指数可能会提升1.684个单位。模型（3）中 *FII* 系数为1.745，表明金融包容指数每提高1%，中国居民经济福利指数可能会提升1.745%。其作用渠道在于金融包容性发展会影响资本的形成和配置，降低居民获得金融服务和产品的门槛，从而影响地区经济发展，进一步影响居民收入变化和城乡收入分配等经济福利。此外，在5%的水平下，经济增长速度（*EGR*）对经济福利也有正向促进作用。人均GDP越高的地区，经济发展速度较快，相应的金融服务也会更倾向于这些地区，提高相应地区的经济福利。

为了进一步验证金融包容指数对经济福利指数的正向影响是否具有稳健性，模型（5）到模型（8）依次加入 *INS*、*GOE*、*EMR* 和 *INL* 等控制变量。由结果可以看出，加入变量后金融包容指数与经济福利指数的正向关系没有改变，滞后一期的经济福利指数与当期的经济福利指数之间的正向关系也没有改变，说明金融包容与经济福利的正向关系是存在稳定性的，除了模型（5）金融包容指数在10%的显著性水平下对经济福利有显著正向影响外，其余几个模型中金融包容指数均在1%的显著性水平下对经济福利有显著正向影响。此外，在控制变量中，*INS*、*GOE*、*EMR* 和 *INL* 对经济福利指数均有正向影响。其中，政府财政支出（*GOE*）和就业率（*EMR*）分别在5%和10%的显著性水平下对经济福利的作用显著，政府财政支出和就业率每提高1%，中国居民经济福利指数会分别提升0.004%和0.01%。产业结构（*INS*）和投资水平（*INL*）对经济福利无明显的作用和效果。这表明经济增长、提高政府财政支出、为中国居民创造更多的就业机会是可以提高经济福利的。模型（9）将所有变量考虑在内，采用SYS-GMM估计，可以看出滞后一期的经济福利指数、金融包容指数、政府财政支出、就业率的正向性依旧没有发生变化。其中 *IEW*（-1）的系数值为0.271，*FII* 系数值为1.966，*GOE* 的系数值为0.004，*EMR* 的系数值为0.011，表明前一期的经济福利指数、金融包容指数、政府财政支出、就业率每提高1%，中国居民经济福利指数可能会分别提升0.271%、1.966%、0.004%、0.011%。由上述分析可以看出，模型（5）到模型（9）是能够证明金融包容指数对经济福利指数的正向性贡献是稳健的。

为了进一步分析金融包容对经济福利的影响，将金融包容指数的三个维度即金融包容广度（*FIW*）、金融包容深度（*FID*）和金融包容风险容忍度（*FRT*）引入模型，具体分析各维度对金融包容的影响。分析结果如表3-25所示。表3-25中的模型（1）至模型（4）是在未加入控制变量（*INS*、*GOE*、*EMR*、*INL*）的条件下，分别对金融包容的三个维度*FIW*、*FID*、*FRT*以及*IEW*（-1）、*EGR*等变量进行混合OLS估计、固定效应估计、随机效应估计和SYS-GMM估计。模型（5）是对金融包容的三个维度以及加入全部控制变量后用SYS-GMM估计的整体结果。

**表3-25　　　　金融包容的经济福利效应实证结果**

| 变量 | 混合OLS | FE | RE | SYS-GMM | |
|---|---|---|---|---|---|
| | (1) | (2) | (3) | (4) | (5) |
| *IEW*(-1) | 0.285***<br>-3.785 | 0.029<br>-0.342 | 0.238***<br>-3.105 | 0.219**<br>-2.064 | 0.196**<br>-2.289 |
| *FIW* | 0.256<br>-1.264 | 0.395<br>-0.181 | 0.264<br>-1.155 | 0.468<br>-0.758 | 0.610*<br>-1.757 |
| *FID* | 1.079***<br>-5.155 | -0.976<br>(-0.596) | 1.137***<br>-4.978 | 1.881***<br>-2.794 | 1.463***<br>-3.254 |
| *FRT* | 0.139<br>-1.175 | 0.413**<br>-2.06 | 0.157<br>-1.232 | 0.432<br>-1.379 | 0.104<br>-0.621 |
| *EGR* | 0.308***<br>-3.55 | 0.424*<br>-1.76 | 0.333***<br>-3.501 | 0.144<br>-0.615 | 0.358***<br>-2.818 |
| *INS* | | | | | -0.011<br>(-1.559) |
| *GOE* | | | | | 0.004**<br>-2.574 |
| *EMR* | | | | | 0.007<br>-1.454 |

续表

| 变量 | 混合 OLS | FE | RE | SYS-GMM | |
|---|---|---|---|---|---|
| | (1) | (2) | (3) | (4) | (5) |
| *INL* | | | | | 0.002<br>-0.832 |
| 常数项 | -3.544***<br>(-3.780) | -4.615*<br>(-1.809) | -3.827***<br>(-3.731) | -2.055<br>(-0.804) | -4.053***<br>(-3.090) |
| $R^2$ | 0.76 | 0.11 | 0.76 | — | — |
| *F* | — | 1.472 | — | 39.45 | 40.57 |
| *AR*(1) | — | — | — | 有自相关 | — |
| *AR*(2) | — | — | — | 无自相关 | — |
| 截面数 | 31 | 31 | 31 | 31 | 31 |
| 观测数 | 124 | 124 | 124 | 124 | 124 |

注：***、**、*分别表示在1%、5%、10%的显著性水平下显著；括号上的数值为系数，括号内的数值为t值。

由表3-25中的模型（1）至模型（5）可以看出，金融包容广度（*FIW*）、金融包容深度（*FID*）、金融包容风险容忍度（*FRT*）对经济福利指数均具有正向影响。表明三个维度的金融包容指数的提高都将会改进居民经济福利水平。其中金融包容广度（*FIW*）、金融包容深度（*FID*）对经济福利影响显著，且金融包容深度（*FID*）对经济福利指数影响的系数值最大。具体而言，在模型（5）中，金融包容广度在10%的显著性水平下显著，金融包容广度每提高1%，经济福利指数将会提升0.61%，说明金融产品和服务的地理渗透性和人口渗透性的提高，会显著提高经济福利水平。金融包容深度在1%的显著性水平下显著，其每提高1%，经济福利指数将提升1.463%。表明中国各地区居民对各类金融产品和服务，包括银行、证券、保险等的参与度和使用性不高，提高中国各地区存款贷款服务质量水平、证券服务质量水平、保险服务的质量水平，会在很大程度上提高中国居民经济福利水平。金融包容风险容忍度的系数值为0.104，表明金融包容风险容忍度每提高1%，居民经济福利将提升0.104%。说明降低不良资产率，提高风险容忍度，有利于居民更好地享受金融服务、顺利从事生产和消费，进而提升经济福利水平。其他因素，如经济增长速度（*EGR*）、产业结构（*INS*）、就业率（*EMR*）、政府财政支出（*GOE*）和投资水平（*INL*）等变量的系数方向与表3-19中的模型（9）一致。其中经济增长速度和政府财政支出分别在1%和5%的显著性水平下对经济福利影响显著。这进一步说明加速经济增长，提高政府财政支出，是可以提高经济福利的。

### 3.3.4 结论与建议

#### 1. 结论

本章采用“三度统一”的金融包容体系作为自变量，“三平统一”的经济福利指数（收入水平、消费水平、生活质量水平）作为因变量，采用主成分因子法、变异系数法和系统广义矩方法分析金融包容对经济福利的传导和影响。结果显示，金融包容体系及其三个维度对经济福利有正向促进作用。可见，提高金融包容覆盖广度、使用深度和风险容忍度能够推进金融包容的传导体系顺畅运行、改进居民经济福利。

（1）中国的经济福利水平总体较低，且存在显著的区域差异和省际差异。从变异系数法和主成分因子分析法构建的经济福利指数分析结果中均可以看出，东部地区经济福利水平最高，其次是东北地区，中部地区和西部地区排在最后。其中，中部和西部地区在2015年之后有超过东北地区的趋势，东北地区的经济福利呈下降趋势。此外，各省份的经济福利水平差异悬殊，由变异系数法所构造的经济福利指数的省际分析结果是上海和北京的经济福利水平位居全国先列，且远超其他省份。由主成分因子法所构造的经济福利指数的省际分析结果是北京、上海和天津的经济福利水平位居全国前列，且北京的经济福利水平最高，远远高于上海、天津、浙江、内蒙古、江苏等省份的福利水平。就省份差异而言，这两种方法整体差别不大，个别省份如西藏等存在差异。经济福利水平的提高则很大程度上有赖于金融包容传导体系的渠道顺畅、作用有效、时间长期、效果稳定。

（2）金融包容对经济福利具有显著且稳定的正向促进作用。从金融包容对经济福利影响的实证分析结果可以看出，金融包容体系对经济福利正向影响显著，金融包容对经济福利具有显著且稳定的正向传导作用。金融包容水平越高，居民的经济福利水平也会越高。其原因在于金融包容会影响区域资本的形成和配置，较高的金融包容水平会降低居民获得金融服务和产品的门槛，从而影响地区经济发展，进而作用于居民的收入变化和城乡收入分配等方面的经济福利。高水平的金融包容可以促进经济增长，通过经济增长又可以进一步改善国家宏观经济发展环境，继而营造出具有平等经营机会的营商环境、金融环境。政府在教育、医疗、环境、社会保障、交通等方面的投入随之越来越多，个人的经济福利水平也会相应提高。

金融包容体系的三个维度即金融包容广度、金融包容深度、风险容忍度均对经济福利指数具有正向促进作用，这表明每个维度下的金融包容指数的提高都会改进居民经济福利水平。在金融包容的三个维度中，金融包容深度对经济福利的作用最为显著。表明中国各地区居民对各类金融产品和服务的参与度与使用性不高，而提高银行存贷款服务、保险服务、证券服务的质量，将会显著改善居民的经济福利水平；此外，金融产品和服务的地理渗透性与人口渗透性的提高，会显著提高经济福利水平；银行等金融机构应降低不良资产率，提高风险容忍度，使中国各地区居民可以更好地享受金融服务并扩大生产和消费，进而提升区域经济福利水平。

### 2. 政策建议

(1) 采取适度差异化的非均衡协调战略，同时缩小区域经济福利差距。由前面的分析结果可以看出，中国的经济福利水平总体较低，并且存在明显的区域差异和省际差异。研究显示，中国东部地区经济福利指数最高，其次是东北地区，中部地区和西部地区排在最后。因此应针对不同地区的地理位置和经济发展水平，采取差异化的非均衡发展战略，缩小区域经济福利差距。针对中西部地区，坚持实施中部崛起战略和西部大开发战略，在政策上可以对中西部地区给予一定的差异化倾斜性政策，提高中西部地区的经济福利水平。如对西藏与新疆等地可以采取地域差异补贴与刺激政策。针对东北地区，要继续坚持振兴东北工业基地战略，此外政府也可以通过给经济发展水平不高的地区财政补贴、税收减免、精准扶贫、产业扶贫等方式，打通金融包容的传导体系，进而改善居民的经济福利状况。加强金融基础设施建设，推动发展水平较低地区的经济福利发展，让低收入群体也能受惠于金融包容体系的建设。各地区可以加强互助、交流与合作，利用各地的比较优势，互促共进、协调发展，最终促进社会整体的经济发展和福利改进。

（2）充分发挥金融包容体系对经济福利的正向传导作用。从金融包容对经济福利影响的实证分析结果可以看出，金融包容对经济福利具有显著且稳定的正向促进作用。金融包容水平越高，居民的经济福利水平也会越高。然而当前中国仍有部分经济发展落后的地区还没有真正享受到主流金融服务，没有采纳和使用与其需求相匹配的最合适的金融产品，即被排斥在金融服务范围之外。这大大影响了金融包容对居民经济福利的正向传导贡献。因此，应该加强金融网点和服务的覆盖率和受众面，通过提高金融包容宽度，即提高金融产品和服务的地理渗透性与人口渗透性，引导居民经济福利水平的提升。或者通过另外两条途径：一是提高金融包容深度，即提高储蓄服务、信贷服务、保险服务和理财服务的有效利用率与高质量水平；二是提高风险容忍度，即降低金融机构不良资产率，促进供求双方的正反馈和正循环，保证中国各区域居民可以稳定、长期、更好地享受可承付范畴内的金融产品和服务。通过促进金融业本身发展，提升金融包容供给侧的服务水平和风险管理水平，可以使居民的收入水平，消费能力、风险抗压能力不断提高，从而居民的生活质量得以保障，居民的经济福利状况也会得到相应改善。

（3）提高政府财政支出，为中国居民创造更多的就业机会。由前面的实证分析可以看出，经济增长速度和就业率对经济福利的影响显著。东部地区各省份经济发展水平较高，相应的经济福利水平就高，而中西部地区则相反。因此，政府作为特殊的金融参与主体，可以加大对经济发展水平较低地区的财政扶持力度，通过政府的模仿示范效应，能够为相应地区的居民提供更多的创业、就业机会，政府引导下的金融包容体系自组织渠道的构建使金融服务更容易通过金融的“引力场”向这些地区延伸扩散，从而提高该地区的经济福利。

（4）加强金融知识普及和教育，提高中国居民的金融素养。在本章的实证分析中，虽然没有直接引入衡量金融素养的相关指标，也没有单独分析金融素养对经济福利的影响，但是在构建经济福利指数时，将高等教育入学率作为反映居民生活质量水平的一个重要体现。此外，随着市场经济的发展和金融意识的普及，中国居民面临着各种各样的金融服务需求，居民的保险意识、理财意识也越来越强。居民的金融意识会影响金融包容深度和风险容忍度。因此，考虑到居民自身的金融素养确实会影响到其享受金融服务的能力和水平，希望相关部门可以加强对居民金融知识的普及、教育和培养，提高其金融素养，使中国居民能够更好地享受金融包容所带来的经济福利。同时，中国居民也应提高自身金融能力，加强自身对金融知识的掌握度、熟悉度，能够做到根据自己的风险偏好与投资需求自主、能动地选择最适合的金融产品或服务，提高自身主动参与和融入金融包容体系并获得经济福利的自我实现感与满足感。

# 第 4 章 金融包容的微观分析

## 4.1 金融包容的需求侧与供给侧探析

金融包容是金融排斥概念的拓展与深化，是一个多维度的动态复合理念，涵盖了各类金融主体（如个体、群体、企业、组织或者地区）等可接触到主流金融并与之相融合的过程和状态。从微观角度，指个体、家庭、企业等以合理的成本获取、使用金融产品和服务；从宏观角度，则蕴含了区域金融的包容性增长。目前，学界关于金融包容的相关研究尚存在以下薄弱环节：第一，没有办法有效区分积极的金融排斥和消极的金融排斥，易落入“指数越高则越优”的固定思维模式；对包容悖论至今未能给出科学、合理的解释。第二，难以有效区分金融包容的流量和存量视角，容易忽视过度负债（尤其是家庭债务负担过重）引发潜在金融风险的可能性；将微观个体、家庭的金融包容与宏观区域、国家的金融包容界定相混淆，极易造成合成谬误与分解谬误。第三，由于缺乏微观调查数据，对中国家庭维度开展的相关研究（个体金融能力的提升、金融资产的独立甄别和判断、家庭资产与负债的自主性有效配置和管理等）相对较少。笔者采取中国家庭金融调查（China Household Finance Survey，CHFS）2013 年全国 29 个省份 262 个县 1048 个社区的实地调查数据，将贷款细分为四大类：农业、工商业、房屋与汽车，尝试从需求侧和供给侧的角度对以上问题进行解析。

### 4.1.1 理论回顾

金融包容最初来源于西方金融地理学中对金融排斥问题的反思。金雪军、田霖于 2003 年将金融地理学这一新兴交叉学科引入国内，并把 “financial exclusion” 译为金融排外性和金融排除。2007 年其中文表述统一为“金融排斥”，田霖尝试对金融排斥的内涵及外延进行详细阐释。这一主题引发了国内诸多学者的研究兴趣，他们结合中国实际对金融排斥的研究范畴、现状、具体表现、被排斥对象、排斥原因等多角度进行探讨，相继涌现了许多颇有建树的成果。然而，人们在强调减轻金融排斥、建立贫困或弱势人群普惠金融制的同时，容易忽略潜在的风险，引发普惠误区或包容悖论，有可能诱发社会陷入金融脆弱性、债务困局，阻滞经济的可持续发展。新金融背景下，西方学者将研究视野从排斥转向包容，政府监管机构也将金融包容提升到国家综合竞争力的高度，其业已成为各国乃至全球金融安全的焦点问题。

依照伯克（Beck，2007）、波米克和萨哈（Bhowmik and Saha，2013）、科利尔（Collier，2013）、克雷加马及替拉卡坦（Kelegama and Tilakaratane，2014）、雷根与帕克斯顿（2003）、吉奇（Geach，2007）以及 AFI 等对金融包容的考量，可对其内涵加以统一和规范：金融包容需要在风险容忍度范畴内同时考虑金融深度（depth）与金融宽度（breadth），在纳入金融产品可接触性的同时（access），也要考察其使用的效用与强度（use）。前者即地理渗透性，指传统金融机构的可达性，同时涵盖互联网技术尤其是移动互联网的普及率；后者指经济主体对金融产品和服务的使用数量与强度，也包括 2013 年后蓬勃发展且日益普及和渗入民众生活的互联网金融产品。包容与排斥并非完全对称，金融包容的内涵更丰富多元，其不仅包括储蓄、贷款和保险等基本金融需求，也涵盖风险资产的选择；不仅关注被金融排斥的弱势群体如何融入主流金融系统，而且提倡机会平等、和谐共赢；不仅关注需求主体的“普”与“惠”，也强调供给机构的商业可持续；既关注传统金融业态，也探索新金融业态；不仅关注城镇居民、农户，而且也强调企业融资模式的创新，构建多方共赢的融资体系与包容制度，实现各参与主体的一体化互惠共生。

格洛科维佐夫（Gloukoviezoff，2007）、琼斯（2009）认为，金融包容不能仅从某些金融产品的“机会”、“可及性”或“消费者所有权”来界定，而必须以基于结果的方法或净资产价值法来度量，在英国，这与提供健康护理、教育和公用事业的方式类似，始终贯彻了社会和正义的原则。此外，传统的金融发展的政策目标是集中于资本积累总和，且金融相关比率成为衡量金融发展深度的典型指标。该指标反映了金融深度与经济增长之间的内在关联，却忽略了金融接触宽度。有大量证据表明，包容性发展与公平、增长和消除贫穷等有着内在联系，而金融包容正逐步取代金融发展，成为一项独立的政策目标。这与中国共产党第十八次全国代表大会“自由、平等、正义”的核心价值观相一致。金融包容既要关注需求主体，也要关注供给主体的三重排异（financial rejection）及生存困局。供给最优、需求最优和供需匹配的最优解未必一致，需要探讨如何构建金融包容体系，以实现供需主体的共赢。如江浙地区的金融创新模式（浙江大学金雪军教授首倡的桥隧、路衢、平台和金融仓储模式）就实现了各参与主体（如贷款需求企业、银行组织机构、仓储公司、政府部门）的互惠共生与包容共赢，成为其他区域金融供求主体和谐发展的借鉴。

“供给侧结构性改革”是目前学界研究的热点，余永定教授在2016年6月的《财经》杂志上针对学界和媒体对供给侧结构性改革政策的杂乱解读，提出：需求管理与供给侧结构改革二者并不对立，而是相辅相成。前者见效快但效果一般短暂，后者见效慢但效果持久。供给侧改革致力于解决长期问题、结构问题，但这并不意味可以对短期问题视而不见。供给侧结构改革也不意味着只改革供给，不改革需求。就金融包容而言，需求方包括微观个人、企业、家庭和区域对主流金融产品和服务的需求（如支付需求、理财需求、融资需求等）。其供给方是指主流金融机构开发和提供各种金融服务（如渠道服务、投资平台、存款贷款、外汇保值等），用来满足金融消费者需求，实现供给方的可持续经营。例如，长期以来，农村居民、城市低收入群体和许多中小企业被排除在主流金融体系之外。金融供给侧改革是从根本上解决问题，一方面，扩大服务的可获得性，向公众提供平等进入金融机构和获取产品的机会；另一方面，加强服务的使用，防范包容中的排斥。而对金融需求侧来说，其金融素养、创业和创新、自我排斥心理、家庭特征和社区环境的影响都在持续发挥作用。可以看出，金融需求侧和供给侧均不可偏废，这与中央政府倡导的供给侧结构改革的方向是一致的，具有逻辑的自洽性。

笔者从微观家庭角度出发，深入剖析金融包容的需求侧和供给侧，尝试为寻找供需匹配解提供新的思路、新的方法，并尝试修正金融包容研究中可能存在的一些误区和悖论，为金融包容体系的完善提供新的视角和切入点。

### 4.1.2 模型与变量

#### 1. 模型设定

不同于传统“供给不足”的观点，CHFS 调研结果显示，中国绝大部分的家庭没有银行贷款不是因为各类显性和隐性障碍，而是因为“不需要”（见表 4－1）；此外，除了少部分人面临“申请过被拒绝”的窘境，还有很多家庭是“需要，但没有申请过”或“曾经有贷款，现在已还清”。

**表 4－1　不同类型银行贷款的需求侧与供给侧的具体表现**

<table>
<tr><th>类型/因变量</th><th colspan="2">是否有银行贷款</th><th>频数</th><th>百分比（%）</th><th>观测值</th><th>供需情况</th></tr>
<tr><td rowspan="5">农业（agril）</td><td colspan="2">有</td><td>585</td><td>7.10</td><td>8160</td><td>现实供求</td></tr>
<tr><td rowspan="4">无（nagri）</td><td>1. 不需要</td><td>5907</td><td>78.10</td><td>7563</td><td>需求不足</td></tr>
<tr><td>2. 需要，但没有申请过</td><td>1047</td><td>13.84</td><td>7563</td><td>需求侧（潜在）</td></tr>
<tr><td>3. 申请过被拒绝</td><td>275</td><td>3.64</td><td>7563</td><td>供给侧（排斥）</td></tr>
<tr><td>4. 曾经有贷款，现在已还清</td><td>334</td><td>4.42</td><td>7563</td><td>供求匹配</td></tr>
<tr><td rowspan="5">工商业（busil）</td><td colspan="2">有</td><td>456</td><td>12.12</td><td>3762</td><td>现实供求</td></tr>
<tr><td rowspan="4">无（nbusi）</td><td>1. 不需要</td><td>2633</td><td>79.79</td><td>3300</td><td>需求不足</td></tr>
<tr><td>2. 需要，但没有申请过</td><td>419</td><td>12.70</td><td>3300</td><td>需求侧（潜在）</td></tr>
<tr><td>3. 申请过被拒绝</td><td>114</td><td>3.45</td><td>3300</td><td>供给侧（排斥）</td></tr>
<tr><td>4. 曾经有贷款，现在已还清</td><td>134</td><td>4.06</td><td>3300</td><td>供求匹配</td></tr>
</table>

续表

<table>
<tr><th>类型/因变量</th><th colspan="2">是否有银行贷款</th><th>频数</th><th>百分比（%）</th><th>观测值</th><th>供需情况</th></tr>
<tr><td rowspan="6">房屋（housel）</td><td colspan="2">有</td><td>2059</td><td>10.52</td><td>19565</td><td>现实供求</td></tr>
<tr><td rowspan="5">无（nhouse）</td><td>1. 不需要</td><td>13544</td><td>77.52</td><td>17472</td><td>需求不足</td></tr>
<tr><td>2. 需要，但没有申请过</td><td>2219</td><td>12.70</td><td>17472</td><td>需求侧（潜在）</td></tr>
<tr><td>3. 申请过被拒绝</td><td>312</td><td>1.79</td><td>17472</td><td>供给侧（排斥）</td></tr>
<tr><td>4. 曾经有贷款，现在已还清</td><td>1005</td><td>5.75</td><td>17472</td><td>供求匹配</td></tr>
<tr><td>5. 购房时，银行没有提供贷款服务</td><td>392</td><td>2.24</td><td>17472</td><td>供求错配</td></tr>
<tr><td rowspan="5">汽车（autol）</td><td colspan="2">有</td><td>395</td><td>9.38</td><td>4213</td><td>现实供求</td></tr>
<tr><td rowspan="4">无（nauto）</td><td>1. 不需要</td><td>3398</td><td>89.75</td><td>3786</td><td>需求不足</td></tr>
<tr><td>2. 需要，但没有申请过</td><td>248</td><td>6.55</td><td>3786</td><td>需求侧（潜在）</td></tr>
<tr><td>3. 申请过被拒绝</td><td>29</td><td>0.77</td><td>3786</td><td>供给侧（排斥）</td></tr>
<tr><td>4. 曾经有贷款，现在已还清</td><td>111</td><td>2.93</td><td>3786</td><td>供求匹配</td></tr>
</table>

那么为什么中国的家庭不能完全融入主流金融体系呢？怎样的金融包容生态才是我们所期望的呢？本书运用 probit 模型分析了家庭金融包容指数、家庭特征和地区特征等变量对有无贷款的影响，并将贷款分为农业贷款、工商贷款、住房贷款和汽车贷款。探讨解释变量如何影响不同类型的借款。probit 模型如下：

$$Y = 1(\alpha hfi + \beta household + \gamma community + \mu > 0) \tag{4.1}$$

式（4.1）中，$\mu \sim N(0, \sigma^2)$。$Y$ 是哑变量，1 和 0 分别表示有贷款和没有贷款；*household* 包括与家庭特征相关的 9 个变量，具体包括户主特征变量（性别、信仰、教育水平、婚姻状况、年龄、风险态度）、收入变量、家庭规模变量；*community* 则涵盖与区域特征相关的 7 个变量，包括大区域控制变量（是否农村地区、是否东中西部地区）、省区变量（所在区域的城市包容指数、农村包容指数）与社区控制变量（受访户所在距离中心的分钟数、受访户所在小区的经济状况）。为了考察除系数大小之外各解释变量的真实作用，同时进行 probit 和 dprobit 估计，并汇报边际效应 dy/dx。

传统的财务危机预警模型会产生选择偏误（sample selection bias）问题，也就是以已经通过审核的申请人的样本建立模型，忽略未通过审核的申请人的样本，从而会影响模型的匹配度和预测能力。银行贷款的情况也是如此，如果只对银行批准申请贷款的家庭样本进行分析，模型在变量的选择、权重的设计、将来审核所有贷款申请人是否发放贷款时，都容易出现偏误。目前，金融包容的各种统计口径提供的贷款额指标都是事后指标，我们无法了解所有申请者的状况（不需要贷款？不愿意申请？申请以后被拒绝？没有其他可供选择的途径？申请贷款被批准是资金需求全部还是部分得到满足？主动自我排斥？个人偏好?），只有通过对需求侧的详细分析，才能寻求供需平衡的包容体系的最优解。否则，需求疲软（供给刺激无效）、供给不足（消极金融排斥）或过度需求（资金饥渴、过度负债）、供应错配（供应结构不合理）都会产生负面后果。我们也无法实现刺激投资和消费以拉动经济增长的目的。

表 4 - 1 的因变量给出几种没有贷款的原因（方案 1 至方案 5），故采用多值响应模型（mlogit）：

$$P(y_i = j \mid x_i) = \frac{\exp(x_i'\beta_j)}{\sum_{k=1}^{j} \exp(x_i'\beta_k)} \tag{4.2}$$

被解释变量 $y$ 是没有银行贷款的原因：不需要，$y=1$；需要，但没有申请过，$y=2$；申请过被拒绝，$y=3$；曾经有贷款，现在已还清，$y=4$；银行没有提供此类型贷款服务，$y=5$。$x_i$ 的界定同模型（4.1）。共有 $j$ 种互相排斥的选择，且各种方案的概率之和为 1，即，$j=1\sim5$。

在多值选择模型中，由于被解释变量的分布一定是多项分布，所以一般不必使用稳健标准误，使用普通标准误即可。笔者同时汇报回归系数及相对风险比（$rrr$）。相对风险比 $rrr_{jk}$ 就是当只有 $x_k$ 变化而其他所有 $x$ 不变时发生比变化的倍数：

$$rrr_{jk} \times \frac{P(y = j \mid x_k)}{P(y = \text{base} \mid x_k)} = \frac{P(y = j \mid x_{k+1})}{P(y = \text{base} \mid x_{k+1})} \tag{4.3}$$

**2. 变量选择**

（1）因变量。*agril*、*busil*、*housel* 和 *housel* 存在两个值：有（1）、无（0），是模型 1 关注的被解释变量。“有贷款”表示家庭申请贷款并且获得银行批准，是实现了的供求，故被界定为“现实供求”；式（4.2）更关注没有贷款的原因。*nagri*、*nbusi* 与 *nauto* 存在四种方案：①不需要（需求不足的原因可能有资金充足、个人偏好、替代性借款、产品不合适、信息不对称、路径依赖等）；②需要，但没有申请过（有潜在需求，却没有提出申请，原因可能是自我排斥、手续烦琐、耗时长、心理预期等）；③申请过被拒绝（供给侧排斥，可能存在价格排斥、营销排斥、条件排斥、收入排斥等）；④曾经有贷款，现在已还清（由于几种方案互相排斥、没有交叉重叠的部分，故全部需求都得到了供给机构的满足，界定为供需匹配，也是最期待的结果。这种状态下暂时没有新的需求）。变量 *nhouse* 多了方案⑤，购房时，银行没有提供贷款服务（缺乏适应需求的产品与服务类型，属于供给结构问题，界定为供需错配）。

（2）自变量。解释变量 *hfi* 代表家庭金融包容指数。根据肯普森、怀利（2000）及琼斯（2009）等学者对金融包容家庭资产价值界定的新颖视角，本书将个体或家庭的金融包容用 *current count*、*savings account*、*securities* 和 *credit card* 来衡量。结合中国家庭金融特点，该指标应涵盖所有无风险资产与风险资产。包括活期存款、定期存款、股票账户里的现金、债券、股票、基金、衍生品、金融理财产品、黄金。由于金融包容考察的是“主流金融”且指资产在银行系统中顺畅运行，所以删除现金与借出款指标（CHFS 给出的是民间借贷、私人借贷，基于亲缘、人缘、地缘，不属于严格意义的主流金融）。*hfi* 排除家庭债务指数的原因：第一，微观金融包容性的本质是能动、自主选择和资产管理，即事后和存量的概念，强调金融能力的提高和家庭资产的有效配置，它可以用家庭金融资产的时点价值来衡量。贷款是一段时间的发生率和总量，是流量的概念，不同于前者，两者易于交叉和重复计算。消费贷款和投资贷款最终将以非金融资产的形式存在，或者可以通过收入的变化或金融资产的再分配来表示，统计时间和口径不一致。第二，由于一些调查数据并没有严格区分“银行贷款”和“其他借款”，所以购买风险金融资产的负债不予考虑。第三，由于占比很低，这种处理不会影响计量结果，而且可以有效规避内生性问题。第四，家庭金融包容指数的分解是为了更好地研究静态金融包容在一定时期内对主流金融机构动态融资需求的影响。*ufi* 和 *rfi* 的引入是为了区分金融包容在宏观和微观层面的不同作用，为解释金融包容悖论提供依据。此外，网点的地理渗透性只是金融可得性（广度）的一个方面；金融产品和服务的可接触性（access）也仅是包容性的片面反映，如拥有银行账户却很少使用属于包容中的排斥。考虑到数据的可得性与城乡统计口径可比性，本章采用四项指标来衡量。这些人均指标也是目前学界进行区域金融包容指数计算时常用的共识性指标，后文将会剖析这种处理的潜在问题。其他自变量的表示、含义与数据处理如表 4－2 所示。

**表 4－2　　　　　　　　自变量列表与含义**

<table>
<tr><th colspan="2">自变量</th><th>含义</th><th>处理方法</th></tr>
<tr><td rowspan="14">家庭金融包容指数</td><td rowspan="14">1. *hfi*</td><td>1. 常用活期存款账户数目</td><td rowspan="14">采用主成分和因子分析法，提取两个主成分，观测值为 28143 户家庭；取值范围［－0.1388，0.3851］，数值大小具相对意义，负值表示家庭金融包容水平低于平均水平；<br>国债市值指标其样本值全部缺失，故删除该指标；<br>按金融包容定义，剔除现金与对外借款指标；<br>为避免内生性问题，负债指标不计入 *hfi*</td></tr>
<tr><td>2. 目前活期存款总额（元）</td></tr>
<tr><td>3. 定期存款比数</td></tr>
<tr><td>4. 定期存款总额（元）</td></tr>
<tr><td>5. 股票账户现金余额（元）</td></tr>
<tr><td>6. 股票目前市值（元）</td></tr>
<tr><td>7. 非公开市场交易股票市值（元）</td></tr>
<tr><td>8. 目前拥有基金市值（元）</td></tr>
<tr><td>9. 期货市价（元）</td></tr>
<tr><td>10. 权证市价（元）</td></tr>
<tr><td>11. 其他衍生品市值（元）</td></tr>
<tr><td>12. 理财产品总市值（元）</td></tr>
<tr><td>13. 黄金市值（元）</td></tr>
<tr><td>14. 常使用的信用卡有几张</td></tr>
<tr><td rowspan="10">家庭特征</td><td>1. *fm*</td><td>1. 家庭规模</td><td>用家庭人口数衡量</td></tr>
<tr><td>2. *gender*</td><td>2. 性别（虚拟变量）</td><td>男 0；女 1</td></tr>
<tr><td>3. *belief*</td><td>3. 宗教信仰（虚拟变量）</td><td>无信仰 1；其他 0</td></tr>
<tr><td>4. *edu*</td><td>4. 户主文化程度 代替金融素养</td><td>没上过学 1；小学、初中 2；高中、高职、中专、大专 3；大学本科以上 4</td></tr>
<tr><td>5. *marriage*</td><td>5. 婚姻状况（虚拟变量）</td><td>未婚、同居 0；已婚、分居、离婚、丧偶 1</td></tr>
<tr><td>6. *age*</td><td>6. 户主年龄范畴</td><td>18～30 岁 1；31～55 岁 2；56 以上 3</td></tr>
<tr><td>7. *income*</td><td>7. 上年实收货币收入</td><td>取对数</td></tr>
<tr><td>8. *risk*1</td><td>8. 风险偏好</td><td rowspan="3">CHFS 关于风险态度的问题是“如果您有一笔资产，将选择哪种投资项目？1. 高风险，高回报项目；2. 略高风险，略高回报项目；3. 平均风险，平均回报项目；4. 略低风险，略低回报项目；5. 不愿意承担任何风险”。选项 1 和选项 2 界定为风险偏好；选项 4 和选项 5 界定为风险厌恶；以选项 3 风险中性为参照组</td></tr>
<tr><td>9. *risk*2</td><td>9. 风险厌恶</td></tr>
<tr><td colspan="2"></td></tr>
</table>

续表

| 自变量 | | 含义 | 处理方法 |
|---|---|---|---|
| 区域特征 | 1. *rural* | 1. 是否农村地区 | 农村1；城市0 |
| | 2. *east* | 1. 是否东部地区 | 两个哑变量表示大区域控制变量：是1；否0 |
| | 3. *central* | 2. 是否中部地区 | |
| | 4. *ufi* | 4. 区域城市金融包容指数 | 省份控制变量：包括金融网点数目、人均存款情况、资金利用效率、人均贷款情况 |
| | 5. *rfi* | 5. 区域乡村金融包容指数 | |
| | 6. *phi* | 6. 受访户所在距离中心的分钟数 | |
| | | | *phi* 反映受访户居住地位置的优劣 |
| | 7. *eco* | 7. 经济状况 | 按照所在小区的富余程度打分：贫穷到富余依次1分到10分 |

### 4.1.3 实证分析结果

#### 1. probit 模型计量分析结果

使用probit和dprobit回归，两种方法得出的变量符号是相同的。边际效应改变了回归系数的大小，如表4－3所示。

**表4－3　　probit模型计量分析结果汇总**

| dprobit | agril | | busil | | housel | | autol | |
|---|---|---|---|---|---|---|---|---|
| | dF/dx | P > \|z\| | dF/dx | P > \|z\| | dF/dx | P > \|z\| | dF/dx | P > \|z\| |
| *hfi* | −1.9624 | 0.000 | 0.9406 | 0.000 | −0.0616 | 0.832 | 1.5929 | 0.000 |
| *fm* | 0.0254 | 0.000 | 0.0172 | 0.000 | 0.0118 | 0.000 | 0.0261 | 0.000 |
| *gender** | −0.0689 | 0.000 | −0.0200 | 0.000 | −0.0131 | 0.031 | −0.0025 | 0.514 |
| *belief** | 0.0292 | 0.001 | −0.0286 | 0.000 | −0.0479 | 0.000 | −0.0161 | 0.009 |
| *age* | −0.0303 | 0.000 | −0.0740 | 0.000 | 0.0362 | 0.000 | −0.0512 | 0.000 |
| *edu* | −0.0839 | 0.000 | −0.0253 | 0.000 | −0.0121 | 0.010 | 0.0433 | 0.000 |
| *marriage** | 0.0006 | 0.961 | 0.0259 | 0.000 | 0.0103 | 0.438 | 0.0605 | 0.000 |
| *income* | 0.0131 | 0.052 | 0.0228 | 0.000 | 0.0045 | 0.504 | 0.0271 | 0.000 |
| *risk1** | −0.0330 | 0.001 | 0.0106 | 0.087 | −0.0012 | 0.908 | 0.0202 | 0.002 |
| *risk2** | −0.0149 | 0.028 | −0.0275 | 0.000 | 0.0106 | 0.158 | −0.0287 | 0.000 |
| *rural** | 0.3794 | 54.45 | −0.0576 | 0.000 | 0.0809 | 0.000 | −0.0252 | 0.000 |

续表

| dprobit | agril | | busil | | housel | | autol | |
|---|---|---|---|---|---|---|---|---|
| | dF/dx | P > \|z\| | dF/dx | P > \|z\| | dF/dx | P > \|z\| | dF/dx | P > \|z\| |
| *east* * | 0.0076 | 0.319 | 0.0109 | 0.038 | -0.0676 | 0.000 | -0.0231 | 0.000 |
| *central* * | -0.0040 | 0.591 | 0.0069 | 0.187 | -0.1235 | 0.000 | -0.0301 | 0.000 |
| *ufi* | -0.0859 | 0.000 | -0.0282 | 0.000 | -0.0176 | 0.005 | -0.0026 | 0.494 |
| *rfi* | -0.0173 | 0.000 | 0.0009 | 0.757 | 0.0051 | 0.302 | 0.0330 | 0.000 |
| *phi* | 0.0007 | 0.000 | -0.0004 | 0.000 | -0.0002 | 0.083 | -0.0000 | 0.879 |
| *eco* | -0.0065 | 0.000 | 0.0029 | 0.014 | -0.0002 | 0.924 | 0.0185 | 0.000 |

注：（*）dF/dx 描绘了虚拟变量从 0 到 1 的离散变化，z 和 P > |z| 对应于回归系数为 0 的显著性检验。

（1）*agril*。二值虚拟变量为 *gender*、*belief*、*marriage*、*risk*1、*risk*2、*rural*、*east* 及 *central*。*marriage*、*east* 与 *central* 不显著。男性比女性更有可能向银行申请农业贷款；年长的户主缺乏为农业生产负债的意愿。没有宗教信仰的家庭更有可能融入主流金融体系（如伊斯兰金融倡导不收利息、不准投机等）。风险中性的家庭比风险偏好和风险厌恶的家庭更倾向于申请银行贷款。此外，农村地区的农业贷款数量明显大于城市地区，这与客观现象吻合。家庭金融包容指数越高，农业贷款减少的幅度就越大。*ufi* 与 *rfi* 均为负贡献，再次验证主流金融对某些发达地区的农民或企业的支持力度不大，针对区域金融综合竞争力和金融排斥指数均较高的悖论，有了一个合理的解释。被调查社区的经济状况越好，他们获得的农业贷款就越少，表明他们资金相对充足，或者不愿扩大再生产，也有可能是有其他借贷来源（数据很难被统计机构抓取到，故无法计入包容指数中）。家庭规模越大、基本收入水平越高、距离经济中心越近，农业金融需求就越容易通过银行贷款渠道来满足。与预期不同，教育对因变量的边际贡献为 -0.0839，推测教育可以完善金融能力，而家庭理财规划和资产管理能力的提升则有助于实现融入金融系统的渠道多元化。

（2）*busil*。工商业贷款与农业贷款不同，家庭金融包容指数越大，贷款使用就越多。从地区控制变量来看，*central* 不显著，*east* 在 5% 的水平上显著，区位优势使其与其他地区相比，增加工商业贷款的可能性增加了 1 个百分点。*rural* 对因变量的贡献是负，与城市地区相比，农村地区的商业贷款减少了 5.76 个百分点，在 *ufi* = -0.0282 的情况下，结果并不显著，表明微观包容对家庭经济和金融行为的影响大于宏观包容，而且更符合逻辑。收入越高、已婚、家庭规模越大、社会经济状况越好，则企业贷款越多。风险偏好型家庭更倾向于增加贷款（在 9% 的显著性水平上为 0. 0106），而风险厌恶型家庭则会减少贷款。受访户所在距离中心的分钟数为 -0. 0004，虽然负向贡献很小，但是透视出社区银行和互联网金融的兴起在一定程度上降低了地理可及性的重要性。

（3）*housel*。住房贷款的影响要素表现出复杂的特征：家庭金融包容指数、户主婚否、收入水平、风险偏好、所在小区的经济状况几项指标并不显著，而户主年龄的增加和家庭规模的扩大将导致房地产银行贷款的增加，反映了家庭的刚性需求。有意思的是，女性户主家庭的压力比男性低 1. 31 个百分点，这似乎反映了中国男性更加为房产负债所累的现实。从区域控制变量来看，*east* 与 *central* 不仅显著，而且对房产贷款的边际作用为负，即东部相对于其他地区，房产贷款要少 6. 76 个百分点，而中部则减少 12. 35% 。*ufi* 在 1% 的水平上显著而 *rfi* 在 10% 的水平上不显著，表明城乡金融体系的差异导致了房地产贷款的不同。被访谈者到中心的距离指数在 5% 的水平上不显著，而农村不仅在 1% 的水平上显著，边际效应也是正的，说明当地农民购房意愿不高。由于家庭规模的扩大、城市化进程的加快、子女迁移等原因，房地产需求逐渐向城市转移，间接推高了城市房价。

（4）*autol*。受访户所在地距离中心的分钟数（*phi*）、性别（*gender*）对汽车贷款没有本质作用。城市金融包容指数不显著，证实了区域层面的高包容水平未必对应微观个体贷款的对等增加。尽管总体而言，城市的汽车拥有量和贷款总量要大于农村地区，然而，随着农村人口生活环境的改善和生活质量的提高，对各类耐用消费品的需求开始大幅上升，如 *rfi* 等于 0. 0330，这说明挖掘农村消费潜力是经济持续增长的一个重要方面。east（ -0. 02）与 central（ -0. 03）表明相对于西部地区，市场的潜力空间有限。户主的家庭收入、所在社区的富余程度的边际作用均为显著正向。前者是由私人内部消费需求驱动的，后者是由社会资本网络驱动的。家庭人口越多，户主的教育水平越高，购买汽车的需求就越高。随着户主年龄的增加，此类耐用消费品的信贷需求减少。相对于未婚人士，已婚人士这一因素对汽车信贷的边际作用为 6. 05 个百分点。风险偏好型家庭与风险厌恶型家庭表现出了截然相反的边际贡献，前者为正的 2.02 个百分点，而后者为负的 2.87 个百分点。

**2. mlogit 模型计量分析结果**

参考组为 1，即“不需要”。“为什么不需要”尚缺乏深度调查数据。“不需要”是资金充足，还是积极的自我排斥（事先避免过度负债、家庭资产合理配置需要、宗教信仰、没有扩大再生产的意愿、替代性借款的便捷等）无法判别，故在现有需求的前提下，只有通过对金融供给侧的改革和调整，才能剖析如何与需求方相匹配，从而提高有效需求。mlogit 回归结果如表 4 – 4 所示，依次列举出相对于参照方案 1，各个自变量对不同类型贷款的作用。

（1）*nagri*。相对于参照方案（“1. 不需要”），在 1% 的显著性水平上，在其他变量给定的条件下，家庭金融包容指数越高，第 2 种和第 3 种情况发生的概率越小，*hfi* 对需求侧的影响较大，但对需求匹配解没有影响。*ufi* 和 *rfi* 在 1% 的显著水平上对农业贷款的需求方和供给方影响不大。因此，区域层面的高度金融包容不能等同于微观个人的高融资需求水平，否则就会成为一种“分解谬误”，无法解释包容悖论的存在。相对于基础组，较大的家庭规模、较高的收入、风险偏好、家庭居住地理优势等要素会刺激农业贷款需求的增加。此外，风险偏好和家庭位置相对更倾向于刺激贷款的实际申请率，只不过这类申请遭到了银行拒绝。其他变量不变，家庭是否居于农村地区（*rural*）对供给侧没有影响，只正向作用于融资需求与供需匹配解。户主为女性的家庭其贷款申请更不容易被否决，这也是目前理论与实践部门越来越关注欠发达地区“女性融资”问题的结果。年龄越大越不容易主动选择融入主流金融体系。大区域控制变量（*east*、*central*）对需求侧影响不大，对供给侧和供需匹配解的作用较为显著。与参考结果相比，“受访户所在距离中心的分钟数”更有可能导致“需要，但没有申请过”的结果。然而，对其他两个结果并没有显著影响。与基准结果相比，*edu* 最有可能影响供需匹配方案。实践表明，高金融素养的微观主体能够独立、积极、自主地寻求资金的最佳配置，高效地统筹管理家庭金融资源，这也是我们长期致力达到的“金融包容最优解”。

**表 4－4　mlogit 模型计量分析结果汇总（*base outcome* =1）**

| 方案 2 | *nagri* | | | *nbusi* | | | *nhouse* | | | *nauto* | | |
|---|---|---|---|---|---|---|---|---|---|---|---|---|
| | Coef | rrr | P > \|z\| | Coef | rrr | P > \|z\| | Coef | rrr | P > \|z\| | Coef | rrr | P > \|z\| |
| *hfi* | −68.4643 * | $1.85\times10^{-30}$ | 0.000 | −27.5528 * | $1.08\times10^{-12}$ | 0.000 | −29.4454 * | $1.63\times10^{-13}$ | 0.000 | −16.8981 * | $4.58\times10^{-8}$ | 0.003 |
| *fm* | 0.0459 * | 1.0469 | 0.029 | −0.0015 | 0.9985 | 0.969 | 0.0961 * | 1.1009 | 0.000 | 0.0647 | 1.0668 | 0.163 |
| *gender* | −0.0564 | 0.9452 | 0.444 | 0.0251 | 1.0255 | 0.823 | 0.0227 | 1.0230 | 0.642 | −0.1249 | 0.8826 | 0.372 |
| *belief* | −0.1483 | 0.8622 | 0.184 | −0.1162 | 0.8903 | 0.459 | 0.0267 | 1.0271 | 0.717 | 0.0372 | 1.0379 | 0.858 |
| *edu* | −0.0842 | 0.9192 | 0.227 | −0.1416 | 0.8680 | 0.124 | −0.2489 * | 0.7797 | 0.000 | −0.0863 | 0.9173 | 0.412 |
| *marriage* | 0.1564 | 1.1693 | 0.444 | 0.8590 * | 2.3607 | 0.001 | 0.3397 * | 1.4046 | 0.007 | 0.6190 | 1.8572 | 0.073 |
| *age* | −0.2862 * | 0.7511 | 0.000 | −0.3213 * | 0.7252 | 0.004 | −0.2492 * | 0.7794 | 0.000 | −0.3299 * | 0.7190 | 0.014 |
| *income* | 0.2279 | 1.2559 | 0.079 | 0.2667 | 1.3056 | 0.176 | −0.1331 * | 0.8754 | 0.018 | −0.2529 | 0.7765 | 0.051 |
| *risk*1 | 0.2850 * | 1.3297 | 0.025 | 0.3549 * | 1.4260 | 0.027 | −0.0825 | 0.9208 | 0.368 | 0.3131 | 1.3677 | 0.139 |
| *risk*2 | −0.1222 | 0.8850 | 0.157 | −0.1455 | 0.8646 | 0.259 | −0.0312 | 0.9693 | 0.603 | 0.3281 * | 1.3883 | 0.049 |
| *rural* | 0.2248 * | 1.2520 | 0.009 | 0.2185 | 1.2442 | 0.147 | 0.2274 * | 1.2553 | 0.000 | 0.4564 * | 1.5784 | 0.013 |
| *east* | 0.0116 | 1.0116 | 0.909 | −0.3271 * | 0.7210 | 0.033 | −0.2898 * | 0.7484 | 0.000 | −0.7471 * | 0.4737 | 0.000 |
| *central* | −0.0148 | 0.9853 | 0.875 | −0.2338 | 0.7915 | 0.109 | −0.1471 * | 0.8632 | 0.023 | −0.4829 * | 0.6170 | 0.009 |
| *ufi* | −0.0764 | 0.9265 | 0.553 | 0.0676 | 1.0700 | 0.626 | −0.3025 * | 0.7389 | 0.000 | −0.3240 * | 0.7232 | 0.049 |
| *rfi* | −0.1532 * | 0.8579 | 0.035 | −0.2506 * | 0.7783 | 0.014 | −0.0645 | 0.9375 | 0.129 | −0.1431 | 0.8666 | 0.245 |
| *phi* | 0.0027 * | 1.0027 | 0.001 | −0.0034 | 0.9966 | 0.129 | −0.0008 | 0.9992 | 0.279 | −0.0054 * | 0.9946 | 0.028 |
| *eco* | −0.0354 | 0.9652 | 0.136 | −0.0995 * | 0.9053 | 0.005 | −0.0464 * | 0.9547 | 0.003 | −0.1510 * | 0.8599 | 0.001 |

续表

| 方案 3 | nagri | | | nbusi | | | nhouse | | | nauto | | |
|---|---|---|---|---|---|---|---|---|---|---|---|---|
| | Coef | rrr | P > \|z\| | Coef | rrr | P > \|z\| | Coef | rrr | P > \|z\| | Coef | rrr | P > \|z\| |
| *hfi* | -64. 6053 * | $8.75 \times 10^{-29}$ | 0. 001 | -23. 6708 | $5.25 \times 10^{-11}$ | 0. 080 | -35. 9786 * | $2.37 \times 10^{-16}$ | 0. 000 | -13. 8377 | $9.78 \times 10^{-7}$ | 0. 359 |
| *fm* | 0. 0645 | 1. 0667 | 0. 089 | 0. 0866 | 1. 0905 | 0. 161 | 0. 0457 | 1. 0467 | 0. 237 | 0. 1975 | 1. 2183 | 0. 071 |
| *gender* | -0. 5670 * | 0. 5672 | 0. 000 | -0. 0903 | 0. 9136 | 0. 654 | -0. 3679 * | 0. 6922 | 0. 003 | -0. 7928 | 0. 4526 | 0. 066 |
| *belief* | -0. 4880 * | 0. 6139 | 0. 006 | 0. 3504 | 1. 4197 | 0. 287 | 0. 1375 | 1. 1474 | 0. 447 | -0. 7473 | 0. 4737 | 0. 130 |
| *edu* | -0. 1474 | 0. 8629 | 0. 256 | -0. 3033 | 0. 7384 | 0. 077 | -0. 3816 * | 0. 6827 | 0. 000 | -0. 5301 | 0. 5885 | 0. 088 |
| *marriage* | 0. 9220 | 2. 5142 | 0. 052 | 0. 9247 | 2. 5211 | 0. 093 | 1. 2353 * | 3. 4394 | 0. 002 | 13. 0481 | 0. 4642 | 0. 978 |
| *age* | -0. 3166 * | 0. 7286 | 0. 007 | -0. 1710 | 0. 8428 | 0. 383 | -0. 4354 * | 0. 6470 | 0. 000 | -0. 1127 | 0. 8934 | 0. 758 |
| *income* | 0. 6635 * | 1. 9417 | 0. 035 | 0. 2342 | 1. 2639 | 0. 524 | 0. 0333 | 1. 0338 | 0. 834 | 0. 0084 | 1. 0085 | 0. 987 |
| *risk*1 | 0. 5606 * | 1. 7517 | 0. 006 | 0. 4563 | 1. 5782 | 0. 119 | 0. 3427 | 1. 4087 | 0. 077 | 1. 1306 * | 3. 0974 | 0. 037 |
| *risk*2 | -0. 3084 * | 0. 7346 | 0. 047 | -0. 0121 | 0. 9880 | 0. 959 | -0. 1743 | 0. 8400 | 0. 232 | 0. 1950 | 1. 2153 | 0. 701 |
| *rural* | 0. 1299 | 1. 1387 | 0. 403 | 0. 0375 | 1. 0382 | 0. 886 | 0. 3272 * | 1. 3871 | 0. 020 | 0. 0652 | 1. 0674 | 0. 893 |
| *east* | -0. 5907 * | 0. 5539 | 0. 002 | -0. 4073 | 0. 6654 | 0. 132 | -1. 0680 * | 0. 3437 | 0. 000 | -0. 1479 | 0. 8625 | 0. 787 |
| *central* | -0. 2808 | 0. 7552 | 0. 097 | -0. 4643 | 0. 6285 | 0. 076 | -0. 7122 * | 0. 4905 | 0. 000 | 0. 1268 | 1. 1352 | 0. 814 |
| *ufi* | 0. 0684 | 1. 0708 | 0. 768 | -0. 3044 | 0. 7376 | 0. 275 | -0. 0520 | 0. 9493 | 0. 748 | -1. 3562 * | 0. 2576 | 0. 022 |
| *rfi* | 0. 0794 | 1. 0826 | 0. 545 | -0. 2118 | 0. 8091 | 0. 266 | -0. 0219 | 0. 9783 | 0. 849 | -0. 4212 | 0. 6562 | 0. 244 |
| *phi* | 0. 0004 | 1. 0004 | 0. 777 | 0. 0005 | 1. 0005 | 0. 883 | -0. 0026 | 0. 9974 | 0. 125 | -0. 0049 | 0. 9952 | 0. 465 |
| *eco* | -0. 0033 | 0. 9962 | 0. 931 | -0. 0524 | 0. 9489 | 0. 407 | -0. 0659 | 0. 9362 | 0. 087 | -0. 1308 | 0. 8774 | 0. 285 |

续表

| 方案 4 | nagri | | | nbusi | | | nhouse | | | nauto | | |
|---|---|---|---|---|---|---|---|---|---|---|---|---|
| | Coef | rrr | P > \|z\| | Coef | rrr | P > \|z\| | Coef | rrr | P > \|z\| | Coef | rrr | P > \|z\| |
| *hfi* | −12.8411 | $2.65\times10^{-6}$ | 0.316 | −11.9087 | | 0.225 | −6.6518 | 0.0013 | 0.053 | −5.6925 | 0.0034 | 0.412 |
| *fm* | 0.0086 | 1.0087 | 0.816 | 0.0981 | 6.73 × 10 − 6 | 0.088 | 0.1065* | 1.1124 | 0.000 | 0.0022 | 1.0022 | 0.976 |
| *gender* | −0.1728 | 0.8413 | 0.175 | −0.1956 | 1.1031 | 0.296 | 0.1347 | 1.1442 | 0.052 | 0.4402* | 1.5530 | 0.030 |
| *belief* | 0.0771 | 1.0801 | 0.699 | −0.0381 | 0.8224 | 0.885 | 0.2002 | 1.2216 | 0.076 | −0.1470 | 0.8633 | 0.622 |
| *edu* | 0.3134* | 1.36811 | 0.006 | 0.0339 | 0.9626 | 0.817 | 0.4139* | 1.5128 | 0.000 | 0.1427 | 1.1533 | 0.337 |
| *marriage* | 0.2450 | 1.2776 | 0.446 | −0.1882 | 1.0345 | 0.589 | 0.6935* | 2.0006 | 0.000 | 0.0283 | 1.0287 | 0.946 |
| *age* | −0.3468* | 0.7069 | 0.002 | 0.0835 | 0.8285 | 0.644 | −0.2164* | 0.8054 | 0.001 | 0.1481 | 1.1596 | 0.455 |
| *income* | 0.2059 | 1.2287 | 0.301 | 0.0215 | 1.0871 | 0.935 | 0.2959* | 1.3443 | 0.001 | 0.2349 | 1.2648 | 0.259 |
| *risk1* | 0.3412 | 1.4067 | 0.090 | 0.1601 | 1.0218 | 0.565 | −0.0060 | 0.9941 | 0.959 | −0.0856 | 0.9180 | 0.757 |
| *risk2* | −0.1574 | 0.8543 | 0.269 | 0.0860 | 1.1737 | 0.690 | −0.0806 | 0.9226 | 0.329 | −0.3998 | 0.6705 | 0.078 |
| *rural* | 0.7395* | 2.0948 | 0.000 | 0.0527 | 1.0898 | 0.838 | 0.2663* | 1.3051 | 0.004 | −0.1288 | 0.8791 | 0.694 |
| *east* | −0.8272* | 0.4373 | 0.000 | −0.4907* | 1.0541 | 0.050 | −0.9109* | 0.4022 | 0.000 | −0.3040 | 0.7379 | 0.281 |
| *central* | −0.6648* | 0.5144 | 0.000 | −0.7065* | 0.6122 | 0.007 | −0.6972* | 0.4980 | 0.000 | −0.2786 | 0.7569 | 0.358 |
| *ufi* | −0.4826* | 0.6172 | 0.017 | −0.5895* | 0.4933 | 0.022 | 0.1016 | 1.1069 | 0.169 | −0.4707* | 0.6246 | 0.018 |
| *rfi* | 0.2220* | 1.2486 | 0.049 | 0.1041 | 0.5546 | 0.511 | 0.0961 | 1.1008 | 0.101 | 0.1713 | 1.1869 | 0.251 |
| *phi* | −0.0000 | 0.9999 | 0.978 | −0.0006 | 1.1097 | 0.874 | 0.0009 | 1.0009 | 0.395 | 0.0052 | 1.0052 | 0.135 |
| *eco* | 0.0278 | 1.0282 | 0.483 | 0.1357* | 0.9994 | 0.024 | 0.1624* | 1.1763 | 0.000 | 0.0740 | 1.0768 | 0.252 |

注：参照方案1（“不需要”）为 *base outcome*，表格依次汇报了方案2、方案3、方案4各变量的回归系数（在5%水平上显著的会显示*号）、相对风险比率（rrr）以及与rrr匹配的P值（P > |z|列）；“房屋为何没有贷款”（*nhouse*）存在状态5（即“购房时，银行没有提供贷款服务”），由于篇幅有限，表格没有详细列出结果，后面将会以文字阐释其实证结果。

在 5% 的显著性水平上，在控制了其他变量影响后，“需要，但没有申请过”相比于“不需要”的发生比：①每一个单位的 *hfi* 增量（*hfi* 已经标准化）将使这一发生比变化 $1.85 \times 10^{-30}$ 倍；②家庭人口每增加一个将使发生比增加 4%；③老龄化（少年、青壮年、老年）将使发生比减少 25%；④风险偏好的家庭在需求方面比其他家庭的发生比增加了 32%；⑤农村相对于比城市，这一发生比减少了 15%；⑥受访户距离中心的时间每增加一分钟，发生比会增加 0.27%。

在 5% 的显著性水平上，在控制了其他变量影响后，“申请过被拒绝”相比于“不需要”的发生比：①*hfi* 每增加一个单位，发生比将增加 $8.75 \times 10^{-29}$ 倍；②女性相对于男性，申请被拒绝的概率较之“不需要”的比例减少了 44%；③老龄化将使申请被拒绝的概率较之“不需要”降低 28%；④收入每增加 1% 将使该发生比增加 94%；⑤风险偏好的家庭相对于其他家庭该发生比增加了 75%，而风险厌恶型家庭相对于其他家庭发生比则降低了 27%；⑥与其他地区相比，东部地区的这一比率下降了 45%。研究表明，在家庭资金需求和贷款申请不变的情况下，东部发达地区由“供给侧拒绝”造成的需求无效问题并不严重。“不需要”和“不申请”才是其金融排斥指数异常高的根本原因。

在 5% 的显著性水平上，在控制了其他变量影响后，“曾经有贷款，现在已还清”相比于“不需要”的发生比：①教育强度每增加一个单位，供需匹配情况较之“不需要”的发生比将会增加到原来的 1.37 倍；②年龄每增长一个强度单位，将使这一发生比减少 30%；③农村地区相对于其他地区这一发生比增加 109%；④东部地区相对于其他地区使供需匹配解较之“不需要”的发生比减少 57%；⑤中部地区相对于其他地区使供需匹配解较之“不需要”的发生比减少 49%；⑥城市金融包容指数每增加一个单位，会使农业贷款供需匹配解较之“不需要”的发生比减少 59%；农村金融包容指数每增加一个单位，会使供需匹配解较之“不需要”的发生比增加 24%。

在供需匹配的情况下，家庭金融包容的作用力不显著，相反，区域金融包容指数与微观主体的包容状况一致契合，且在统计上显著。可以推断，只有当供需平衡时，中观层面的金融包容指数才最具参考意义和价值。否则我们很难断言，包容指数其本身数值的大小能够真正代表该区域的金融包容水平。

（2）*nbusi*。相对于参照方案（“1. 不需要”），在5%的显著性水平上，给定其他变量，家庭金融包容指数越高，出现第2和第3种情况（有需求不申请或者申请被拒绝）的概率就越小，这对供需匹配解的影响很小；有过婚姻史的人对工商业贷款的潜在需求更大（尽管没有去申请）；家庭规模、性别、信仰、收入、风险厌恶、农村、居住区地理位置均对其他几种方案没有显著影响；社区经济环境的改善更容易催生供需匹配解；风险偏好型家庭对工商贷款的需求强度更高；相对于“不需要”，东部地区与其他地区相比，出现“需要，但不申请”和“曾经有贷款，现在已还清”的可能性相对小一些；相对于“不需要”，中部地区较之其他地区很难达到供求匹配解；*rfi* 容易引致需求侧出现变化，而 *ufi* 则会降低供需匹配状况出现的可能性；给定其他变量，年龄越大的人越不会出现“需要，但没有申请过”；教育水平越高则会降低“申请过被拒绝”状况发生的概率。

在5%的显著性水平上，在控制了其他变量影响后，相比“不需要”“需要，但没有申请过”的发生比：①*hfi* 每增加一个单位，发生比将会变化 $1.08\times10^{-12}$ 倍；②有过婚姻经历的人与其他人相比将会使发生比增加136%；③年龄大的人与其他人相比将会使这一发生比降低28%；④风险偏好型家庭相对于其他家庭，将会使发生比增加42%；⑤东区地区相对于其他地区而言，将会使“需要，但没有申请过”较之“不需要”的概率降低28%；⑥农村金融包容指数每增加一个单位，将会使该发生比减少23%；⑦社区经济富裕程度强度每增加一个单位，发生比将会减少10%。

在5%的显著性水平上，在控制了其他变量影响后，相比于“不需要”“曾经有贷款，现在已还清”发生比：①东部地区与其他地区相比，该发生比降低39%；中部地区与其他地区相比，发生比降低51%；可以看出，西部地区在工商业贷款方面其金融包容指数是最客观和最健康的，基本反映了供需平衡的状况。②*ufi* 每增加一个单位，这一发生比降低45%（城市相对更容易出现“不需要”）；社区的富裕程度每上一个台阶，这一发生比是原来的 1.15 倍（越富裕，越容易实现供需均衡，且“不需要”发生的概率会降低）。

（3）*nhouse*。相对于参照方案（“1. 不需要”），在 5% 的显著性水平上，在其他变量给定的情况下，家庭金融包容程度越高，方案 2、方案 3 越容易出现；*ufi* 对需求侧影响显著，对供给侧、供需匹配解的影响都不大；金融素养的提升导致“需要，但没有申请过”“申请过被拒绝”不大可能发生，而更容易出现供需匹配解以及供需错配解；年龄越大，方案 2、方案 3、方案 4 越不容易出现；户主收入对“申请过被拒绝”以及供需匹配解并没有影响，但使“需要，但没有申请过”的概率降低，并增加供需匹配解的出现频度；风险偏好型家庭更易出现“申请过被拒绝”的状况，对其他方案的作用并不显著；社区的经济状况良好会导致出现供需匹配状况，使“需要，但没有申请过”的概率降低；供求是否错配与大区要素无关，相比较而言，东部地区出现“申请过被拒绝”的可能性最小；与其他区域相比，中部地区遭受潜在需求和供给排斥的可能性较小；与“不需要”相比，男性比女性更容易出现“申请过被拒绝”的状况，“申请过被拒绝”的状况对已婚户主家庭来说更有可能出现，*rural* 对供需错配方案不产生影响，但会导致其他三种方案的频率增加；与“不需要”相比，家庭规模大的，其房产贷款更可能出现“需要，但没有申请过”和“曾经有贷款，现在已还清”两种状况。

在 5% 的显著性水平上，在控制了其他变量影响后，“需要，但没有申请过”相对于“不需要”的发生比：①*hfi* 每增加一个单位，发生比将会变化 $1.63 \times 10^{-13}$ 倍；②家庭成员每增加一人将使发生比增加 10%；③教育每提升一个档次将使发生比降低 23%；④有过婚姻经历的人，这一发生比是其他人的 1.40 倍；⑤年龄越大的人，这一发生比将降低 23%；⑥收入每增加 1%，将使发生比降低 13%；⑦与其他地区家庭相比，农村地区发生比增加 25%，东部地区此发生比降低 26%，中部地区此发生比降低 14%；⑧城市金融包容指数每变动一个单位将使发生比变化到原来的 0.73 倍（减少 27%）；⑨访户距离经济中心的时间每增加一分钟，此发生比随之降低 5%。

在 5% 的显著性水平上，在控制了其他变量影响后，“申请被拒绝”相对于“不需要”的发生比：①*hfi* 每增加一个单位，发生比将会变化到原来的 $2.37 \times 10^{-16}$ 倍；②女性相对于男性，将使这一发生比降低 31%；③教育每提升一个档次，将使这一发生比降低 32%；④已婚人士这一发生比将是未婚人士的 3.44 倍；⑤户主年龄越大将使发生比减少 36%；⑥与其他地区家庭相比，农村地区发生比增加 38%（容易出现“申请过被拒绝”的情况），东部地区此发生比降低 66%，中部地区此发生比降低 51%（可见西部地区更容易出现“申请过被拒绝”，即供给排斥）。

在 5% 的显著性水平上，在控制了其他变量影响后，“曾经有贷款，现在已还清”相对于“不需要”的发生比：①*hfi* 每增加一个单位，发生比将会变化到原来的 0.0013 倍（在 6% 的水平上显著）；②家庭成员每增加一人将使发生比增加 11%；③教育每提升一个档次，将使这一发生比增加 51%；④已婚人士相对于未婚人士，将使这一发生比变化为原来的 2 倍（虽然容易被拒绝，但容易达到供求平衡解）；⑤户主年龄越大将使发生比减少 20%；⑥收入每增加 1%，将使发生比变化为原来的 1.34 倍（可见收入越高，越容易引致供需匹配）；⑦农村地区相对于其他地区家庭，将使该发生比增加 30%（即越来越需要资金）；⑧东部地区相对于其他地区家庭，这一发生比降低 60%（即需求已经得到满足，尚没有挖掘新的需求），中部地区相对于其他地区家庭，这一发生比降低 51%；⑨访户距离中心的时间每增加一分钟将使发生比增加 17%（“不需要”的状况减少）。

在 5% 的显著性水平上，控制了其他变量影响，“购房时，银行没有提供贷款服务”相对于“不需要”的发生比：除教育外，其他因素对发生比的影响均不显著。不管是家庭特征还是区域特征，均无法影响消费者的选择。只有从供给侧入手，解决供需错配问题才是治本之策。教育每提升一个档次，将使这一发生比增加 20%；说明金融消费意识提升，对某些类型的产品和服务产生了需求，但是供给端无法跟上，不能提供满意的产品和服务。

（4）*nauto*。相对于参照方案（“1. 不需要”），在 5% 的显著性水平上，在其他变量给定的情况下，家庭金融包容指数越高，“需要，但没有申请过”发生的可能性就越小；*rfi* 影响不显著，*ufi* 越高，“申请过被拒绝”的情况越不会出现；其他变量给定，东部地区、西部地区、农村地区分别相对于“不需要”更容易出现需求侧问题（即需要但没有申请）；中部地区则相对不容易出现需求侧问题；收入水平的提高相对更加可能引致“需要，但没有申请过”的状况（显著性水平为 5.1%）；风险偏好型家庭容易导致供给排斥状况的发生，风险厌恶型则容易导致潜在需求（需要但也不去申请）状况的发生；年龄越大，越不会去申请汽车贷款；社区经济状况越好，“需要，但没有申请过”的情况就越会减少；女性与男性相比，“申请过被拒绝”的频率降低，供需匹配解增加；其他变量，如家庭人口数、教育、信仰、婚否、社区距离中心的位置等均不显著。

在 5% 的显著性水平上，在控制了其他变量影响后，“需要，但没有申请过”相对于“不需要”的发生比：①*hfi* 每增加一个单位，发生比将会变化到原来的 $4.58 \times 10^{-8}$ 倍；②年龄大的人与其他人相比将会使这一发生比降低 29%；③风险厌恶型家庭相对于其他家庭，会使发生比增加 38%；④农村地区家庭的这一发生比将是其他地区的 1.58 倍；⑤东部地区家庭的发生比将会比其他地区降低 53%；中部地区家庭的发生比将会比其他地区降低 39%；⑥城市金融包容每增加一个单位，将使发生比降低 28%；⑦受访家庭距离经济中心的时间每增加一分钟，将使发生比降低 1%。⑧社区的富裕程度每提高一个档次，发生比将会降低 15%。

在 5% 的显著性水平上，在控制了其他变量影响后：“申请过被拒绝”相对于“不需要”的发生比：①风险偏好型家庭相对于其他家庭，其发生比增加了 2 倍（风险偏好型家庭容易被银行拒绝）；②城市金融包容每增加一个单位，将使发生比降低 75%。

在 5% 的显著性水平上，在控制了其他变量影响后，“曾经有贷款，现在已经还清”相对于“不需要”的发生比上：①女性相对于男性，其发生比增加了 55%（女性更容易出现供需匹配解）；②每一个单位的城市金融包容指数的增量单位，将会使发生比降低 38%。

由于缺乏为何“不需要”各类贷款的数据，无法深入展开比较分析，而“申请过被拒绝”的原因可以细分为以下几种：“有欠款未还清”（农业贷款、工商业贷款、房屋贷款分别占比 4.44%、2.91% 和 4.89%，属于条件排斥或营销排斥）；“没有人为我担保”（农业贷款、工商业贷款、房屋贷款分别占比 21.11%、28.16% 和 24.10%，属于条件排斥）；“与信贷员不熟悉”（农业贷款、工商业贷款、房屋贷款分别占比 20.37%、25.24%和 13.68%，属于营销排斥）；“收入低，信贷员担心还不起”（农业贷款、工商业贷款、房屋贷款分别占比 33.33%、17.48%和 30.62%，属于收入排斥）；“没有抵押品”（农业贷款、工商业贷款、房屋贷款分别占比 18.89%、32.04%和 25.73%，属于评估排斥或条件排斥）；“不良的信用记录”（农业贷款、工商业贷款、房屋贷款分别占比 1.48%、0%、2.61%，属于评估排斥）；“项目的风险较大”（农业贷款、工商业贷款、房屋贷款分别占比 0.74%、2.91%和 0.98%，属于评估排斥）；“政策原因”（农业贷款、工商业贷款、房屋贷款分别占比 5.56%、9.71%和 16.94%，属于评估排斥和营销排斥）等。相比较而言，农业贷款容易遭受收入排斥，住房贷款面临政策和收入排斥的双重影响，工商业贷款被拒则主要是由于条件排斥。式（4.2）研究了关键自变量、家庭特征变量和区域控制变量对不同家庭类型的银行包容的影响。报告透视了各因素对需求不足、潜在需求、供不应求、供需不匹配以及供需匹配状况的相对影响，发生比的变化反映了资金供求状况的相对变化。研究可为政策引导和干预，有效推进金融供给侧改革，助推微观包容和宏观包容的协调、城乡协调、区域协调，完善金融包容体系，以及刺激实体经济发展等方面提供有益的参考和借鉴。

### 4.1.4 结论与启示

（1）不同于传统的“金融包容指数越高则越优”的观点，需求层面包容最优并不一定等同于供给层面包容最优。供给不足也并不是金融排斥的唯一原因；要从需求侧、供给侧两方面入手深入剖析金融包容的表现与诱因，寻求包容体系的供需匹配解。对需求不足、潜在需求、供给排斥、供需错配或供需匹配等不同的状态而言，措施的重点也不尽相同。例如，“不需要”（占 70%以上），若在信息完全对称、成本和收益客观分析的条件下，具备相应金融能力的微观个人或家庭自主做出的合理谨慎的资产选择和配置的决策，是可以纳入金融包容范畴的（或者说是积极的金融排斥）。未来研究需针对“不需要”的原因进一步展开实地调研和数据采集，以更好地服务于金融包容的需求侧管理。如果状况是“需要，但没有申请过”，要具体根据“没申请”诱因的不同，采取不同的对策：如果因为“申请过程麻烦”（农业贷款、工商业贷款分别占比 21.54%、33.49%），就需要从供给侧入手，简化贷款手续，降低收入排斥、条件排斥等；如果是因为“估计贷款申请不会被批准”（农业贷款、工商业贷款分别占比 49%、47.37%），那么则属于由心理预期导致的自我排斥，需要从供给侧入手，通过营销宣传对消费者加以引导；如果是因为“不知道如何申请贷款”（农业贷款、工商业贷款分别占比 17.73%、11.72%），那么就需要提高居民的金融素养。与此同时，“申请过被拒绝”的原因有很多：如收入排斥中“收入低，信贷员担心还不起”；条件排斥中“不良的信用记录”、“项目风险较大”和“缺乏担保品或抵押品”；此外，政策原因、缺乏关系型融资、规避过度负债也是会造成“申请过被拒绝”的状况发生。如果是供需错配，供给方需要提高自身的创新服务水平，丰富产品种类，升级自身技术，减少无效重复供应，并与差异化的市场需求对接，以提高有效需求。可以看出，什么是最优的金融包容体系不能“一刀切”，我们应该把供求、实体经济、技术、风险、参与者、心理偏好等各种因素综合起来考察，灵活调整战略，实现供需平衡。

(2) 从实践上看，金融包容体系是由不同层次构成的，同一诱因具有不同的作用强度和方式。因此，只有对不同类型的金融包容进行分析，才能了解各要素对不同类型金融包容的边际效应。农业贷款、工商贷款、汽车贷款和住房贷款的回归系数与 *rrr* 存在显著差异：家庭金融包容指数增加、工商业贷款增加，农业贷款反而减少（即便居民需要资金，也会选择不申请）；风险偏好型家庭对工商业贷款的需求会增大，但是会导致房屋贷款的“申请过被拒绝”；家庭规模对汽车贷款没有显著影响，但是会显著引致房产贷款的需求不足或需求匹配解；社区经济富裕程度强度每增加一个单位，工商业贷款“需要，但没有申请过”相比于“不需要”的发生比将会减少 10%，使“曾经有贷款，现已经还清”相比于“不需要”的发生比增加 15%，对汽车贷款的供给侧及供需匹配解影响都不大；教育水平越高会使工商业贷款及房屋贷款“申请过被拒绝”发生的可能性降低，但是对汽车贷款的边际贡献不大；已婚人士达到房屋贷款的供求平衡解会更容易，同时增加工商业贷款“需要，但没有申请过”相比于“不需要”的发生比，而是否结婚对汽车与农业贷款没有影响；女性与男性相比，申请农业贷款、住房贷款、汽车贷款更不容易被拒绝，性别差异对工商业贷款影响不显著。这些定量分析和预测有助于决策者评估每个家庭的个人特征对不同类型贷款的影响，而传统的共性分析掩盖了这些个性问题。这不利于解决消极的金融排斥问题，也很难有针对性地弥补包容体系的短板和软肋，使实体经济在“三期叠加”的情况下更难启动和稳定发展。

（3）鉴于金融包容体系的复杂性、系统性、动态性和多维性，微观金融包容不同于宏观金融包容，存量视角包容不同于流量视角包容。实证结果表明，东部发达地区“供给侧拒绝”造成的无效需求问题并不严重。“不需要”和“不申请”是其异常高的金融排斥指数的根本原因。金融包容悖论表明，只有在供需平衡的情况下，区域层面的包容指数才具有最大的参考意义和价值。无论是指数理论，还是人均储蓄、人均账户所有数、人均贷款、保险深度、保险密度等，都不能作为衡量某一地区微观个人或家庭金融包容水平的唯一参考标准。绿色金融和普惠金融指标体系是2016年9月“20国集团”峰会的重要议题。在实施各项措施和打通“最后一公里”金融服务的过程中，要防范口径差异、国情和地区差异的谬误，认识到普惠金融不等于全民金融。在供给方面，普惠金融并不期冀全社会从事金融创业或脱离实体经济从事金融活动，也不倡导以投融资中介的名义从事金融活动，增加金融和经济的不稳定因素。在需求方面，普惠金融强调产品和服务的不歧视与广泛覆盖，主要通过支付服务、投资服务等加以推广。这并不意味着每个人的融资需求都应该得到满足，因为风险和回报之间的任何不匹配都违反了金融规律，从长远来看是无法持续的。*ufi* 与 *rfi* 在1%的显著性水平上对农业贷款的需求侧、供给侧影响都不显著，这也验证了省级层面的高金融包容水平并不能完全与微观个人高水平的融资需求或家庭金融包容水平等同。显然，在互联网金融的冲击下，主流供应机构要发挥自身优势，在竞争中取胜，除了主动采用大数据、区块链技术和与互联网企业合作、共同取胜之外，还必须更贴近社会、更深入微观消费者中，了解个人需求，提供特色服务，实施有针对性的营销，贯彻“精准”原则。例如，上海的社区银行和江西的三清山村镇银行都是成功的例子。

(4) 金融包容体系的构建和完善需要将“厚数据”和“大数据”结合，家庭金融将成为金融包容体系的重要维度之一。由于长期以来中国家庭微观数据的缺乏，学者们对金融包容的研究往往局限于国家和区域层面，对微观个体的特征只能进行一般性的分析和总结。西南财经大学甘犁教授在接受《文汇报》采访时指出，信息量大和数据量大是两回事。百度、阿里巴巴和腾讯的数据，甚至一些交易数据都可能是巨大的，但变量往往很少，而且这些大数据背后没有故事。这就需要将“厚数据”和“大数据”结合起来，两者相辅相成，相互补充。金融包容是一个动态、复杂且分层的概念，以往事后的实证分析，不仅存在漏洞，而且难以满足多角度的需要。完全金融包容体现了所有参与者的对称性、整合性和相互共生性。它不仅从地理角度分析了金融机构的覆盖范围或人均金融资源的数量，而且还分析了经济主体的参与深度、金融决策技巧和信心。包容不是以慈善为基础的，它强调参与者分享发展成果的能力和所有人参与这一进程的权利。金融包容被认为是加强和提高参与者能力的途径之一。不同社区消费者的观念和个性对主流金融服务的采用有着重要的影响。CHFS 项目的“厚数据”将有助于分析和预测金融包容性的主客体供求差异、诱因差异、福利差异等。

## 4.2 主流与非主流金融的作用力差异

一直以来，创业融资是学术界和实务界关注的热点，面对中小微企业发展的桎梏——金融约束问题，实践部门和学者们探索了许多不同的解决方案与渠道，如利用民间金融（田霖，2005）与调动社会资本、创新融资模式（金雪军等，2007；2009）等。在积极适应和引领中国经济发展新常态的过程中，大众创业、万众创新的效应凸显。只有引导新产品、新模式的快速发展，才能为经济增长提供持续的动力。然而，随着经济形势的日益复杂，新的矛盾不断出现：民间投资增长率急剧下降，P2P 风险频繁，

“新金融”监管真空（田霖，2016）以及缺乏相应的金融消费者保护等。所有这些都要求我们从一个新的角度来解释创业和创新的问题。主流与非主流金融在家庭创业中的作用是什么？它们在金融包容体系构建和完善过程中的功能有哪些？性格、年龄、技能、风险偏好、收入水平、金融素养、家庭结构、婚姻状况、地域等因素对家庭创业动机的影响是什么？每种诱因的强度是什么？如何从金融供给方面缩小创新创业与新金融的差距？如何深化金融改革，使之与实体经济合理对接？对这些问题的初步回答将为今后的包容体系完善及实践发展提供经验借鉴和指导。笔者将自我雇佣从事农业生产的农户视为创业型农户，包括农业、林业、畜牧业、渔业在内的，而不是被其他人所雇佣的农业生产经营者；从事工商生产经营项目的受访者定义为工商业创业。主流金融此处专指传统的银行、保险、证券、信托机构提供金融产品和服务，但是不包括私人贷款、狭义互联网金融、小额金融公司等（田霖，2013 年）。

### 4.2.1 变量与模型

#### 1. 变量选择

（1）因变量。*newagri* 与 *newbusi* 是二值变量，*newagri* 代表是否从事农业生产经营（是 1，否 0）；*newbusi* 代表是否从事工商业生产经营项目，包括个体小手工经营和企业经营等（是 1，否 0）；*initiative* 代表“您从事工商业的主要原因是什么？”（1. 找不到其他工作机会；2. 从事工商业能挣到更多；3. 想自己当老板；4. 更灵活、自由自在；5. 其他）。

（2）自变量。家庭金融包容指数 $f$。从微观角度反映家庭金融资源的自主选择、灵活管理与有效配置，也是微观主体（个人、家庭）金融能力的最直接、最客观的体现。采纳常用活期存款账户、目前活期存款总额（元）、定期存款比数、股票目前市值（元）、股票账户现金余额（元）、非公开市场交易股票市值（元）、目前拥有基金市值（元）、期货市价（元）、权证市价（元）、其他衍生品市值（元）、理财产品总市值（元）、黄金市值（元）及常用信用卡有几张等具体指标来衡量，不包括现金、民间借贷等非主流金融指标。因为所选取指标较多，所以采用主成分分析法，提取前两个主成分，得出每个家庭的主流金融包容指数。取值范围在[-0.1388，0.3851]，值小于0表示家庭金融包容水平低于平均金融包容水平。*opi* 衡量对非主流金融的接纳程度，用网购常用的支付方式衡量：信用卡和网上银行为主流金融，赋值0；支付宝、财付通、货到付款、找人代付和其他界定为非主流金融（狭义互联网金融），赋值1。*borrow* 反映借贷方式，银行赋值0；亲戚、朋友、生意伙伴等其他非主流模式赋值1。*comm* 表示从家庭与社会互动程度以及信息接纳活跃度间接反映非主流金融发展状况，用月均通信费替代。*cap*1 与 *cap*2 重点考察金融能力的高低。[①]

家庭特征变量包括：①*scale*（家庭规模的大小：用人口数衡量）；②*gender*（户主性别：女性1，男性0）；③*belief*（宗教信仰：无信仰1，其他0）；④*edu*（文化水平：没上过学1；小学、初中2；高中、高职、中专、大专3；大学本科以上4）；⑤*marriage*（婚姻状况：未婚、同居0；已婚、分居、离婚、丧偶1）；⑥*age*（户主年龄范围：18～30岁1；31～55岁2；56岁以上3）；⑦*income*（家庭基本收入：为避免内生性，取"上年实收货币收入"，并取对数）；⑧*risk*1 及 *risk*2（家庭的风险偏好[②]）；⑨*health*（与同龄人相比的健康状况：非常好1；很好2；好3；一般4；不好5）；⑩*siblings*（兄弟姐妹人数）；⑪*children*（子女个数）；⑫*poli*（户主政治面貌：中共党员、共青团员1；民主党派或其他党派、群众0）。

区域特征变量包括：①*rural*（农村地区1；城市地区0）；②*east* 及 *central*（两个哑变量，表示东部地区、中部地区及西部地区）；③*envir*（受访者居住小区或村落的经济环境：贫穷到富余，依次从1到10）。

本节采用 CHFS 项目的数据，涵盖中国29个省份262个县1048个社

---

① 大型实地调研问卷对受访者的主观态度及金融知识进行了考评：假设您现在有100元，银行的年利率是4%，如果您把这100元存5年定期，5年后您获得的本金和利息为？假设您现在有100元，银行的年利率是5%，通货膨胀率每年是3%，您的这100元存银行一年之后能够买到的东西将？回答正确则赋值1（具备金融能力），回答错误或者算不出来，赋值0（金融能力较弱）。

② CHFS 的问题是"如果您有一笔资产，将选择哪种投资项目？1. 高风险、高回报项目；2. 略高风险、略高回报项目；3. 平均风险、平均回报项目；4. 略低风险、略低回报项目；5. 不愿意承担任何风险。3为参照组，为风险中性；1和2为风险偏好；4和5界定为风险厌恶。

区的28143户家庭、97916个居民。这可以保证样本的代表性与准确性。

**2. 模型选择**

笔者采用probit模型分析各个解释变量对“是否参与农业及工商业创业”的影响与作用，在对模型进行估计时采用了probit和dprobit，同时汇报系数及边际作用dy/dx。

$$Y = 1(\alpha f + \beta opi + \gamma borrow + \eta commm + \zeta cap1 + \kappa cap2 + \omega household + \theta region + \mu > 0) \quad (4.4)$$

式（4.4）中，$\mu \sim N(0,\ \sigma^2)$。$Y$是哑变量，1代表有创业活动，0代表没有创业活动；*opi*、*borrow*、*comm*、*cap*1与*cap*2是关键解释变量；*household*表示与家庭特征相关的13个自变量；*region*则是与区域特征有关的4个变量。

工商业创业动机的分析则采用多值响应模型（mlogit），同时报告系数与rrr：

$$P(y_i = j|x_i) = \frac{\exp(x_i'\beta_j)}{\sum_{k=1}^{j}\exp(x_i'\beta_k)} \quad (4.5)$$

式（4.5）中，$y$是创业的原因：找不到其他工作机会，走投无路型，$y=1$；从事工商业创业能挣得更多，求富型，$y=2$；自己想当老板，企业家精神驱动型，$y=3$；更灵活、自由自在，追求不受严格约束的工作模式，$y=4$；其他动因，$y=5$。$x_i$的界定同式（4.1）。共有$j$种互相排斥的选择，且各种方案的概率之和为1，即，$j=1\sim5$。rrr表示相对风险比，即只有$x_k$变化而其他所有$x$不变时发生比变化的倍数，具体界定如式（4.1）。

## 4.2.2 实证结果

**1. pribit模型回归结果**

由于研究考虑的是因子的实际大小（dF/dx），而不是仅关注系数（*coef*），因此采用了dproit稳健回归，以考察各个变量对农业和工商业创业

的边际作用（dF/dx、*robust std. err.* 及 $P > |z|$）。如表 4－5 所示。

**表 4－5　　农业及工商业是否创业的影响要素**

| probit | newagri | | | | newbusi | | | |
|---|---|---|---|---|---|---|---|---|
| | Coef | dF/dx | Robust Std. Err. | P > \|z\| | Coef | dF/dx | Robust Std. Err. | P > \|z\| |
| *f* | -6.6768* | -2.0749 | 0.4063 | 0.000 | 2.0079* | 0.3872 | 0.1718 | 0.024 |
| *opi** | -0.2542* | -0.0740 | 0.0088 | 0.000 | 0.0088 | 0.0017 | 0.0052 | 0.739 |
| *borrow** | 0.0501* | 0.0156 | 0.0062 | 0.011 | -0.0080 | -0.0015 | 0.0040 | 0.703 |
| *comm* | -0.1588* | -0.0493 | 0.0036 | 0.000 | 0.2757* | 0.0532 | 0.0024 | 0.000 |
| *cap1** | 0.0100 | 0.0031 | 0.0075 | 0.678 | 0.0506* | 0.0099 | 0.0047 | 0.032 |
| *cap2** | 0.0913* | 0.0290 | 0.0086 | 0.001 | -0.0038 | -0.0007 | 0.0052 | 0.888 |
| *scale* | 0.1312* | 0.0408 | 0.0023 | 0.000 | 0.0740* | 0.0143 | 0.0014 | 0.000 |
| *gender** | -0.3246* | -0.0999 | 0.0061 | 0.000 | -0.1251* | -0.0240 | 0.0039 | 0.000 |
| *belief** | 0.1760* | 0.0519 | 0.0091 | 0.000 | -0.1435* | -0.0296 | 0.0068 | 0.000 |
| *edu* | -0.2897* | -0.0900 | 0.0053 | 0.000 | -0.1904* | -0.0367 | 0.0032 | 0.000 |
| *marriage** | 0.0844 | 0.0255 | 0.0149 | 0.096 | 0.1387* | 0.0248 | 0.0071 | 0.001 |
| *age* | -0.2297* | -0.0714 | 0.0063 | 0.000 | -0.3137* | -0.0605 | 0.0039 | 0.000 |
| *income* | 0.0787* | 0.0245 | 0.0079 | 0.002 | 0.0962* | 0.0185 | 0.0043 | 0.000 |
| *risk1** | -0.0507 | -0.0155 | 0.0111 | 0.168 | 0.0430 | 0.0085 | 0.0066 | 0.190 |
| *risk2** | -0.0963* | -0.0303 | 0.0079 | 0.000 | -0.1613* | -0.0322 | 0.0050 | 0.000 |
| *health* | -0.0125 | -0.0039 | 0.0027 | 0.147 | -0.0803* | -0.0155 | 0.0017 | 0.000 |
| *siblings* | 0.0493* | 0.0153 | 0.0016 | 0.000 | 0.0210* | 0.0040 | 0.0011 | 0.000 |
| *children* | -0.0008 | -0.0002 | 0.0024 | 0.917 | -0.0327* | -0.0063 | 0.0019 | 0.001 |
| *poli** | -0.1069* | -0.0325 | 0.0081 | 0.000 | -0.1381* | -0.0253 | 0.0048 | 0.000 |
| *rural** | 1.4163* | 0.4786 | 0.0070 | 0.000 | -0.3249* | -0.0584 | 0.0045 | 0.000 |
| *east** | -0.1833* | -0.0566 | 0.0076 | 0.000 | -0.0483 | -0.0093 | 0.0050 | 0.063 |
| *central** | 0.0133 | 0.0041 | 0.0078 | 0.596 | 0.0715* | 0.0140 | 0.0055 | 0.010 |
| *envir* | -0.0280* | -0.0087 | 0.0019 | 0.000 | 0.0117 | 0.0023 | 0.0013 | 0.072 |

（*）dF/dx 描绘了虚拟变量从 0 到 1 的离散变化，z 和 $P > |z|$ 对应于回归系数为 0 的显著性检验。

（1）*newagri*。家庭金融包容指数对“是否从事农业生产经营”的负面影响显著，说明越融入主流金融系统，从事基本的农业生产活动的可能性就越小。从这个角度来看，微观和宏观金融包容的外在表现相同：某些区域如广东、上海等金融包容指数很高的发达省份的农户贷款比、农村企业贷款比很低甚至为0[①]，从事农业自雇佣生产的内在动力不足；*opi* 在1%的水平上显著，说明支付方式偏向使用支付宝、财付通、网上银行和信用卡的居民（占比19.69%），消费理念更侧重于非主流金融，而且不倾向于从事农业创业活动（边际作用 -0.0740）；非正规借贷（向亲戚、朋友、生意伙伴等借款）相对于银行贷款，在促进农业创业经营方面的边际作用显著高出1.56个百分点；通信费用越高，从外部获取信息的能力越强，沟通越容易，接受新事物及非主流金融的能力也就越强。这一指标是对农业创业的负面贡献（-0.0493）。居民金融能力（*cap*2）的提高将导致农业创业活动增长2.9%。*cap*2 和教育水平不能相提并论，后者对农业创业有负面贡献（-0.09）。这也证明，在中国，受教育程度不高的人反而更有可能创业；家庭规模越大，兄弟姐妹越多，收入越高，企业家的比例就越高；女性与男性相比，从事农业生产经营的可能性较低；有宗教信仰的人将增加5%的创业比例；年纪长者对农业生产贡献为 -0.0714，原因是思维相对缓慢、健康状况不佳和其他原因。民主党派、其他政党或群众的家庭创业比例较高；风险规避型的家庭其农业企业家所占比例下降3个百分点；就区域控制变量而言，农村地区的农业生产比城市地区蓬勃（0.4786），东部地区相对于其他地区（-0.0566）落后，家庭居住的村庄或社区越富裕，则从事农业创业的家庭越少（-0.0087）。

（2）*newbusi*。与农业生产经营活动相比，个体经营和企业经营更能代表中国家庭创业的情况。发达的主流金融在5%的显著性水平上，很大程度提升工商业创业的可能性，其边际作用为0.3872；消费理念的进步也将使创业的概率增加0.2个百分点。虽然基点不高，但它凸显了互

① 参见中国银行业监督管理委员会2006~2010年“农村金融地图”数据。

联网金融在微观金融和小额支付领域的潜力。与主流融资模式相比，非正规贷款对工商业创业活动为负贡献。这与“金融排斥和过度负债的自强化”结论是一致的①；通信费用的增加也能够带动创业概率增加 5 个百分点；与边际作用显著为正的文化水平相比，金融能力的边际作用是负的。可以看出，金融素养和对经济环境的敏锐感知对创业的影响大于知识和文化对创业的影响力。女性创业的频率低于男性，老年人创业的概率低于年轻人；已婚家庭有相对稳定的结构、成员间的相互支持及债务分担，这些要素使他们比未婚家庭更有可能创业，这与农业创业的影响因素相似。收入水平越高，家庭规模越大，兄弟姐妹越多，创业的可能性就越大，分别为 1.9%、1.4% 和 0.4%；对于子女较多的家庭，每增加一名子女，创业的概率减少 0.6 个百分点，宗教家庭的创业概率比没有信仰的家庭低 2.96 个百分点；户主的政治面貌是共青团成员或中共党员的家庭，比民主党派或群众家庭的创业可能性低 2.53%；厌恶风险的家庭创业的可能性比其他家庭低 3.22 个百分点；农村地区与城市地区相比，工商业创业的可能性更低，为 5.8%；东部地区与其他地区相比，工商业创业的可能性高出 1.4%；户主的健康状况和家庭所在社区的经济状况对创业没有显著影响。

**2. mlogit 模型回归结果**

从事工商业创业的原因有很多，与微观主体的个性化原因（参照组为 5，占全部创业家庭观测值的 8.06%）相比，没有其他替代性工作机会（21.59%）、求富（21.94%）、内在的企业家精神与创业冲动（12.96%），以及追求更加灵活、自由自在的工作模式（35.45%）是常见的四种类型。表 4 – 6 描述了相对于方案 5，各个变量对创业动机的内在作用。

① 非正规借贷与金融排斥呈现负相关关系。“U”型拐点的拟合曲线说明，民间借贷在一定程度上可以缓解金融排斥，满足资金需求；然而由于其偿债成本高、安全性差等弊端，后期主流金融服务若不能跟上，就会出现过度负债与金融排斥的自强化。参见田霖：《我国农村金融排斥与过度负债》，载于《金融理论与实践》2012 年第 2 期。

**表 4-6　工商业创业的原因计量结果汇总**

| mlogit initiative | 方案 1 | | | | 方案 2 | | | | 方案 3 | | | | 方案 4 | | | |
|---|---|---|---|---|---|---|---|---|---|---|---|---|---|---|---|---|
| | Coef | rrr | Robust Std. Err. | P > \| z \| | Coef | rrr | Robust Std. Err. | P > \| z \| | Coef | rrr | Robust Std. Err. | P > \| z \| | Coef | rrr | Robust Std. Err. | P > \| z \| |
| *f* | -13.5681* | $1.28\times10^{-6}$ | $5.56\times10^{-6}$ | 0.002 | 6.9322* | 1024.78 | $2.36\times10^{3}$ | 0.003 | 8.6860* | 5919.748 | $1.56\times10^{4}$ | 0.001 | 2.7234 | 15.2316 | 35.3038 | 0.240 |
| *opi* | -0.1652 | 0.8478 | 0.0882 | 0.112 | 0.1077 | 1.1137 | 0.0982 | 0.222 | 0.0560 | 1.0576 | 0.1186 | 0.617 | 0.0159 | 1.0160 | 0.0708 | 0.820 |
| *borrow* | 0.0977 | 1.1027 | 0.0810 | 0.183 | -0.0058 | 0.9942 | 0.0747 | 0.938 | 0.0289 | 1.0294 | 0.0993 | 0.764 | -0.0911 | 0.9130 | 0.0561 | 0.138 |
| *comm* | 0.2558* | 1.2915 | 0.0573 | 0.000 | 0.6077* | 1.8362 | 0.0858 | 0.000 | 0.7891* | 2.2013 | 0.1335 | 0.000 | 0.5834* | 1.7921 | 0.0657 | 0.000 |
| *cap1* | -0.1414 | 0.8681 | 0.0781 | 0.116 | 0.1339 | 1.1432 | 0.0933 | 0.101 | 0.0830 | 1.0865 | 0.1135 | 0.427 | 0.2076* | 1.2308 | 0.0801 | 0.001 |
| *cap2* | 0.1284 | 1.1370 | 0.1094 | 0.182 | -0.0151 | 0.9850 | 0.0925 | 0.872 | -0.0013 | 0.9987 | 0.1195 | 0.991 | -0.0510 | 0.9503 | 0.0742 | 0.513 |
| *scale* | 0.1739* | 1.1899 | 0.0280 | 0.000 | 0.1400* | 1.1502 | 0.0254 | 0.000 | 0.1024* | 1.1078 | 0.0346 | 0.001 | 0.1153* | 1.1222 | 0.0223 | 0.000 |
| *gender* | -0.2466* | 0.7815 | 0.0575 | 0.001 | -0.3545* | 0.7015 | 0.0522 | 0.000 | -0.1097 | 0.8961 | 0.0848 | 0.246 | -0.1189* | 0.8879 | 0.0514 | 0.040 |
| *belief* | -0.1408 | 0.8687 | 0.0956 | 0.201 | -0.1119 | 0.8942 | 0.0982 | 0.308 | -0.2317 | 0.7932 | 0.1090 | 0.092 | -0.3640* | 0.6949 | 0.0581 | 0.000 |
| *edu* | -0.2764* | 0.7585 | 0.0462 | 0.000 | -0.3667* | 0.6930 | 0.0423 | 0.000 | -0.4815* | 0.6179 | 0.0462 | 0.000 | -0.3313* | 0.7180 | 0.0340 | 0.000 |
| *marriage* | 0.4483* | 1.5657 | 0.2877 | 0.015 | 0.1378 | 1.1477 | 0.1578 | 0.316 | 0.2806 | 1.3239 | 0.2288 | 0.104 | 0.4128* | 1.5110 | 0.1729 | 0.000 |
| *age* | -0.3376* | 0.7135 | 0.0465 | 0.000 | -0.6871* | 0.5030 | 0.0359 | 0.000 | -0.7458* | 0.4744 | 0.0416 | 0.000 | -0.6688* | 0.5123 | 0.0284 | 0.000 |
| *income* | 0.3660* | 1.4420 | 0.1084 | 0.000 | 0.1107 | 1.1170 | 0.0747 | 0.098 | 0.0387 | 1.0395 | 0.0809 | 0.619 | 0.1484* | 1.1600 | 0.0584 | 0.003 |
| *risk1* | -0.0999 | 0.9049 | 0.1167 | 0.439 | 0.0487 | 1.0499 | 0.1086 | 0.638 | 0.3780* | 1.4594 | 0.1856 | 0.003 | -0.0598 | 0.9419 | 0.0838 | 0.501 |
| *risk2* | -0.1491 | 0.8615 | 0.0745 | 0.085 | -0.4623* | 0.6298 | 0.0528 | 0.000 | -0.3883* | 0.6782 | 0.0751 | 0.000 | -0.3195* | 0.7265 | 0.0486 | 0.000 |
| *health* | -0.0078 | 0.9923 | 0.0315 | 0.806 | -0.2098* | 0.8108 | 0.0248 | 0.000 | -0.2460* | 0.7819 | 0.0315 | 0.000 | -0.1729* | 0.8412 | 0.0204 | 0.000 |
| *siblings* | 0.0532* | 1.0546 | 0.0196 | 0.004 | 0.0488* | 1.0500 | 0.0215 | 0.017 | 0.0863* | 1.0901 | 0.0288 | 0.001 | 0.0165 | 1.0166 | 0.0170 | 0.325 |
| *children* | -0.1101* | 0.8958 | 0.0308 | 0.001 | 0.0184 | 1.0186 | 0.0354 | 0.596 | -0.1860* | 0.8303 | 0.0592 | 0.009 | -0.1451* | 0.8649 | 0.0311 | 0.000 |
| *poli* | -0.3110* | 0.7327 | 0.0775 | 0.003 | -0.0850 | 0.9185 | 0.0879 | 0.374 | -0.2999* | 0.7409 | 0.0942 | 0.018 | -0.3490* | 0.7054 | 0.0569 | 0.000 |
| *rural* | -0.8991* | 0.4069 | 0.0409 | 0.000 | -0.1327 | 0.8758 | 0.0839 | 0.166 | -0.5938* | 0.5522 | 0.0767 | 0.000 | -0.8639* | 0.4215 | 0.0372 | 0.000 |
| *east* | -0.4429* | 0.6422 | 0.0579 | 0.000 | 0.0604 | 1.0623 | 0.0991 | 0.517 | 0.0938 | 1.0983 | 0.1402 | 0.463 | -0.0438 | 0.9572 | 0.0723 | 0.562 |
| *central* | -0.0323 | 0.9682 | 0.0880 | 0.722 | 0.1641 | 1.1783 | 0.1183 | 0.102 | 0.3826* | 1.4661 | 0.1960 | 0.004 | 0.1510 | 1.1630 | 0.0948 | 0.064 |
| *envir* | -0.0349 | 0.9657 | 0.0213 | 0.114 | 0.0083 | 1.0083 | 0.0241 | 0.730 | 0.0743* | 1.0771 | 0.0318 | 0.012 | 0.0218 | 1.0221 | 0.0192 | 0.245 |

注：方案 5 为参照组；在 5% 水平上显著的系数添加 *；rrr 表示相对风险比率，报告了对应的稳健标准误与 p 值。

在1%的显著性水平上，控制其他变量不变，完善的主流金融会鼓励求富型（6.9322）和企业家精神驱动型创业（8.6860），同时大大降低因“找不到其他工作机会”而被迫创业的可能性（-13.5681）；便捷的通信技术可引导因找不到其他合适工作机会的家庭进行主动创业（0.2558）；非主流金融机构并不能显著促进工商业创业，一是在2013年的互联网金融元年，其数据表现不太乐观，掩盖了部分需求；二是由于传统的中国家庭更信任和忠诚于传统的金融体系或亲缘关系。赫勒等（Hoehle et al.，2012）指出，在掌握了技术和产品可获得的情况下，客户的满意度与忠诚度决定了新兴互联网金融服务的推广和普及。据CHFS对16120名居民关于“受访者认为最可靠的借钱途径”的调查显示，居民更倾向于通过银行和向亲戚借钱，其比例分别为33.57%和50.97%，相比之下，选择向朋友或生意伙伴借钱的比例较低，分别只占9.47%、0.73%；金融能力会催生出“追求灵活、自由”的创业者（0.2076），这体现了一种超越金钱和权力的内在冲动；“想自己当老板”的创业家庭多是风险偏好型，而风险厌恶型家庭更安于现状，为了“求富”而创业的可能性很小；由于缺乏其他就业机会，人口众多的家庭更有可能开办自己的企业，而兄弟姐妹较多的家庭更有可能激发“做自己的老板”的热情；尽管身体健康是所有工作的先决条件和保证，但与同龄人相比，身体健康的家庭不太可能形成内在的创业冲动；家庭的基本收入水平引发了“追求自由型”及“走投无路型”创业，这对企业家精神驱动型创业没有任何影响，对纯粹求富型创业的作用其显著性水平也降到了约10%；一般来说，年龄越大，性格越谨慎保守，由企业家精神激发的创业会大幅减少（-0.7458），但也有特例，如褚时健，相比年龄，其创业与个体经历、性格联系更紧密；女性户主家庭最不可能产生纯粹追求金钱的创业行为，这可能与男女性格、态度差异有关；文化程度相对较低的创业者往往更有冒险精神与背水一战的决心，因此，其创业更多地强调内在动力和对财富的追求；有宗教信仰的家庭最不可能以“追求自由、自在”为唯一目的而创业（-0.3640），这可能违背其信仰的教义、教旨；已婚家庭自发创业要么是由于“没有别的工作选择”（0.4483），要么是为了“追求相对自在的工作模式”（0.4128）；子女较多的家庭，其承受风险的能力相对较低，而家庭的责任与担当使其为了“灵活、自在”和“自己当老板”而创业的可能性较小；社区环境能够利用社会资本网络的引导和模仿作用吸引更多的人选择创新创业（0.0743），如宁波的地域创业氛围的渗透和影响，使得“自己当老板”的创业目标成为很多当地年轻人的选择（周亚越、俞海山，2005）；从地区分布来看，农村家庭因工作走投无路而被迫选择创业或者为追求自由工作模式而进行创业的行为很少；东部地区因工作机会较多，出现“没有其他选择而创业”的可能性很低；中部地区相较于多样化的各种诱因的方案5（322个受访者给出各自创业的不同动因），在控制其他变量不变时，追求内在的自我发展是该地家庭创业的主要原因（0.3826）。

在5%的显著性水平上，控制了其他变量影响，“找不到其他工作机会”相对于“其他创业原因”的发生比：①$f$每增加一个单位，发生比将会变化$1.28\times10^{-6}$倍；②通信费用每增加一个单位，该发生比增加29%；③家庭每增加一口人，发生比增加18%；④女性发生比要低于男性22%；政治面貌为党员、团员的户主家庭与一般家庭相比，发生比降低27%；⑤教育水平每上一个档次，发生比降低25%；⑥已婚家庭与未婚家庭相比，发生比是未婚家庭的1.56倍；⑦从青年、壮年到老年，年龄越大，发生比降低29%；⑧收入每增加一个单位，发生比增加44个百分点；⑨兄弟姐妹每增加一个，发生比增加5%；子女每多一人，发生比降低11%；⑩与其他地区相比，东部地区发生比降低36%；与城市地区相比，农村地区发生比减少60%。由实证结果可以看出，在控制其他变量不变的条件下，提升改善家庭金融包容水平、完善基础通信设施、扩大家庭规模、家庭成员人数增多、稳定家庭结构、保障基本收入将促进初始条件较差的家庭积极参与创业。

在5%的显著性水平上，在控制了其他变量影响后，“从事工商业能挣得更多”相对于“其他创业原因”的发生比：①$f$每增加一个单位，发生比变化1024倍；②通信费用每增加一个单位，发生比提高83%；③家庭成员每增加一口人，发生比会提升15%；④女性比男性发生比低30%；⑤文化水平每提升一个档次，发生比会降低31%；⑥年龄越大，该发生比减少50%；⑦风险厌恶型家庭发生比比其他家庭低38%；⑧兄弟姐妹人数每增加一人，发生比将会增加5%。实证结果表明，在其他变量不变的情况下，理性创业者更容易受到经济利益的驱动，主流金融的完善将对激励创业产生乘数效应。

在 5% 的显著性水平上，在控制了其他变量影响后，“自己想当老板”相对于“其他创业原因”的发生比：①$f$ 每增加一个单位，发生比会变化 5919 倍；②通信费用每增加一个单位，发生比会提高 2.2 倍；③家庭成员每增加一口人，发生比会提升 10%；④文化水平每提升一个档次，发生比会降低 39%；⑤年龄每跨越一个档次，发生比会减少 53%；⑥风险偏好型家庭的发生比会提高 45%；风险厌恶型家庭的发生比会降低 37%；⑦家庭成员数每增加一人，发生比会增加 9%；⑧农村地区与其他地区相比，发生比低 45%；中部地区与其他地区相比，发生比高 46%；⑨社区经济状况越好，该发生比会增加 7%。上述实证结果表明，主流金融包容程度的提高和金融基础设施的改善将促进自主创业的进程加速发展，由于是企业家精神的内在渴望为动力的创业类型，风险偏好家庭创业的发生率较高。由于集聚效应，社会资本网络对创业者的思维和行为有一定的影响和引导。

在 5% 的显著性水平上，在控制了其他变量后，“更灵活、自由自在”相对于“其他创业原因”的发生比：①通信费用每增加一个单位，该发生比将会提高 79%；②有金融能力的家庭的发生比要比缺乏金融能力的家庭高出 1.23 倍；③每增加一名家庭成员，发生比将增加 12%，子女人数每增加一人，发生比将会减少 14%；④与男性相比，女性的发生比降低 12%；老年人与年轻人相比，发生比降低 49%；有宗教信仰的家庭与无信仰的家庭相比发生比低 31%；户主政治面貌是中共党员、共青团员的家庭其发生比要比其他家庭低 30%；⑤文化水平每提升一个档次，发生比将降低 29%；⑥收入每增加 1%，发生比会增加到原来的 115%；⑦风险厌恶型家庭与其他家庭相比低 28%；⑧已婚家庭的发生比要比未婚家庭高 1.51 倍；⑨农村地区与其他地区相比，发生比降低 58%。以上实证结果显示，与“求富”和“企业家精神驱动”的创业动机不同，追求灵活舒适的工作模式的企业家对主流和非主流的财务约束相对不敏感，而金融素养对他们的创业能力有着非常显著的积极贡献，基本收入相对较高和稳定的家庭驱使其更有兴趣追求灵活的创业。

此外，选择不同的参照组，提供的创业动机的视角也不同。选择“没有其他工作选择”作为对照组：在5%的显著性水平上，*f*对其他四种创业均有显著正向影响，且影响力呈现指数倍增；非主流金融将导致基于寻富心理的创业相对增长31%，而非主流借贷方式将使“追求创业自由”相对减少18%。金融素养或能力对“求富”（1.3169）和“灵活”（1.4177）类型的创业有很强的影响；作为非主流金融的替代指标，*Comm*对不同类型的创业影响显著。风险偏好家庭（1.6127）相对更愿意选择自己做老板，而风险厌恶家庭（0.7311）相对不太可能追求纯粹基于经济利益的创业；东部地区创业的初衷最不可能是走投无路型，往往是主动求新、求变，其他四类创业发生比依次增加65%、71%、49%及55%；企业家精神内驱型创业最有可能受到社区环境的影响（1.1154）；农村地区相比于城市地区，由于“没有别的工作选择”而进行的创业居多；由于其他因素，女性的创业一般不是单纯追求财富和权力（1.2796）。

### 4.2.3 结论与建议

（1）主流金融包容体系对家庭创业具有主导作用和显著贡献，家庭金融包容指数的边际作用显著，特别是对于“求富型”和“企业家精神内生型”创业具有强烈的催化剂作用。虽然许多家庭也倾向于向亲属借款，但这种亲属关系、血缘关系、地缘关系的借贷模式并不符合市场经济的基本要求。私人贷款在一段时间内确实缓解了金融约束，但是由于成本高、缺乏监管、存在潜在的违约风险等，在“U”型拐点之后，可能会出现过度负债和财务风险。此外，中国居民70%以上的家庭资产集中在主流金融体系中（王聪、张海云，2010），迫切需要有效分配金融资源，以促进实体经济的发展。因此，主流金融机构如何通过供给侧改革来满足不同主体对风险投资、创业创新的需求，金融包容的传导体系（拉动投资和实业）、协调体系（供需匹配、城乡协调）与风险防范体系（宏观环境风险、微观家庭风险偏好差异等）的构建及完善是实现供需双方共赢局面和经济稳定发展的关键。

（2）在新金融形势下，互联网金融的兴起和壮大使得非主流金融对创业的贡献凸现出来，且主流与非主流金融的界限日益模糊。例如，在

CHFS 调查的 7539 户家庭中，42. 14% 的家庭采用支付宝网购，而网上银行的采纳比率是 33. 08%；在 1878 户炒股家庭中，有 12. 09% 的家庭采用手机 App 操作，这反映了移动互联网的渗透与普及趋势。实证分析也验证了 *comm* 对创业的显著影响。鉴于互联网融资成本低、长尾化、灵活方便、信贷量小，这种融资渠道特别适合于初创期小型和微型企业与家庭的创业。今后，应解决互联网新金融模式的安全、隐私保护、监管等问题，充分发挥非主流金融和主流金融的互补共促作用，实现两种金融生态的互惠共生，共同推进金融包容体系的发展。

（3）根据不同区域、不同行业、不同创业动机（走投无路型、单纯求富型、企业家精神内驱型、追求灵活自由工作模式型、其他类型等）、不同风险偏好的潜在创业者，应采取不同的传导渠道、激励机制和支持方案，与此同时，尽可能地完善配套措施。例如，加强金融基础设施建设，缩小数字鸿沟、加强对青年创业者的技能培训支持，推行“二孩”政策以扩大家庭规模促进创业，重点关注弱势女性群体，注重金融专业知识的学习研究、提高金融素养，提高家庭基本收入、鼓励创业，强化社会资本积累，构建良好的创业氛围与创业网络等。

## 4. 3　金融包容的家庭福利水平改进

金融包容缘起于国外的金融地理学，2004 年金雪军和田霖将这一概念引入国内时采用了金融排斥①、金融排除及金融排外性的说法。事实上，金融包容是金融排斥概念的扩展与深化，是一个多维度的动态复合概念，指个体、群体、企业、组织或者地区等接触（access）并融入（use）主流金融（mainstream finance）系统的过程与状态。近十几年来，中外学者对

① 国外金融地理学家着重从 20 世纪 90 年代开始关注金融排斥问题，2007 年之前国内翻译不一。2007 年《经济学动态》李仁贵与笔者充分讨论后，认为翻译为“金融排斥”更符合经济学的习惯与范式。参见田霖：《金融排斥理论评介》，载于《经济学动态》2007 年第 6 期。

金融包容①的指数构建、区域比较、影响因素的讨论已经相对充分与成熟，而对其作用于居民福利水平的渠道与机制研究则较为欠缺，有限的文献也多以定性研究为主或局限于某一小型社区的问卷调研。总体来看，研究尚存在以下不足：第一，研究对象以金融包容自身居多，其福利影响研究较少；第二，研究范畴以区域层面及空间差异比较居多，家庭、个人微观视角切入较少；第三，定量分析一般以区域人均指标（如机构覆盖率、金融产品与服务可达性、人均存贷款余额等）居多，以基于结果的家庭资产价值法衡量的角度较少，对家庭金融能力（financial capacity）的提升、家庭资产与负债的自主选择及有效管理重视不够。家庭是社会的细胞，构建创新、绿色、开放、协调、共享的包容性社会，离不开家庭福利的完善与居民幸福感的提升。如何从金融供给侧入手，在国际经济形势复杂及国内“三期叠加”（增长速度换档期、结构调整阵痛期、前期刺激政策消化期）的艰难局面下，刺激消费、优化内需、引导产业升级、拉动实体经济、促进居民的身心健康以及使每个中国家庭主观感受到怡然、富足与幸福，是十三五规划中全面建成小康社会的核心目标，也是关乎民生的重要议题。笔者将采纳 CHFS 项目在 2013 年关于中国微观金融的调研数据②探讨金融包容对中国家庭福利水平的传导、作用和影响，它覆盖了 29 个省份、262 个县、1048 个社区，样本涵盖了 28143 个家庭、97916 个居民，调查方法科学、问卷设计合理，确保了样本的代表性、信度和效度。

### 4.3.1 理论框架与变量选择

#### 1. 理论框架

英国的社区金融与学习倡议组织提出金融包容体系的多层次性及其与

---

① 中国学者多采用“普惠金融”这一表述，事实上，“普惠金融”与“金融包容”学术溯源与概念界定不同。

② 2011 年开始，西南财经大学的家庭金融调查研究中心每两年开展一次全国大型的实地调查，最新数据需要签订数据保密协议，以内部申请方式获得授权后，不得拷贝原始数据，仅能在 VSP 平台上试算操作。甘犁教授倡导的家庭金融学将与公司金融、资产定价一起成为金融学研究的三大主导方向。

福利的内在关联：第一，金融排斥容易造成家庭的预算资金外流；第二，包容代表着更强的金融意识，其提高了人们从中获得福利的可能性；第三，包容意味着金融需求者可接触到更丰富的金融产品和服务，这对于帮助人们避免和走出贫困陷阱有重要作用，而金融包容水平较低将对政府成功实施更为广泛的福利政府起限制作用。

笔者曾试图分析金融包容对中国城乡居民福利的影响，遗憾的是，由于复合因果关系的存在，区域经济福利的定量分析很难找到可信、共识性强的度量指标，而非经济福利则因缺乏相应数据而无法展开量化研究。① 笔者在充分考察学理、中国国情及数据可得性的基础上，提出以下三个假设：

H1：在其他条件不变的情况下，家庭金融包容水平越高，居民的消费水平及生活水平越高。这是金融包容作用于家庭福利水平的第一条渠道。

H2：在其他条件不变的情况下，家庭金融包容的提高可以缓解居民的过度负债（over-indebtedness）以及可能由此造成的负面影响（包括对其心理健康和生理健康的损害）。这是金融包容作用于家庭福利水平的第二条渠道。

H3：在其他条件不变的情况下，家庭金融包容的提高可以促进居民主观幸福感的提升。这是金融包容作用于家庭福利水平的第三条渠道。②

根据以上三条假定，本书依次采纳多元线性回归模型 1③、二值响应模型 2（probit）及有序响应模型 3（ologit），模型形式略。此外，若某一区域债务负担过重且居民主观感受不幸福，很容易陷入金融沙漠（financial desertification）与社会排斥（social exclusion）的负反馈环，引发金融风险、经济下滑与社会动荡，为检验中国是否存在此类空间集聚的危险，在

① 参见田霖：《我国城乡居民金融包容与福利变化的营养经济学探析》，载于《金融理论与实践》2011 年第 9 期。该文的分析偏重营养经济学视角与区域范畴。

② 家庭负债指标未计入家庭金融包容指数，原因如下：①时点和时期指标不同，本书以前者为准；②存在交叉重复计算，如往年借贷已经在下一期以收入或家庭资产再配置的形式体现出来；③容易引发内生性问题；④一些借款未能严格区分主流借贷与非主流借贷，而后者并不是金融包容所要考察的范畴。

③ VIF 不存在大于 10 的方差膨胀因子，表明不存在多重共线性问题；为了避免异方差问题，进行稳健回归，并输出稳健标准误；通过变量数量、取值范畴的反复调整试错，使内生性控制在可接受程度内。

4.3.4 小节将采用空间计量方法深入讨论。

**2. 变量选择**

（1）自变量。家庭金融包容指数（*hfi*）：侧重需求主体的能动性、判断力，用基于结果的资产价值法来衡量，体现了调查时点家庭的金融能力。考虑到数据的可得性和真实性，去除现金和民间借贷等指标，采用有无常用活期存款账户、活期存款余额（元）、定期存款笔数与余额、股票市值（元）、股票账户现金余额（元）、非公开交易市场股票市值（元）、基金市值（元）、期货市价（元）、权证市价（元）、其他衍生品市值（元）、理财产品总市值（元）、黄金市值（元）及常用信用卡张数。衡量指标众多，所以选用主成分分析，计算出各家庭的主流金融包容指数，其取值范围在［-0.1388，0.3851］。*income*：去年实收货币收入（取对数）。*toincome*：指全部家庭收入，来源于工资、财产、投资及其他四部分收入；[①] *gender*：户主性别，女性为1，男性为0。*edu*：户主的文化程度，是分类变量，按照最高学历划分为没上过学、初中、高中或高职或中专或大专、本科及以上四个层次，并依次赋值为1、2、3、4。*loanedu*：为了检验教育负债是否对生活消费具有挤出效应，引入家庭教育贷款指标。*securityratio*：家庭社会保障覆盖率，衡量指标为家庭中享有离退休工资或基本养老保险、基本医疗保险、失业保险以及住房公积金人数之和占家庭总人口的比例。*age*：户主年龄，18～30岁、31～55岁、56岁以上依次赋值1、2、3。*marriage*：婚姻状况，未婚赋值0，已婚赋值1。*family*：家庭规模，用家庭总人口数度量。*house*：有无房产，“有”赋值1，“无”赋值0。*auto*：是否拥有汽车，是赋值1，否赋值0。*newbusi*：是否经营工商业项目，是赋值1，否赋值0。*rural*：农村地区为1，城市地区为0。*east* 和 *central*：两个哑变量表示东、中、西部控制变量，是为1，否为0。*eco*：社区或村落经济状况，从贫穷到富裕依次打分1～10分。*fcap*：金融能力，分类变

① 由于存在异常值，需要进行缩尾处理，将落于（1%，99%）之外的观察值分别替换为1%和99%分位上的数值。缺失值则根据实际情况，采取删除或者取均值的方法。其他数据的缺失值、异常值采用相同的处理方法，后文不再赘述。实收税后货币工资、农业经营收入、工商业经营收入、非风险性资产收入、风险资产收入、现金、其他收入计入该指标。

量，按照能力由低到高，依次得分为 0、1、2、3；[①] *risk*1 和 *risk*2：两个哑变量分别代表风险偏好与风险厌恶，[②] 是为 1，否为 0。*opi*：对互联网金融的接受度，以常用支付渠道衡量：网上银行、信用卡等赋值为 0；支付宝、财付通、找人代付、货到付款及其他赋值为 1。*borrow*：主流及非主流金融的偏好，偏好银行融资的赋值为 0，偏好亲戚、朋友、生意伙伴等其他民间借贷的赋值 1。*umempr*：家庭失业率，用失业总人口/家庭总人口。*belief*：是否有宗教信仰，无信仰为 1，其他为 0。*health*：与同龄人相比，现在的身体状况如何，为分类变量，按照非常好、很好、好、一般、不好分别赋值 1、2、3、4、5。*todebt*：家庭债务（取对数），由农业债、工商债、非风险资产负债、风险资产负债、房债、汽车债[③]及其他负债等构成。*Quarrel*：生活中与爱人的吵架频率。对于每月 1 次及以上、两到三个月 1 次、一年 1 ~ 3 次、没有四种情况分别赋值为 1、2、3、4。*idea*1 和 *idea*2：两个哑变量衡量家庭观念的有无。“您认为生活中家庭重要程度是?”选择为“一般”，“非常重要”和“重要”的视为具备家庭观念，此时 *idea*1 = 1；选择为“不重要”和“非常不重要”的视为家庭观念淡薄，此时 *idea*2 = 1。*trust*：“您对首次认识的人的信任程度”，根据从完全不相信到完全相信程度的加深，依次赋值 1 ~ 5。*children*：子女数量。*poli*：户主政治面貌，对于中共党员、共青团员，赋值为 1；对于民主党派或其他党派、群众等，赋值为 0。

（2）因变量。*consum*：家庭伙食支出占总支出（伙食、日用品、家政服务、交通通信及文化娱乐等支出总和）比重，近似反映居民生活水平的

---

① 大型实地调研问卷对受访者的金融能力进行考评：您平时对经济、金融方面的信息关注度如何?（非常关注与很关注赋值 1，一般、很少关注与从不关注赋值 0）。假设您现在有 100 元，银行的年利率是 4%，如果您把这 100 元存 5 年定期，5 年后您获得的本金和利息为? 假设您现在有 100 元，银行的年利率是 5%，通货膨胀率每年是 3%，您的这 100 元存银行一年之后能够买到的东西将? 后两题，答对赋值 1，答错赋值 0。这三题最高得分为 3 分，任意答对两题得 2 分，答对一题得 1 分，既不关注经济、金融信息又答不出后两题，视作缺乏金融能力，得分 0。引入金融能力指标以区别于一般的文化水平与受教育水平指标。

② CHFS 的问题是：如果您有一笔资产，将选择哪种投资项目? 1. 高风险、高回报项目；2. 略高风险、略高回报项目；3. 平均风险、平均回报项目；4. 略低风险、略低回报项目；5. 不愿意承担任何风险。3 为参照组，为风险中性；1 和 2 为风险偏好；4 和 5 界定为风险厌恶。

③ 统计了家庭第一、第二、第三套住房的负债及第一、第二辆汽车的负债。

高低，[①] 考察影响它的自变量与控制变量，依次为 *hfi*、*income*、*edu*、*loanedu*、*securityratio*、*gender*、*age*、*marriage*、*family*、*house*、*auto*、*newbusi*、*rural*、*eco*、*east*、*central*。*overdebt*：过度负债或承付能力差为 1，没有过度负债为 0，[②] 考察影响它的自变量与控制变量，依次为 *hfi*、*income*、*fcap*、*risk*1 和 *risk*2、*opi*、*borrow*[③]、*umempr*、*family*、*house*、*auto*、*edu*、*age*、*securityratio*、*marriage*、*belief*、*gender*、*rural*、*eco*、*east*、*central*。*happy*：家庭的主观幸福感。0 表示非常不幸福和不幸福、1 表示一般、2 表示幸福和非常幸福。考察影响它的自变量与控制变量，依次为 *hfi*、*health*、*toincome*、*todebt*、*securityratio*、*umempr*、*house*、*auto*、*Quarrel*、*idea*1 和 *idea*2、*trust*、*eco*、*belief*、*edu*、*marriage*、*gender*、*age*、*family*、*poli*、*children*、*rural*、*east*、*central*。采用不同模型分析时，其自变量与控制变量的选择各不相同，按研究需要分为关键考察变量、家庭特征变量与区域特征变量三大类。本书将根据实证情况分别汇报各变量对家庭福利的传导和影响及其经济学意义。

### 4.3.2 计量结果

#### 1. 多元线性回归模型分析结果

由于伙食支出是生存的必需品，属于刚性需求，而其他支出仅限于日

---

① 该变量为恩格尔系数的替代性指标。恩格尔系数是食物支出总额占个人消费支出总额的比重。低于 40% 为步入富裕水平，59% 以上为贫困，50% ~ 59% 为温饱，40% ~ 50% 为小康，30% ~ 40% 为富裕，低于 30% 为最富裕。同理，*consum* 越低，表示生活水平越高，福利越好。*consum* 的取值范围为［0.0063，1］。为了便于比较，引入 *consumption* = 伙食支出/其他支出。

② 由于家庭负债/家庭收入其分子分母的某些构成指标存在时点、口径选取不同或重复计算的问题，且无法确定合理的临界值（究竟超过何值即为过度负债?），因而本书采用如下替代指标度量:“是否按期还款?”“是”与“还未开始还款”界定为不存在过度负债，而“否”则意味延迟付款，可被视为过度负债，共计入了农业借款、工商业借款、汽车借款、房屋借款、教育贷款及其他借款；信用卡归还欠款则将“到期只偿还最低还款额”“延期偿还”“停止偿还”及“其他”视为过度负债，而“到期偿还账单金额”及“提前偿还”视为不存在过度负债；“为什么没有信用卡”反映家庭的承付能力，“没有还款能力”被视作过度负债。

③ 由于 2013 年被称为中国的互联网金融元年，因此 *opi*、*borrow* 指标（模型 2 需要考察的关键变量）不存在 2011 年数据，只有 2013 年数据。笔者曾尝试采纳 2011 年、2013 年的面板数据进行各模型的分析，遗憾的是，这两年的统计口径略有差异，如受访者主观态度指标、受访者对婚姻和家庭的看法等；重复截面仅有 6000 多个家庭且诸多指标存在大量缺失值，样本量无法满足需求；尽管用固定效应做计量检验时，部分解决了内生性问题，却因为遗漏变量产生新的内生性。因此，本书仍然采用 2013 年的截面数据，并将家庭特征、区域特征作为控制变量。

用品（如洗衣粉、香皂、卫生纸、牙刷等）、家政服务（如保姆、小时工、家政服务公司的清洁、清洗与管道疏通等）、交通通信（交通费、自驾油费、电话费、网络费）及基本文化娱乐支出（书报、杂志、影剧票等），衣着、奢侈品、耐用消费品等并未计入，因此不必考虑唐纳利（Donnelly，2012）提出的性格、情绪特征（如强迫购物症）大幅影响消费的情况。如表4－7所示，在5%的显著性水平上，*hfi* 显著为负，说明 *hfi* 每增加一个单位，会导致 *consum* 降低0.4477。家庭金融包容水平的提高，意味着资产的高效管理，而稳定的心理预期、预算约束的放松、丰富的金融产品的可接触与可使用（如拥有活期账户、持有信用卡）等都有助于家庭方便、快捷地购买所需的消费品，引导其调整消费结构，并促进家庭福利水平的上升。这里 *consum* 与恩格尔系数相似，标志着家庭生活的富裕程度，该值越低，意味着家庭生活水平越高。在所有变量中，*hfi* 对家庭的福利作用最强，H1 成立。由于财产性收入、投资性收入的或然性和不稳定，而根据持久收入假说，持久收入与持久消费之间才存在固定的比例关系，因而这里 *income* 衡量基本工薪收入对伙食消费比例的影响，它每变动1%，会导致 *consum* 降低0.7个百分点，说明家庭稳定收入的增加会提升其福利水平。*edu* 每上一个档次，福利水平也会相应提高1.4个百分点，说明文化水平越高，其消费理念越先进，也更容易接纳新的产品与适应新的生活模式。如盖洛普全球统计研究数据表明，最早接纳互联网金融的人群，其学历基本都在大专以上，本科、硕士占比高达42.8%及15.7%；是否拥有住房、汽车等非金融性资产对消费的影响差异比较大，拥有汽车的家庭其伙食消费比要低0.1072，说明有汽车的家庭福利更好。拥有住房（*house*）的家庭，其 *consum* 却增加了0.7个百分点。两类家庭资产作用迥异的原因：一是购买住房与购买汽车相比，前者大大加重家庭的债务负担，货币债务使家庭预算约束线内移，从而影响其生活质量；二是住房同时具备居住属性与投资属性，汽车则可归入奢侈的耐用消费品。按照中国的传统观念，似乎拥有一套自己的住房才有了安定性与归属感，所以对于大部分普通平民家庭而言，更看重其居住属性。在28143户受访者中，拥有住房的有19051户，占67.69%；拥有汽车的只有3717户，仅占13.21%。前者成为必需的家庭资产。*age* 与 *marriage* 体现了家庭特征控制变量，年龄越大，其他支出会减少，生活模式回归简约，福利会相对降低 3.79 个百分点。理论上，家庭是基本生活保障单位，但这里已婚家庭的福利要低于未婚家庭的原因在于，已婚家庭包括了所有曾经有过婚姻经历的家庭，如离婚、丧偶、独居，这些生活事件会降低家庭福利水平（Lenton and Mosely，2008）。*newbusi* 表明从事创业的家庭生活质量相对较高，与不从事创业的家庭相比，其福利高 1.96 个百分点。可见，“大众创业、万众创新”不仅是拉动中国经济的发动机之一，也是带动居民福利提升的有效渠道。社区或村落的经济状况对 *consum* 的影响为负，说明受访者居住地越富裕，其消费的示范效应越强，其贡献为 0.3 个百分点。

**表 4-7　　模型 1 的计量结果汇总**

| consum | Coef. | Robust Std. Err. | Consumption | | | | | |
|---|---|---|---|---|---|---|---|---|
| | | | t | P > \|t\| | Coef. | Robust Std. Err. | t | P > \|t\| |
| *hfi* | -0.4477 | 0.0894 | -5.00 | 0.000 | -29.2290 | 7.9498 | -3.68 | 0.000 |
| *income* | -0.0075 | 0.0023 | -3.31 | 0.001 | — | — | — | — |
| *edu* | -0.0140 | 0.0016 | -8.84 | 0.000 | -1.4485 | 0.1281 | -11.31 | 0.000 |
| *age* | 0.0379 | 0.0019 | 19.59 | 0.000 | 1.9154 | 0.1506 | 12.72 | 0.000 |
| *marriage* | 0.0181 | 0.0047 | 3.81 | 0.000 | -0.8062 | 0.3713 | -2.17 | 0.030 |
| *newbusi* | -0.0196 | 0.0029 | -6.74 | 0.000 | -0.4747 | 0.2385 | -1.99 | 0.047 |
| *eco* | -0.0034 | 0.0007 | -5.21 | 0.000 | -0.1841 | 0.0521 | -3.54 | 0.000 |
| *house* | 0.0078 | 0.0022 | 3.51 | 0.000 | — | — | — | — |
| *auto* | -0.1072 | 0.0033 | -32.99 | 0.000 | -1.8262 | 0.2574 | -7.10 | 0.000 |
| *rural* | -0.0668 | 0.0027 | -24.92 | 0.000 | -1.5076 | 0.1991 | -7.57 | 0.000 |
| *east* | 0.0198 | 0.0027 | 7.41 | 0.000 | 0.9187 | 0.2084 | 4.41 | 0.000 |
| *central* | 0.0074 | 0.0029 | 2.54 | 0.011 | 0.1655 | — | — | — |

资料来源：stata 软件分析并输出结果，并由笔者整理。

家庭消费的总量与人口数相关，引入 *family*，以控制家庭规模对食物消费占比的影响；*securityratio* 则从制度层面控制了社会福利制度对家庭消费的作用。中国的福利制度不同于某些国家，不是选择性的，而是具有广覆盖和普惠性，如社会医疗保险、社会养老保险等，具备正式工作的人一般可拥有企业年金、失业保险和住房公积金。社会保险不同于商业保险，后者是居民为了弥补社会保险的不足，自主选择商业性保险机构投保、参保，前者则是为居民提供最基本的社会保障。引入 *securityratio* 是为了控制家庭社会保障覆盖率的影响。此外，户主性别的作用并不显著，教育负债也没有出现挤出效应，表 4 -7 不再汇报。从区域控制变量来看，东部、中部地区的生活水平高于西部地区，东部地区比其他地区的福利高出 1. 98 个百分点，而中部地区则相对高出 0. 7 个百分点。说明生活福利的区域差异在中国依然存在，并可能持续一定时期。有趣的是，农村地区比城市地区的 *consum* 低了 6. 68 个百分点，这并不是说农村地区的生活质量高于城市地区。从细化数据来看，*consum* 的均值为 0. 7264，而城市 *consum* 的均值是 0. 7389，农村 *consum* 的均值为 0. 6993。这里用 *consumption* 指标来解释，农村 *consumption* 的均值是 5. 7162，而城市该指标的均值是 5. 44，可见农村的伙食消费（月均 1741 元，城市为 885 元，大大低于农村）相对较高，而城市的其他支出相对较高，导致出现这样的回归结果。表 4 -7 整理汇报了关键自变量和控制变量的回归结果（显著性水平低于 5% 的没有列出，右侧是 *consumption* 的回归结果对比）。①

### 2. probit 模型分析结果

*Overdebt* 反映家庭延迟还款的情况，在负债比的临界值难以确定的条件下，可作为过度负债的衡量指标。以最大一笔借款②为例，中国家庭的农业借款、工商业借款、房屋借款、汽车借款、教育借款及其他借款未能按期还款的比例依次为 10. 79% 、11. 71% 、14. 31% 、7. 89% 、10. 79% 及 11. 45% 。这些借款多来源于父母、亲戚、朋友、同事、民间金融组织、小额贷款公司及有合作关系的人或机构，属于非主流金融渠道，其形式不规范，多以口头协定为主。亲属、兄弟姐妹是家庭最信任的借款渠道，体现

---

① CHFS 统计了受访户去年的消费支出，包括购买衣物、住房装修与维修扩建、家庭耐用消费品、奢侈品、教育、出国留学、购买交通工具及其零部件、交通工具、旅游与保健支出。本书没有采纳这种统计口径进行分析。如耐用消费品支出并不是衡量家庭生活质量的满意指标，也许家庭已经拥有基本的耐用消费品而选择不再支出。

② 问卷中“是否延迟付款”只提供了除银行贷款之外的借款数据。

中国家庭的互助性及保障性功能。如在受访的16120户家庭中，有50.97%的家庭认为借钱最可靠的途径仍是亲戚，这一比例甚至高于主流金融机构（银行仅占33.57%）。基于亲缘、人缘的借贷有非正式制度的制约，而民间金融组织的借款与之比较则风险控制难度相对较大，如利息成本高、蕴藏违约风险以及债务链条断裂引发的连锁反应等，有可能引发地方金融风险，也是过度负债需要重点关注的方面。信用卡到期只偿还最低还款额、延期偿还、停止偿还及其他的比例依次为6.82%、0.96%、0.6‰、7.27%，视为过度负债；而到期偿还账单总额（56.26%）及提前偿还（28.63%）表明家庭偿付能力较强。对于为什么没有信用卡，在23599名受访者中，有33.79%是喜欢现金消费，43.13%的居民是不了解信用卡，愿意使用而申请被拒只占0.58%，有2594户家庭（占比10.99%）明确表示没有还款能力（债务承担能力已经有限，即过度负债）。

probit模型回归结果显示，*hfi* 显著作用于 *overdebt*，回归系数为 -8.3090，说明家庭金融包容水平越高，过度负债的概率就越低，这与H2是吻合的。*hfi* 不仅体现了某一时点家庭财务的实力，更是居民金融能力的反映。*hfi* 越高，越善于进行财务规划、合理编制财务预算、金融意识较强、具有前瞻性和灵活性、消息灵通、易于接纳新生事物、总能保持收支平衡、自由选择最合适的金融产品与服务等，基本不会陷入不可持续的债务陷阱，更不会出现由于过度负债而引发的心理压力和焦虑紧张。*income* 对 *overdebt* 是负贡献（-0.0799），即收入①的增加会导致过度负债的减少。*opi* 是对互联网金融的采用情况，该指标反映了中国金融领域的最新发展态势，这里的界定是狭义的互联网金融。*opi* 可以有效降低过度负债，回归系数是 -0.1212。众所周知，互联网金融方便、灵活、便捷，具有长尾化、低成本的优势，在信用评级（如蚂蚁的“水文模型”、芝麻信用等）、贷款手续（无抵押要求、操作简单）、价格优惠（免息期、购买自建电商平台的商品时可享受积分抵扣和优惠券支付等）等方面都具有传统金融所不具备的优点：一是大数据风控和云计算的广泛运用，以多年积累的交易和评

① 为了避免内生性，只采纳了基本工资收入，财产性收入与投资性收入不计入。

级数据为参照，事先就能避免将款项贷放给资质不佳的消费者；二是全流程管理模式，实现线上 24 小时申请、审查与放贷，便于消费者随时自助操作；三是贷款金额灵活，没有门槛条件，小额资金需求①可以迅速得到满足，帮助消费者临时周转与合理规划资金的使用。可见，*opi* 也可以提高家庭福利；从家庭控制变量看，*risk*1 在 5% 的水平上显著，回归系数为 0.0709，说明风险偏好的家庭更倾向于过度负债；越是年龄大的户主行事更为谨慎、保守，因此 *age* 可减少负债比例（-0.1769），这也可能与消费观念有关；家庭社会保障覆盖率在 1% 的水平上显著（-0.3174），证明完善的社会福利制度可以有效减少过度负债出现的概率，社会保险是可以增进家庭福利水平的；*umempr* 则会增加过度负债的可能性（0.1336），表明家庭失业率的上升会损害福利水平；拥有汽车的家庭比没有汽车的家庭债务负担轻，福利水平高（-0.1080）；户主为女性的家庭倾向于减少借贷（-0.1769），这可能与男性与女性的性格差异有关，前者更喜欢冒险，行事比女性更激进；从区域控制变量来看，农村地区的债务负担轻于城市地区（-0.1375），西部地区的过度负债最为严重（*east* = -0.1914，*central* = -0.0667）；受访者居住地越富裕，其陷入过度负债困境的概率越小（*eco* = -0.1404）。

probit 命令只能得到自变量的大小，为了得到自变量真正的作用，笔者使用 dprobit 命令，以求出边际作用 dy/dx。表 4-8 不仅汇报了各变量的回归系数，而且给出了 dy/dx 以及各自对应的稳健标准误、$Z$ 和 $P>|z|$ 值。利用 probit 和 dprobit 回归，两种方法得出的各自变量的符号是一致的，不同的是回归系数的大小发生了变化。从 dy/dx 的值来看，*hfi* 同样是对 *overdebt* 作用强度最高的，每变动一个单位，就会使过度负债的发生概率减少 162%，再次验证 H2 成立；*income* 每增加 1%，过度负债的可能性降低 1.56%，拥有汽车的家庭过度负债的概率降低 2%；*opi* 的采纳者比不使用互联网支付服务的家庭负债负担降低 2.25 个百分点；风险偏好者的债务负担要多出 1.43%，而女性比男性过度负债的可能性低 0.8 个百分点；家庭失业比率每高一个百分点，导致其过度负债发生概率增加 2.61%，而

① “阿里小贷”最出名的案例是其最小金额的贷款只有 83 元。

完善的社会保障则使其发生概率降低6.2个百分点；从青年到中年、再从中年到老年，*age* 会带来负债比率降低3.45%；*edu* 对 *overdebt* 的影响不显著，说明文化程度或者教育水平对家庭过度负债情况没有什么影响，性格的作用可能更为明显。然而，度量金融能力的 *fcap* 也并不显著，这与一般的预期不相符合。这是因为本节采用3个问卷指标用以衡量受访者对基本经济与金融信息的关注度以及基本的数字计算能力，前者是受访者的自评，缺乏客观的标准，有随意性或夸大性；后者将“不知道”也计入了“计算错误”的范畴，而“不知道”的家庭其金融素养更为低下。此外，研究需要能够全面、完整、客观衡量受访者债务素养（debt literacy）的指标体系，以准确度量其对家庭负债的影响。*borrow* 回归结果显示，似乎偏爱非主流金融的家庭其债务负担相对小0.7个百分点，只是显著性水平大大降低了。这一部分是由于非主流借贷中有高达50.97%的人偏好向亲戚借钱，而亲戚之间的借贷通常不收利息，也不需要抵押，一定程度上降低了偿债负担。以最大一笔借款为例，农业借款、工商业借款、房屋借款、汽车借款不需要支付利息的比例依次为87.75%、76.29%、94.56%及91.71%；社区经济环境的 $dy/dx$ 为 $-0.0081$，可见区域特征变量对过度负债依然有较强的边际作用。①

**表4－8　　　　模型2的计量结果汇总**

| overdebt | Coef. | Robust Std. Err. | t | P > \|t\| | dF/dx | Robust Std. Err. | t | P > \|t\| |
|---|---|---|---|---|---|---|---|---|
| *hfi* | －8.3090 | 1.6170 | －5.14 | 0.000 | －1.6224 | 0.3136 | －5.14 | 0.000 |
| *income* | －0.0799 | 0.0220 | －3.63 | 0.000 | －0.0156 | 0.0043 | －3.63 | 0.000 |
| *fcap* | 0.0184 | 0.0143 | 1.28 | 0.200 | 0.0036 | 0.0028 | 1.28 | 0.200 |
| *risk1* * | 0.0709 | 0.0359 | 1.98 | 0.048 | 0.0143 | 0.0075 | 1.98 | 0.048 |
| *risk2* * | 0.0034 | 0.0254 | 0.14 | 0.892 | 0.0007 | 0.0050 | 0.14 | 0.892 |
| *opi* * | －0.1212 | 0.0298 | －4.07 | 0.000 | －0.0225 | 0.0053 | －4.07 | 0.000 |
| *borrow* * | －0.0399 | 0.0213 | －1.88 | 0.061 | －0.0077 | 0.0041 | －1.88 | 0.061 |
| *umempr* | 0.1336 | 0.0331 | 4.04 | 0.000 | 0.0261 | 0.0065 | 4.04 | 0.000 |

① LPM回归结果不理想，故不再汇报，而限值因变量模型可以克服LPM的缺陷。

续表

| overdebt | Coef. | Robust Std. Err. | t | P > \|t\| | dF/dx | Robust Std. Err. | t | P > \|t\| |
|---|---|---|---|---|---|---|---|---|
| *family* | -0.0144 | 0.0086 | -1.66 | 0.097 | -0.0028 | 0.0017 | -1.66 | 0.097 |
| *auto* * | -0.1080 | 0.0329 | -3.29 | 0.001 | -0.0201 | 0.0058 | -3.29 | 0.001 |
| *house* * | -0.0332 | 0.0223 | -1.49 | 0.137 | -0.0065 | 0.0044 | -1.49 | 0.137 |
| *edu* | 0.0113 | 0.0164 | 0.69 | 0.490 | 0.0022 | 0.0032 | 0.69 | 0.490 |
| *age* | -0.1769 | 0.0197 | -8.98 | 0.000 | -0.0345 | 0.0038 | -8.98 | 0.000 |
| *securityratio* | -0.3174 | 0.0487 | -6.52 | 0.000 | -0.0620 | 0.0095 | -6.52 | 0.000 |
| *marriage* * | 0.0536 | 0.0452 | 1.19 | 0.236 | 0.0102 | 0.0083 | 1.19 | 0.236 |
| *belief* * | 0.0056 | 0.0322 | 0.17 | 0.862 | 0.0011 | 0.0062 | 0.17 | 0.862 |
| *gender* * | -0.0425 | 0.0203 | -2.09 | 0.036 | -0.0083 | 0.0040 | -2.09 | 0.036 |

资料来源：stata 软件分析并输出结果，并由笔者整理。

金融包容特别强调产品与服务在可支付范畴（affordable），而过度负债极易导致居民陷入四大难题：基本剥夺（basic deprivation）、次级剥夺（secondary deprivation）、健康剥夺（health deprivation）与环境剥夺（environmental deprivation）。消费超出家庭承付能力的金融产品会直接影响居民的心理健康，而过度负债对身体健康的具体影响还不明确。身体状态不佳可能既是过度负债的结果，又是其原因，如果没有足够的纵列数据，将很难判断其因果关系。诚然，理论上讲，身体与心理健康相互影响、互为因果，但是主观心理感受对客观身体健康的影响机制较为复杂，且作用强度很难确定。需要参照国外经验，对过度负债人群进行现场调研与深度访谈，了解其性格、偏好、家庭特征、社区环境，尤其是心理压力（如焦虑、恐惧、绝望、不安全感），并由上述不良心理状态引发的身体不适与具体表现等。中国家庭金融调查并未设计涵盖此类问题的问卷，因此，目前精确量化过度负债的心理压力对身体健康的冲击还比较困难。故依据国外学者的研究结论，理论推断过度负债也可能对中国居民的身心健康产生一定程度的伤害，H2 成立。

### 3. ologit 模型分析结果

*hfi* 的回归系数为 6.3815，且在 5% 的水平上显著，充分说明家庭金

融包容指数越高，则家庭成员的幸福感就越强烈。家庭富足、收支平衡、资产多元化、财务高效管理的家庭更能体会从财务安全到财务自由的幸福感，也可以更为随性、自由地选择喜欢的生活模式，其福利水平就越高，H3 成立。*health* 的回归系数为负，说明身体状况越差的人，越不容易感到幸福。家庭总收入与家庭总负债从两个角度反映了对居民幸福感的影响，前者是显著增加幸福感（0.0552），后者则是显著降低幸福感（-0.0283）。家庭社会保障覆盖率反映了社会基本福利制度对家庭福利的影响，显然较为充分的社会保险提供了一定的经济与生活保障，可以提高家庭的主观幸福感受（0.5914）。家庭失业率的增加，会影响其生活质量，所以对福利、幸福感是消极负面作用（-0.2319）。汽车、住房类非金融资产对福利的影响与4.1 节类似，前者在1%的显著性水平上提高幸福感，后者则在1%的显著性水平上降低幸福感。*Quarrel*、*idea*1 与 *idea*2 透视了受访者对婚姻和家庭的态度，*Quarrel* 在 1% 的水平上显著（0.1544），说明夫妻争吵的次数越少，家庭越幸福。后两个指标度量受访者是否具备家庭观念。*idea*1 的回归系数是 0.1544，说明具有浓厚家庭观念、对家庭怀有较重感情依赖的人（认为家庭在生活中重要或者非常重要）更容易感到幸福。中国家庭的传统观点是将家庭视为情感交流的场所（占受访者的70.10%）以及生老病残等生活保障单位（占受访者的54.94%）。家庭观念淡薄的人（仅占受访者的0.50%）往往主观幸福感相对弱一些。与之对应，*marriage* 的回归结果显示，已婚的人比未婚的人更容易感到家庭的温暖和幸福。生活环境对居民幸福感的影响也至关重要，*eco* 的回归系数是0.0770 且在1%的水平上显著，表明受访者居住地的经济状况越好，其幸福感越强烈，幸福的“传染效应”明显。从其他家庭特征控制变量来看，女性比较容易对生活现状感到满足，从而幸福感较强。年龄越大的人，生活阅历丰富、家庭基础牢固、心态比较淡定，也就更容易觉得幸福。*family* 与 *children* 则是从另外一个角度证明了家庭人丁兴旺、子女绕膝所带来的主观幸福感；区域控制变量在5%的水平上显著，幸福感也存在一定程度的区域差异。农村地区的家庭与城市家庭比较，幸福感要相对低一些（-0.0951）。相对而言，西部地区的家庭主观幸福感要弱于东部、中部地区的家庭（见表4-9）。

**表 4 – 9　　　　模型 3 的计量结果汇总**

| happy | Coef. | Robust Std. Err. | Odds Ratio | Robust Std. Err. | z | P > \|z\| |
|---|---|---|---|---|---|---|
| *hfi* | 6. 3815 | 3. 1778 | 590. 8166 | 1877. 508 | 2. 01 | 0. 045 |
| *health* | -0. 4223 | 0. 0186 | 0. 6555 | 0. 0122 | -22. 67 | 0. 000 |
| *toincome* | 0. 0552 | 0. 0102 | 1. 0568 | 0. 0108 | 5. 39 | 0. 000 |
| *todebt* | -0. 0283 | 0. 0071 | 0. 9720 | 0. 0069 | -3. 97 | 0. 000 |
| *securityratio* | 0. 5914 | 0. 1242 | 1. 8066 | 0. 2244 | 4. 76 | 0. 000 |
| *umempr* | -0. 2319 | 0. 0669 | 0. 7930 | 0. 0531 | -3. 46 | 0. 001 |
| *auto* | 0. 4308 | 0. 0722 | 1. 5386 | 0. 1110 | 5. 97 | 0. 000 |
| *house* | -0. 1271 | 0. 0390 | 0. 8807 | 0. 0344 | -3. 26 | 0. 001 |
| *Quarrel* | 0. 1544 | 0. 0164 | 1. 1669 | 0. 0190 | 9. 44 | 0. 000 |
| *idea1* | 0. 4424 | 0. 0751 | 1. 5564 | 0. 1169 | 5. 89 | 0. 000 |
| *idea2* | 0. 1346 | 0. 3403 | 1. 1441 | 0. 3894 | 0. 40 | 0. 692 |
| *trust* | 0. 0203 | 0. 0182 | 1. 0205 | 0. 0185 | 1. 12 | 0. 264 |
| *eco* | 0. 0770 | 0. 0127 | 1. 0801 | 0. 0138 | 6. 04 | 0. 000 |
| *belief* | -0. 1076 | 0. 0631 | 0. 8980 | 0. 0566 | -1. 71 | 0. 088 |
| *edu* | 0. 0016 | 0. 0329 | 1. 0016 | 0. 0330 | 0. 05 | 0. 961 |
| *marriage* | 1. 1384 | 0. 1005 | 3. 1216 | 0. 3136 | 11. 33 | 0. 000 |
| *gender* | 0. 1655 | 0. 0391 | 1. 1800 | 0. 0461 | 4. 23 | 0. 000 |
| *age* | 0. 1824 | 0. 0411 | 1. 2001 | 0. 0494 | 4. 43 | 0. 000 |
| *family* | 0. 0699 | 0. 0198 | 1. 0724 | 0. 0212 | 3. 54 | 0. 000 |
| *poli* | 0. 2013 | 0. 0517 | 1. 2230 | 0. 0633 | 3. 89 | 0. 000 |
| *children* | 0. 0899 | 0. 0169 | 1. 0941 | 0. 0185 | 5. 33 | 0. 000 |
| *rural* | -0. 0951 | 0. 0461 | 0. 9092 | 0. 0419 | -2. 06 | 0. 039 |
| *east* | 0. 1148 | 0. 0505 | 1. 1217 | 0. 0567 | 2. 27 | 0. 023 |
| *central* | 0. 2149 | 0. 0507 | 1. 2398 | 0. 0628 | 4. 24 | 0. 000 |
| */cut1* \| | 0. 0070 | 0. 2817 | | | | |
| */cut2* \| | 2. 2734 | 0. 2822 | | | | |

资料来源：stata 软件分析并输出结果，并由笔者整理。

从概率比来看，*hfi* 具有带动幸福感的倍增效应：在其他变量保持不变的前提下，*hfi* 平均每上升一个单位，家庭幸福感的平均概率比会上升到之前的 590 倍，可见，*hfi* 是对中国家庭幸福感最有影响力的变量，其作用力度也最大，再次验证假设 3 的成立。身体不健康会使幸福感降低

35%。其他变量给定，家庭收入平均每增加一个单位，会平均提升家庭幸福感6个百分点，然而家庭负债平均每增加一个单位，则降低幸福感3个百分点。拥有社会保障的家庭其感到幸福的概率比增加80%，而失业率增加的家庭则幸福概率比降低21%。拥有汽车的家庭其感到幸福的概率是没有汽车家庭的1.53倍。不常吵架的夫妻，在其他条件不变的情况下，幸福概率提高17%。对家庭有着深厚感情的受访者其幸福概率要高于家庭观念淡薄的受访者55%，而*family*、*children*则表明了每增加一口人或者一个子女，将会使家庭幸福概率比分别提升7%和9%。在其他变量控制不变的前提下，已婚家庭的幸福感是未婚家庭的3倍，年老的人的幸福感概率高于年轻人20%，而党员、团员的幸福感是普通群众的1.22倍。在5%的显著性水平上，农村地区的幸福感要低于城市10%，东部地区的幸福概率比高于其他地区12%，而中部地区的幸福概率比则高于其他地区24%。

前面曾经提到过身体健康与心理健康之间的复杂关系：一般情况下，身体健康可以影响心理健康，并使心理上产生不悦的感受，模型3*health*的回归系数与概率比均验证了身体越不好就感觉越不幸福的假设。那么心理上的主观感受是否能够影响身体健康状况呢？如果答案是肯定的，就意味着模型存在内生性。为了检验这个推测，这里采用变通后的处理，构建变量*happy*2：把1赋值给非常幸福与幸福，把0赋值给不幸福，以此构建二元响应模型。工具变量（Ⅳ）的选择上，笔者采用了受访者16岁以前的身体状况。一般情况下身体底子好，就不容易生病，因此Ⅳ与*health*高度相关；同时，16岁以前的身体状况与受访者当前的幸福感并不直接相关，Ⅳ与*happy*2不相关。使用此工具变量进行Ⅳ *probit*的估计结果如表4-10所示。根据沃尔德检验结果，*p*值为0.000，故可以在1%的显著性水平上判定*health*为内生变量。然而，其相关系数却并不高，$\hat{p}=0.2595$。从回归结果来看，ivprobit的估计结果与*probit*并无大的不同，不仅系数的符号相同，而且连系数的大小都没有很大的变化（均在-0.45左右）。这说明即便忽略*health*的内生性，也不会出现明显的高估或低估的情况。

笔者进一步运用两步回归法进行验证，研究表明，即便这里选择的Ⅳ

是个很好的工具变量（p 值为 0.000，在 1% 的显著性水平上认为是内生变量），但是其回归结果仍然是没有差别（*happy*2 的回归系数是 0.4881）。可见，*health* 确实存在一定程度的内生性，但是并不严重，*health* 与 *happy* 互为因果的情况并不明显，模型 3 的内生性可以不予处理；*health* 可能会影响幸福感，但幸福感对身体健康的作用强度并没有像大多数学者预期的那么强烈。①

**表 4－10　　　　Ⅳ probit 模型的计量结果汇总**

| happy2 | Coef | Robust Std. Err | z | P > \|z\| |
|---|---|---|---|---|
| *hfi* | 2.4826 | 1.4256 | 1.74 | 0.082 |
| *health* | −0.4710 | 0.0334 | −14.09 | 0.000 |
| *toincome* | 0.0202 | 0.0063 | 3.19 | 0.001 |
| *todebt* | −0.0045 | 0.0043 | −1.02 | 0.306 |
| *securityratio* | −0.3051 | 0.0753 | 4.05 | 0.000 |
| *umempr* | −0.0606 | 0.0429 | −1.41 | 0.157 |
| *auto* | 0.1904 | 0.0454 | 4.19 | 0.000 |
| *house* | −0.0577 | 0.0245 | −2.36 | 0.019 |
| *Quarrel* | 0.0750 | 0.0105 | 7.13 | 0.000 |
| *idea*1 | 0.2916 | 0.0526 | 5.55 | 0.000 |
| *idea*2 | 0.1479 | 0.2060 | 0.72 | 0.473 |
| *trust* | 0.0115 | 0.0110 | 1.05 | 0.293 |
| *eco* | 0.0268 | 0.0081 | 3.31 | 0.001 |
| *belief* | −0.0565 | 0.0393 | −1.44 | 0.151 |
| *edu* | −0.0320 | 0.0206 | −1.55 | 0.120 |
| *marriage* | 0 | (omitted) | | |
| *gender* | 0.1539 | 0.0248 | 6.20 | 0.000 |
| *age* | 0.1862 | 0.0272 | 6.85 | 0.000 |
| *family* | 0.0409 | 0.0116984 | 3.50 | 0.000 |
| *poli* | 0.0807 | 0.0327 | 2.47 | 0.013 |
| *children* | 0.0668 | 0.0101 | 6.64 | 0.000 |

① 限于篇幅，两步估计法的回归结果略。

续表

| happy2 | Coef | Robust Std. Err | z | P > \|z\| |
|---|---|---|---|---|
| *rural* | 0.0015 | 0.0294 | 0.05 | 0.959 |
| *east* | 0.0148 | 0.0331 | 0.45 | 0.655 |
| *central* | 0.0949 | 0.0319 | 2.98 | 0.003 |
| _*cons* | 0.1785 | 0.1991 | 0.90 | 0.370 |
| /*athrho* | 0.2695 | 0.0414 | 6.51 | 0.000 |
| /*lnsigma* | 0.0481 | 0.0055 | 8.67 | 0.000 |
| *rho* | 0.2631 | 0.0385 | | |
| *sigma* | 1.0492 | 0.0058 | | |
| Wald test of exogeneity (/*athrho* = 0): chi2(1) = 42.40<br>Prob > chi2 = 0.0000 | | | | |

资料来源：stata 软件分析并输出结果，并由笔者整理。

### 4.3.3 进一步讨论

为了验证传统计量模型分析结论的稳健性，笔者根据模糊曲线（fuzzy curve）原理编程，该方法特别适合复杂系统的多变量、非线性问题的研究，可以有效判别输入变量对输出变量的贡献弹性，既不需要复杂的非线性技术建模，又有效规避了传统计量模型由于内生性、多重共线性、序列相关及异方差导致的结论非一致性、复合因果及有效性不足的问题。此外，本书采用空间计量软件 Geoda 分析变量的空间相关关系，以检验中国金融包容、过度负债及家庭幸福感的空间分布特征，[①] 并探讨中国是否存在金融沙漠及社会排斥集聚区域的可能性，这不仅严重影响居民的幸福感，也是一个国家经济稳定、社会稳定的警戒红线。

图 4 - 1 的模糊曲线拟合效果比较好，呈现负向贡献，即家庭金融包容指数的增加确实降低了伙食消费的相对比重，证明居民家庭生活水平

① 分别统计了 29 个省份相关变量的数据值，西藏与新疆的缺失值用均值替代；空间权重采纳 K-nearest-4neighbors。

随之提高，这也是金融包容的福利表现之一。后期拟合曲线略微上升，表明随着家庭金融包容水平的提高，对食物的要求更精细化、高端化或者绿色消费需求增加，[①] 如天然绿色、原生态、价格相对昂贵的有机食品，原装进口食品等消费量提高；家庭对食物营养配比的要求也越来越高，居民膳食日趋科学与理性，这些均是消费升级的重要特征，会引发食物支出某种幅度的上升。图 4－2 中 *hfi* 对过度负债比的贡献弹性为 0.141，其二次拟合曲线呈现较为明显的右下倾斜的形状。可见，较高的家庭金融包容水平预示着参与主体金融能力较强及具备相对较高的债务素养，一定程度上可以降低其过度负债的可能性，从而减小对其身体与心理健康的损害。家庭金融包容水平起初会大幅降低过度负债的可能性，随着包容水平越来越高，拟合曲线变得趋于平缓，即存在一个拐点，虽然拐点的具体位置无法准确定位，但验证了负债（debt）对经济发展是必要的，只有过度负债才是要避免的。而有时候出于财务灵活安排及周转目的导致的延迟付款、偿付基本款项以及自我排斥而不愿申领信用卡（自我判断缺乏还款能力）等情况会在一定程度、一定时期存在，有其合理的一面，且无法完全消除。

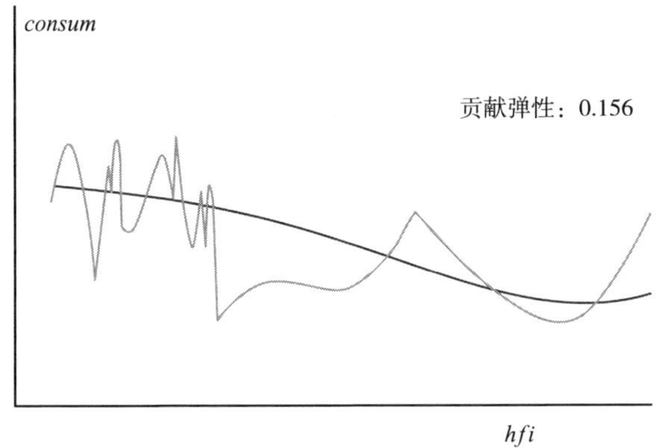


**图 4－1　家庭金融包容与食物消费占比的关系**

资料来源：根据模糊曲线原理编程，软件输出拟合图形，并由笔者整理。

---

① 阿里研究院在 2016 年 7 月发布了《中国绿色消费者报告》，阐释了一个以绿色消费者为中心的时代的到来及其衍生的经济价值、环境价值和产业价值。

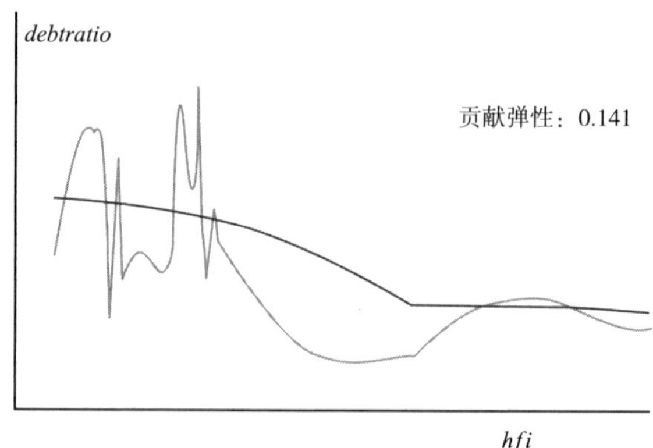


**图 4-2　家庭金融包容与过度负债占比的关系**

资料来源：根据模糊曲线原理编程，软件输出拟合图形，并由作者整理。

图 4-3 的模糊曲线显示，家庭金融包容水平对居民幸福感具有非常显著的正向贡献，其弹性高达 0.206。验证了前面计量结果的稳健性，说明金融包容作用于中国家庭福利的第三种渠道或机制是有效的。这也是近期学界与实践部门强调金融供给侧改革的原因之一：催生新金融、促进创新创业、对接实体经济、以金融引导供给侧结构性改革、介入产业链优化与商业模式创新、建设绿色金融以及实现金融新常态的引领等，而家庭福利的改进也是完善金融包容体系的题中应有之义。

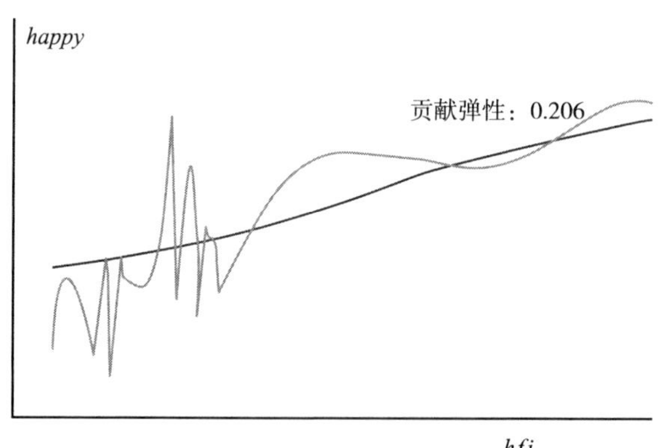


**图 4-3　家庭金融包容与幸福感的关系**

资料来源：根据模糊曲线原理编程，软件输出拟合图形，并由作者整理。

图 4-4 数据点密集于第一、第三象限，且莫兰指数（Moran's I）为 0.2288，说明 *hfi* 具有正的空间相关性。*overdebt* 的莫兰指数为负，呈空间

负相关关系（见图 4－5）。*hfi* 与 *happy* 的莫兰指数为 0，表现为空间随机性。可见，中国家庭金融包容水平存在空间集聚和溢出效应，表现为高高（high-high）、低低（low-low）水平的集中，较容易针对不同集聚特征，制定区域差别化政策。*overdebt* 的特点则为高低（high-low）、低高（low-high）的空间分布，导致过度负债的甄别与政策引导难度较大，需要精确到每个社区及家庭。然而中国家庭由使用排斥引发接触排斥进而出现金融沙漠的概率很低，此类区域金融风险可控。中国居民的主观幸福感受到诸多要素的影响，金融包容水平显著影响微观家庭与个体的幸福程度，但两者的空间扩散效应并不明显。

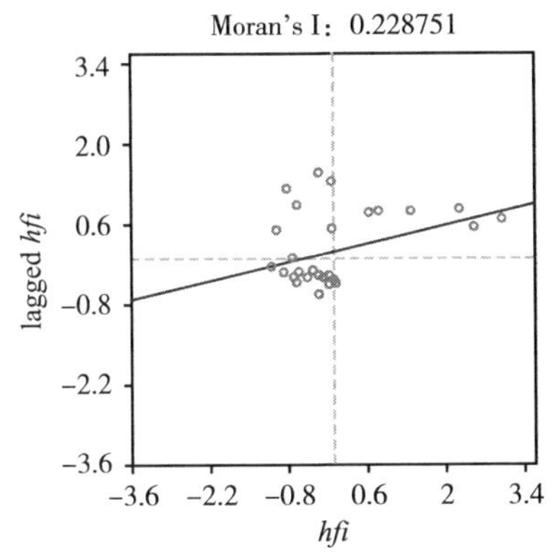


**图 4－4　中国家庭金融包容指数的莫兰指数**

资料来源：空间计量软件 Geoda 输出全局空间自相关图形，并由作者整理。

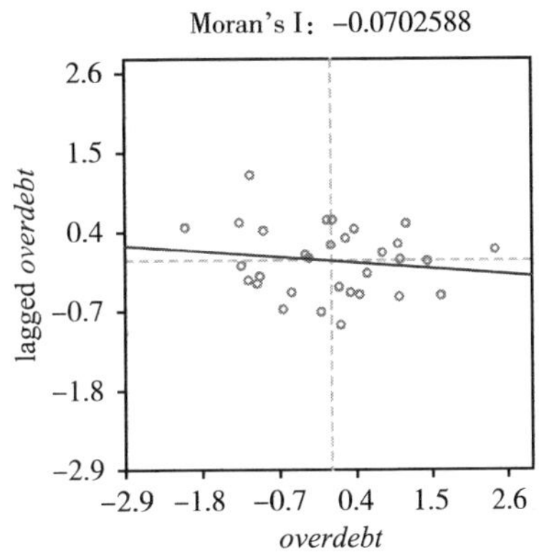


**图 4－5　中国家庭过度负债的莫兰指数**

资料来源：空间计量软件 Geoda 输出全局空间自相关图形，并由作者整理。

中国家庭的 *happy* 存在空间正相关（见图 4－6），而 *unhappy* 则呈空间负相关（见图 4－7）。说明居民的心理比较健康，乐于分享快乐，社区的模范示范效应显著，而攀比心理诱发的不满与不快却微乎其微。可见国外需要重点解决的红色风险警戒区域和社会排斥问题在中国并不存在，总体而言，中国社会保持稳定、居民安居乐业，主观的不幸福感受仅囿于个案，不会演变成严重的社会问题。①

① 需要注意的是，报告只给出了全局莫兰指数，并未分析局部莫兰指数；此外，莫兰指数只是衡量空间相关性的一个重要指标，如果想要得出更为精确的结果，还需要结合其他数据进行检验和综合考量。

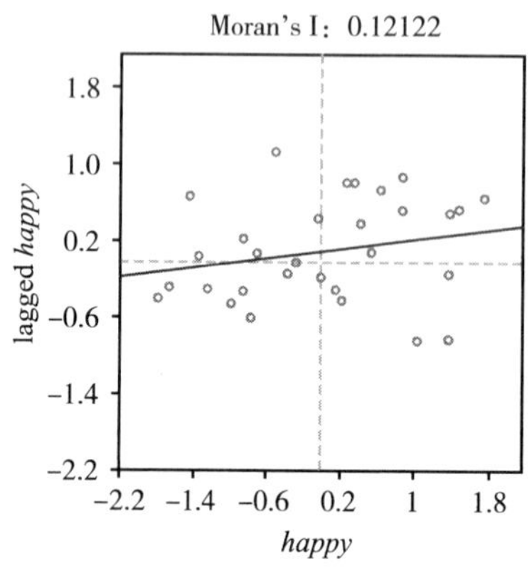


**图4-6　中国家庭幸福感的莫兰指数**

资料来源：空间计量软件 Geoda 输出全局空间自相关图形，并由作者整理。

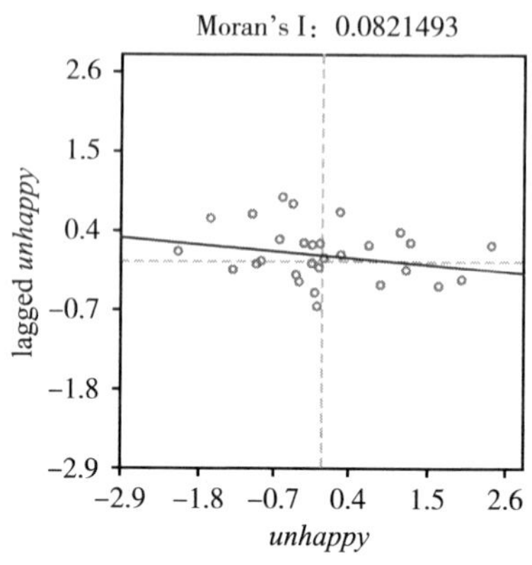


**图4-7　中国家庭主观感受不幸福的莫兰指数**

资料来源：空间计量软件 Geoda 输出全局空间自相关图形，并由作者整理。

### 4.3.4　结论与启示

（1）家庭金融包容通过作用于居民消费、家庭负债与主观幸福感受，可以有效改进家庭福利水平，但其作用的强度、渠道与机制有所不同。家庭金融包容与家庭资产不同，它不纳入现金、民间与私人借贷，是家庭微观金融能力提升的结果，也是家庭金融资产的有效配置和管理，是个体的理性、自主选择，更是完全融入主流金融体系的客观反映。在当前的经济形势下，迫切需要激发家庭对主流金融的需求。CHFS 数据显示，在受访的 28143 户家庭中，明确表示不需要银行贷款的家庭占比很高：农业经营只有 7.1% 的家庭获取了主流金融支持，没有贷款的家庭中“不需要”占比 78.10%；工商业贷款、房屋贷款及汽车贷款这一比例分别达到 79.79%、77.52% 与 89.75%，而利用银行贷款的家庭只分别占到了 12.12%、10.52% 及 9.38%，这是亟待发掘的业务蓝海。2015 年，中国银行业监督管理委员会公布了中国 31 个省份商业银行的不良贷款数据，有 12 个省份的不良贷款率超过了商业银行整体不良率（1.74%）。报告研究发现，家庭对主流金融的违约率却是极低的，以信用卡为例，延期偿还、停止偿还的比例仅为 0.96%、0.6‰，不良率基本可以忽略不计；没有还款能力的

10.99%的人群选择了自我排斥而不去申领信用卡，对银行也并未造成实质的损失。可见，主流金融机构可以寻找有效路径和渠道，刺激微观家庭的创业、创新需求以及消费信贷需求，从而达到既提升了家庭的福利水平，又找了新的业务生长点，实现供需双方的共生双赢。

（2）鉴于某些家庭特征变量和区域特征变量显著影响家庭福利水平，需要弥补要素短板并做好配套服务，特别是鼓励非主流金融参与到家庭经济生活中。例如，研究已初步表明，互联网金融（*opi*）的接纳和逐步普及有利于降低过度负债及增加居民福利。事实上，以阿里、京东为首的一大批互联网巨头早已涉水消费金融，并计划布局与银行的信用卡中心平分天下、错位经营。互联网金融独特的智能风控系统、庞大的客户基数群、灵活的程序处理以及自有的信用评价体系都使其具备了传统金融所没有的优势，在带动消费、提振经济方面的表现可圈可点；其自有电商平台满足客户个性化需求的产品定制化浪潮对消费结构的升级也具有一定的作用。主流金融的服务对象是中国人民银行个人征信记录中的8.6亿人口，其余的3500万在校学生、2.7亿蓝领及大多数农村户籍群体都被排斥在主流金融系统之外，[①] 而这恰恰是互联网企业未来要拓展的市场。如以“爱学贷”为代表的校园消费金融、以“买单侠”和“拍分期”为代表的蓝领消费分期，以及以“农分期”和“什马金融”为代表的农村消费金融等对各类群体能够同等享受金融包容服务、提升微观主体的生活品质与福利水平等功不可没。除了鼓励新兴的金融业态之外，还需要提升家庭收入水平、提高金融素养、降低失业率、强化社会保障、发挥社会网络的模仿示范效应、倡导家庭资产配置的丰富化、合理化以及防范不同区域的福利水平差异过大等。

（3）确保金融包容传导机制顺畅，提高家庭福利需要贯彻“精准”原则。与“精准扶贫”类似，家庭福利的改善不能仅局限于大的区域层面，微观个体的性格、年龄、家庭特征、主要经济来源等都需要全面考虑，因而需要针对不同区域、不同家庭、不同风险偏好、不同金融素养、不同资金需求等，推行不同的福利改进计划。如深入每户家庭进行调研，确定其

① 周家俊、Iris：《我国当前的互联网消费金融行业格局》，钛媒体，2016年8月11日。

收入水平、资产状况、房屋、汽车拥有情况、成员身体状况、是否参加社会及商业保险等，精准识别，识别确定后制订相应的增进福利计划，分年度滚动，视家庭状况调整；参考国外经验，社区医生上门服务时可以潜移默化地为家庭成员普及金融知识；银行深入社区推介产品，特别是从金融供给侧设计、开发出真正符合消费者需求的可承付的、满意的金融产品与服务；成立社区互助委员会，利用社区的示范效应以及周围亲朋、好友、邻居的影响力，对家庭的经济决策产生积极影响；相关咨询与管理机构可以专设家庭金融咨询与规划，帮助每个家庭量体裁衣，定制特色化的家庭资产保值增值管理规划；金融素养的终生学习与培训，针对不同年龄层、不同背景、不同工作性质的人群开展专门的金融素养培训。金融知识的普及则可以利用线上和线下的结合，实现金融教育的网络化、在线化、形象化、通俗化，使消费者可以利用碎片化的时间了解最新的经济、金融信息与动态；关注债务素养的提高，帮助家庭选择、确定合适的负债水平等。

（4）学科发展与展望。金融排斥、金融包容的理念是伴随着 2003 年金融地理学的引入，而逐渐被学者认识和接受的。起初该学科也遭受了种种否定与质疑，从不被认可到被普遍接受及深入研究，再到普惠金融上升为国家层面的战略规划，每一门新兴学科的发展道路是崎岖的，也必然是经过怀疑、探索以及反复试错的过程的。家庭金融作为一门新兴学科在中国的发展道路也是一样，2011 年开始，其理论框架、实地调研的问卷设计、统计指标值的合理性等，都曾有过不同的声音。与此同时，它又确实弥补了国内微观数据长期缺乏的不足，使久被搁置的大规模家计研究成为可能。一些优秀学者开始利用 CHFS 数据库，展开医学、养老、救助、住房、投资等方面的探索，这是中国家庭经济研究的重大进展，也对实践具有一定的指导意义。未来中国家庭金融的发展还需要突出学科特色与优势、加强学理层面的阐释以及丰富家庭金融的数据库资源，并为有兴趣的学者提供包容性、开放性，可以充分、自由、平等地进行交流与讨论的平台与渠道。

# 第 5 章 金融包容的国际视野

## 5.1 金融包容与互联网金融的耦合与挑战

2016 年 1 月，国务院发布了《推进普惠金融发展规划（2016—2020 年）》（以下简称《规划》），这是普惠金融首次进入国家层面的战略布局，它代表着中国普惠金融的顶层设计，勾勒出普惠金融发展的蓝图。中国将在 2020 年之前完成与全面建成小康社会相适应的普惠金融服务和相关保障体系的建设。因此，建立普惠金融体系已经成为中国金融改革和转型的重要目标之一。

让所有金融市场主体，无论是金融需求者还是供给者，都能从普惠金融发展的推进过程中有获得感，是《规划》中所提出的“有效提高金融服务的覆盖率、可得性和满意度”的体现。然而，中国的金融排斥问题无处不在，商业银行等大型金融机构服务重心难以下移，很难突破当前普惠金融实施载体的覆盖广度、深度和区域，现实中的“三农”、中小微企业等弱势市场主体难以通过当前金融系统满足融资需求。互联网金融运用新型技术突破时空限制，服务了被传统金融排斥的部分群体，成为落实普惠金融战略的有效载体。本书在 1.3 节和 2.3 节详细阐释了研究逻辑及概念界定，因此，本节依然采用金融包容而非普惠金融的表述。

### 5.1.1 互联网金融与金融包容的功能耦合

2014 年中国人民银行发布的《中国金融稳定报告》对互

联网金融的内涵进行了界定：指通过互联网和移动通信技术进行融资、支付和信息推送的新型金融模式。其参与主体包括运用互联网优化传统金融产品和服务的传统金融机构及基于互联网技术开展金融业务的非金融型互联网公司。金融包容具有多层面概念，是金融机构以其可负担的成本为社会所有金融需求者提供金融产品和金融服务的金融体系与机制。具有四个基本特征：（1）对需求侧而言，个人、家庭和企业都能以合理的价格获取所需金融产品和服务；（2）对供给侧而言，金融机构内部不仅需要有严格的风险控制制度和资金管理营运能力，外部还需要有效的监督管理机制和激励机制；（3）金融机构的营运过程依然遵循商业法则，从而保证提供金融产品和服务的可持续性；（4）各类外部竞争会促进各金融机构为争夺更多的金融资源而进行产品创新，从而扩大了可选择的产品范围。尽管狭义互联网金融和金融包容的交集没有内涵上的清晰界定和共识，但现有研究普遍认为，互联网金融的出现给金融包容体系注入了新的活力，二者在功能上具有耦合作用。

一方面，互联网金融的很多业务可以线上进行，所以降低交易成本的作用显著。同时，互联网金融可以跨越时间和空间的限制，提供金融产品和服务，对于金融体系的发展和完善有重要的推进作用。阻碍金融包容可持续发展的最大问题在于成本与收益的不匹配所导致的传统金融资源的配置扭曲。中小微企业由于缺乏信用评估、边际业务成本高、信息获取困难等因素往往被排斥在金融市场之外。互联网技术的推广与应用加速了投融资双方去除传统金融媒介而自发进行金融匹配、产品定价及交易结算，有效地降低了交易成本、信息不对称和运营成本，提高了资源配置的有效性。另一方面，互联网具有共享、开放、大众的特征，这种特征打破了传统金融大额、少量、业务处理速度慢、边际成本高的局限。资金需求的长尾效应形成的规模优势，使互联网金融充分发挥了“小额、大众、海量、快速、边际成本低”的业态优势，与金融包容的发展内涵具有一致性。

互联网金融借助新兴技术优势与运行机制优势，扩大了金融服务的广度，加深了金融服务的深度。网络信息传播途径打破了传统金融体系中机构网点的局限性，理论上可以使金融服务延伸到任何网络可及的范围。尤其是随着中国网民数量的增加，以及手机网民规模的膨胀，通过网络、手机等终端工具实现金融资源的流动成为可能。因此，互联网金融覆盖的广度已经远远超出传统金融机构的服务区域，体现了金融包容多元化体系的题中应有之义。就服务宽度而言，互联网金融最大的优势在于其服务的低门槛性，小额、大众的服务覆盖到普通民众和中小微企业，体现了互联网金融的平民化趋势，大大降低了金融的贵族特性，有了较为明显的普惠性。

大数据技术的应用也使互联网条件下的普惠金融具有了可持续发展的基础。金融既具有盈利属性，也具有普惠属性，缺失了安全性，互联网金融的可持续发展以及普惠性就无从谈起。互联网时代的征信风险成为互联网金融发展的硬伤。随着互联网的发展，数据得到了沉淀和积累，数据的承载量非常大，均可被纳入征信系统，运用数据与信用的相关性，深度挖掘信用数据，可以准确评估个人信用水平，不但降低了信息甄别成本和搜集成本，而且可以成为授信的依据。因此，基于大数据技术的信用筛选具有覆盖广、信息全、数据新等特点，能有效提高资源配置效率，一定程度上缓解金融商业性与普惠性之间的矛盾，使互联网金融的可持续发展成为可能，满足了金融包容体系“三度统一”的要求。

### 5.1.2 互联网金融与金融包容的方向耦合

诺贝尔经济学奖获得者罗伯特·席勒认为，现存的不合理的金融体系诱发财富过于集中，从而产生不同形式的不平等及不平衡，但是如果我们能对金融体制进行良好的设计，确保恰当的行为能够得到激励，那么就可以避免这种不平等。在席勒描述的“良好设计”中，金融民主化就是重要的一环，这种“民主”不是选举，而是金融要更具普世性、包容性，通过消除各种障碍，让更多的人可以利用金融。

长期以来，中国金融体系具有金融抑制与金融制度的外部供给性特点。一方面，传统金融行业虽然近年快速发展，但是其粗放式模式并未完全改善，创新能力不足，盈利结构单一，资金由银行体系进行配置，在满足大企业及高净值客户群资产管理需求的同时，把大量中小企业排斥在有组织的金融市场之外，导致资源配置的扭曲。另一方面，中国金融业改革走的是外生供给型发展路径，形成了“中央金融垄断、地方正规金融压抑、民间金融脆弱”的发展格局。这种格局势必造成基层金融机构的服务供给与监管能力严重不足，以及内生民间金融需求高度压抑。基于此，中国金融市场上呈现两大怪象：一方面，中国银行系统资金存量高达 100 万亿元，而 20 亿元的中小企业及民间融资需求得不到满足；另一方面，银行有较低的名义基准利率，而高利贷市场的实际利率仍然很高。这是国内金融市场化不足的必然结果，也是中国“金融民主化”亟待解决的问题。自 2013 年以来，民间金融这种内生金融形式在多年的压制之后得以迅速增长，各类互联网金融公司和平台如雨后春笋般蓬勃发展，如众筹、P2P、第三方支付、互联网投融资、电商小额贷等。它提供了不同于传统金融的产品与服务，使被传统金融排斥的个人、企业或群体能够获取合适的且可承付的金融产品与服务，与金融包容有加速融合及互动共促之势。互联网金融的平等、开放、友好、亲和、共享的本质造就了其天然的“民主性”，可以有效促进信息传播、信息创造、信息获取、信息共享等，是践行金融包容、完善包容体系，进而实现中国金融民主化发展方向的最佳路径。

### 5.1.3 互联网金融与金融包容的目标耦合

中国金融深化体制改革的重要目标之一就是推进利率市场化。但是与发达国家相比，中国利率市场化进程同时面临着来自资本市场发展与互联网金融兴起的双重考验，同时其涉及范围广、影响深远，因而该改革推进过程缓慢。2013 年开始，迅猛发展的互联网金融加速了中国利率市场化的改革进程。首先，各种互联网货币基金，如余额宝、理财通、微信钱包等，依靠其远高于定期银行存款的利率及便捷性获得了金融消费者的青睐，分流了部分银行存款。这使得银行为避免存款流失，被动地在基准存款利率的基础上，上浮至存款利率的最大限度。不断加剧的互联网理财与传统存贷款之间的矛盾，将推动中国利率不断趋近市场均衡利率。其次，建设金融包容体系是利率市场化改革的重要内容之一，而互联网金融是推进金融包容发展的载体，其更接近普惠性、包容性金融的内涵。互联网金融不仅吻合了中国利率市场化改革理念，而且为改革提供了良好的试点，其推动竞争的“鲶鱼效应”加速了传统金融机构的转型，倒逼利率市场化改革。可以看出，不同种类的互联网金融产品可为投资人提供较为合理且接近实际利率的收益，扩大了直接融资规模，体现了三大优势（即便利性、成本低和创新性），由于社会资金总体利用价值的提高，同时倒逼顶层设计改革的加快，打破了资金的价格垄断，是推动利率市场化进程的战略性力量。

### 5.1.4 金融包容体系下互联网金融面临的挑战与政策建议

互联网金融赋予金融包容全新的生命力和想象空间，为中国包容性金融体系的发展提供了重要路径，并展示了自身远大的发展前景。然而，互联网金融作为金融产业的新生事物，它的成长必然伴随着各种挑战，在某些方面甚至逆向影响和作用于金融包容的推进。（1）互联网金融的相关信用制度和监管法则不健全。尽管在人民银行的征信体系基础上又纳入了诸如蚂蚁金服、腾讯征信等民间征信渠道作为补充，互联网金融仍然处于信用体系缺失的困境。此外，互联网金融在风险预警与管理、行业准入标准、资金支付清算及消费者权益保护等方面都缺乏完备的法律法规，导致灰黑区域的非法集资现象、旁氏骗局、平台倒闭和跑路行为时有发生。这对互联网金融的发展有着很大的消极作用，也不利于有效发挥互联网推进金融包容体系建设的载体作用。（2）互联网金融的安全性问题是悬梁之剑。由于移动互联网、云计算、大数据等技术的应用，互联网金融具备了传统金融无法比拟的优势，但其安全性问题日益凸显。信息泄露、资金安全、外部攻击和威胁、技术参差不齐、流动性风险等严重影响了互联网金融的安全性和稳定性。安全问题是限制互联网金融发展的关键点和痛点，其增加了运用互联网提供金融服务的管理成本，也抑制了其普惠特性的有效发挥。（3）边缘化金融消费者的权益保护。其权益主要包括知情权、受教育权、自由选择权、隐私权、受服务权、受益权、财产安全权、投诉权、获得赔偿权等。互联网金融视阈下，公平交易权问题、信息保密权问题、财产权安全问题等均源于信息不对称或信息泄露，其加大了监管难度。与此同时，维权举证困难、消费者保护以及与此相关的金融立法等问题较之于传统金融，更为复杂困难。由于中国金融消费者权益保护制度才刚刚建立，发展相对滞后，这在一定程度上违背了包容性金融体系的建设目标。（4）互联网金融领域有监管套利存在。从中国互联网金融的运作来看，更多新兴模式不过是以互联网金融为名，以传统金融为实，有些只不过是将业务从线下转移到线上，并利用监管的空白与漏洞从事套利以暂且维持运营。监管套利空间使得本应严格准入的金融行为暂时进入了监管缺失的互联网金融服务行业，破坏了互联网金融生态和金融包容的发展环境。

为了营造互联网金融发展生态圈，构建科学、合理、完善的包容金融体系，可以从以下四个方面着手。（1）完善制度，提升互联网金融的普惠性。基于互联网金融的开放性、普惠性特征，应从监管、税收、法律等各方面完善现有的金融服务制度体系，增加制度供给，促使互联网金融更好地服务于低收入者和小微企业，扩展金融包容体系的宽度与深度。（2）加强互联网金融监管，维护金融消费者的权益，全方位构建金融包容的风险管理体系。在信息披露、营销推广、反欺诈误导、金融数据保护等领域适时出台或发布相关规范性文件或政策法规，弥补互联网金融发展中出现的薄弱环节或漏洞，缩小监管套利空间，维护公平竞争的市场秩序；明确互联网金融产品的运作方式、价格标准以及风险提示等信息，保证金融消费者的知情权；建立互联网金融顾问制度和互联网金融督查机制，弥补互联网金融消费者教育与信息披露规范的不足，形成快捷、高效、低成本的互联网金融纠纷处理机制。（3）加快征信系统建设，协调互联网金融的普惠性和安全性，构建金融包容体系的预警和防火墙制度。整合各类信息资源，适度为市场主体获取用户征信信息提供支持，改进仅依赖网络评价、经营和交易数据以及其他碎片化信息评估用户等级的方式。引导互联网金融在保障信息安全的基础上，接入央行网络金融征信系统，实现信贷信息共享、防范信用风险。通过强化外部监管与内控机制建设，降低金融包容体系构建过程中的风险。（4）深度发掘互联网金融的现实价值，构建全面的包容性金融体系。依托互联网金融在产品、支付、模式、渠道等领域的创新，有效利用互联网金融的“鲶鱼效应”，丰富金融包容的有效供给，促进互联网金融和金融包容的共建、共享和双赢。

## 5.2 纯网络银行的发展动态与启示

近年来，随着中国互联网技术的迅速发展，互联网与金融持续融合，众筹、P2P 等多种新型融资模式出现，完全依托互联网进行金融服务的纯网络银行也逐渐崛起，成为金融业界一股崭新的力量以及互联网金融的重要一环。依据长尾理论，传统银行无法在长期内满足长尾“草根”阶层的金融需求，而纯网络银行恰恰是实现金融包容、服务以往受传统金融体系排斥的中小微企业和个人的重要渠道，在解决中小微企业融资难问题、为以往被传统金融体系排斥的“长尾”群体提供金融服务上起到关键作用。国外自 20 世纪末就已建立起多家纯网络银行，经过多年的发展现已初具规模。学术界对纯网络银行的理论与实证研究文献数量颇多，是网络经济学①的研究热点之一。尽管国内近年来研究纯网络银行的文献逐渐增多，但仍存在许多不足，如缺乏实证分析、相关研究综述匮乏等，这与中国纯网络银行尚处于起步阶段有关。本书旨在通过梳理和评介国内外纯网络银行研究文献，结合案例比较，借鉴国外发展经验和研究成果，分析其对中国纯网络银行发展和未来学术研究的启示，防范可能陷入的误区，从而为完善多元化金融包容体系，构建金融包容的创新体系、协调发展体系、风险管理体系等提供参照。

### 5.2.1 纯网络银行的概念、发展及国内外理论研究动态述评

#### 1. 纯网络银行概念界定

“internet banking” 在外国研究文献中指传统银行的互联网分销渠道，

---

① 网络经济学（network economics）是随着 20 世纪后期网络的发展和对经济的影响日益加深而出现的关注网络对经济影响的研究。网络经济学的体系主要由宏观经济理论、网络产业理论、企业网络理论和政府规制理论等构建而成。参见赵秀丽:《网络经济学的架构》，载于《党政干部学刊》2009 年第 8 期。

而对于纯网络银行这一主体尚未有统一定义，一般以 virtual bank、internet-based bank、internet-only bank、pure-play internet bank 等代指与传统银行相区分、不设立物理网点、业务以互联网为唯一渠道或主要渠道并辅以其他电子技术渠道为次要手段等特征的纯网络银行。在国内外研究中，目前纯网络银行与直销银行（direct bank）的定义尚无较为清晰的区别。综合多数国内对纯网络银行的定义以及国外相关领域研究所做出的界定，笔者将网络银行进行以下分类：一类是传统银行的网络分销渠道，并将此类银行称为新型传统银行（newly chartered traditional banks）或网络银行（internet banking）；一类是不设立任何物理网点（brick-and-mortar outlets）且不依托传统银行资源而建立的纯网络银行。本书的研究主体为后者，所选案例均与第二种界定相契合。

**2. 纯网络银行的发展历程**

20 世纪 90 年代中期，随着万维网的出现与发展，互联网迅速席卷美国各行各业，社会资金大量流入，催生出 90 年代末期的互联网泡沫。在这一时期，金融业同样受其影响发生剧烈变革，与互联网迅速结合并产生许多创新金融产品及服务，如网上基金超市、网络支付平台等。随着加密算法、通信协议等多项技术的发展，多家传统银行如富国银行等开始首次提供线上金融服务。1995 年美国第一家不设立物理网点，仅通过电话和网络等线上手段提供金融服务的“安全第一网络银行”（Security First Network Bank，SFNB）成立，这是在美国诞生的第一家纯网络银行。同时在这一期间成立的纯网络银行还有 Telebanc、Xbank、Netbank 等。与此同时，其他几个主要发达国家如英国的 Egg Bank，欧洲的 EnbaBank 等纯网络银行也在随后几年相继成立。这些纯网络银行在创立前期发展迅猛，SFNB 在成立三年后便成为美国第六大银行，资产规模达千亿美元，英国 Egg Bank 在建立后的 10 个月内吸引了超过 670 亿英镑存款。然而纯网络银行的发展并非一帆风顺，SFNB 创办三年一直未能实现盈利，于 1998 年被加拿大皇家银行收购，被收购后 SFNB 被迫转型，主要为传统银行提供网络银行中介服务。至 2000 年互联网泡沫破灭后，纯网络银行更是迎来了多年的寒冬。随后的 2001 ~ 2007 年，多数网络银行经历了艰难的发展期，储蓄存款增速停滞不前，并逐渐暴露出用户黏性不足、成本结构突变等问题（陈一稀，2014），这些问题大多处于经营管理层面。由于经营困难，Egg Bank 的部分业务如信用卡业务等相继被出售给传统银行，并且最终在 2011 年被花旗银行并购。也有少部分纯网络银行发展较好，如美国 BOFI 银行、Compu 银行，荷兰 ING 集团于 2000 年在美国成立的直销银行 INGDirect USA 等，其中 ING 银行（2012 年被收购后更名为 Capital one 360）多年保持存款稳定增长并逐渐成长为目前美国市场份额最大的纯网络银行。

这些纯网络银行的成立和发展促使各国各地区学术界对网络银行开始关注和研究。王达（2014）提到，自 20 世纪 90 年代起，伴随着网络经济学理论的发展和互联网的普及，用网络经济学理论的分析框架来探究金融市场的结构变迁和发展已经成为一种独特的研究方法。而关于纯网络银行的研究是网络经济学研究框架下的一个重要分支领域。国内对于网络经济学和纯网络银行的研究并不多见，多以互联网金融为起点进行整体研究，缺乏理论框架；由于缺少经营数据，导致实证分析几近空白。近些年中国互联网金融发展迅速，对社会和经济影响日益加深，行业数据逐渐增多，纯网络银行的实证研究可望成为未来研究方向之一。

### 3. 国外理论研究动态

随着美国 SFNB 的诞生，国外对于纯网络银行的研究开始增多，经过多年发展，对纯网络银行的研究全面翔实，拥有大量实证性文献。根据研究方向大致可将研究分为四部分：影响纯网络银行采用意向的因素；纯网络银行所面临的风险与劣势；纯网络银行带来的影响；信贷危机与纯网络银行。

（1）影响纯网络银行采用意向的因素。纯网络银行的诞生是典型的技术驱动商业模式创新，因此对这一全新的商业模式需要分析的首要问题之一即是影响其采用的因素。众多学者关注居民对传统银行互联网分销渠道采用意向（internet banking adoption intention）的因素分析。哈纳菲扎德（Hanafizadeh，2014）针对此问题做了系统性文献评述，并将相关研究分为三类：描述性研究、相关性研究和比较性研究。与传统银行互联网分销渠道采用意向研究不同，对于纯网络银行的采用意向研究较为分散独立，且由于影响客户采用纯网络银行的因素过多，多数研究旨在寻找某些因素与采用意向是否存在显著相关性，而并未对各类因素加以整合分析。如廖（Liao，1999）以计划行为理论（theory of planned behavior）为框架，认为影响客户采用纯网络银行的因素有态度（取决于相对优势、兼容性、易用性、结果可展示性）和行为控制认知（perceived behavioral control）。法国的一项研究（Kaabachi，2016）表明，对纯网络银行初始信任的形成主要取决于客户对银行的熟悉度、保障结构、网站质量、银行名誉以及相对优势。而在中国，对纯网络银行初始信任则主要来自客户对于互联网企业品牌的信任，其通过预期表现和风险感知转化而来（Zhang，2018）。

除上述主要以客户采用意向这种主观因素作为研究主题的文献之外，一些文献则聚焦影响纯网络银行发展的客观因素，如不同国家的纯网络银行市场渗透率跟互联网渗透率有显著关系。库雷塔斯（Kouretas，2011）认为，对纯网络银行的使用产生负面影响的一个因素是互联网用户的比例很低，而且对技术先进的设备不够熟悉。根据经合组织（Organization for Economic Co-operation and Development，OECD）的研究，这两种渗透率呈负相关关系。如西班牙和葡萄牙，与法国和德国相比，具有较低的互联网渗透率，但纯网络银行渗透率却高于这两个国家，甚至高于美国。目前尚未有相关研究解释这一差异存在的原因，在互联网普及率和纯网络银行发展程度之间也很难得出一个确切的相关性结论。此外，其他有关影响纯网络银行采用意向和发展程度的客观因素的研究成果数量较主观因素少，研究很不完善。

（2）纯网络银行所面临的风险与劣势。2007 年信贷危机以前，许多研究聚焦于纯网络银行经营表现、经营安全和风险特征的比较，如库伊斯玛（Kuism，2007）认为安全原因是早期纯网络银行吸引客户所要解决的问题之一。鉴于纯网络银行自身的特殊性，且多数管理层采用了与传统银行不同的发展战略，因而研究纯网络银行的风险特征自然成为一个热点领域。

由于纯网络银行是银行的子类，因而和传统银行一样面临着许多相同的风险（如信用风险、流动性风险等），但纯网络银行的风险特征和风险状况与传统银行相比又有所不同。就信用风险而言，根据德尔加多（Delgado，2007）对西班牙纯网络银行的研究，由于其净贷款与总资产的比值低于传统银行，因此信用风险相应地也低于传统银行，纯网络银行由于其自身特性，较之传统银行面临着更大的操作风险和声誉风险。

除了传统风险以外，纯网络银行相较新型传统银行还面临更多的新问题。如由于缺少实体店面将降低储户信心，使其更依赖政府担保，因此必须更关注企业形象和公共关系，这可看作是声誉风险的一种延伸；由于负债端和资产端不同的伸缩性（scalability）而导致经营风险增加（Arnold，2011）；一些纯网络银行的用户仅关注储蓄利率而非其他服务，使得纯网络银行相比传统银行面临更多的利率敏感型客户，从而承担更大的经营风险；纯网络银行对监管当局进行有效监管提出了更高要求等（Young，2001）。显然，这些风险特征要求纯网络银行的管理层要将更多精力放在除了贷款业务领域以外的其他领域的风险控制上，且必须进行一定程度的管理监督体制和风险控制机制的创新。

从国外的历史数据来看，纯网络银行规模一直未能超过主流的传统银行，且仅有少部分纯网络银行实现扭亏为盈并稳步发展。德尔加多（2007）认为纯网络银行经营困难的主要原因之一是其过高的间接成本。另外，纯网络银行存在规模效应，即规模越大，间接成本越低，与传统银行之间盈利能力的差距也就越小。在财务指标方面，科瑞（Cyree，2008）认为纯网络银行有更低的净资产收益率、资产回报率以及贷款损失率，而利润效率（尤其在合适规模时）远高于银行业平均水平，这也是由于规模对利润效率有正面影响所造成的。可见，一般而言，在纯网络银行的初期发展阶段将获得规模效应的正反馈结果，但是在其他独立于规模的成本因素方面，纯网络银行并不具备明显优势。根据波特五力模型，纯网络银行业拥有较低的进入壁垒和较高的退出壁垒，银行间的同业竞争十分激烈，这些因素促使其以提供差异化产品作为自己最主要的竞争手段（Smith，2009）。

（3）纯网络银行带来的影响。除了对纯网络银行本身的研究，一部分文献聚焦于纯网络银行对传统银行、资本市场、银行市场等领域的影响测度。就银行市场而言，纯网络银行的出现意味着银行业准入门槛的降低以及竞争的加剧。根据博思艾伦咨询公司（Booz，Allen and Hamilton）的研究，传统银行的资本壁垒达 2500 万美元至 3000 万美元，而纯网络银行的资本要求仅为600万美元。准入门槛的降低能够提高银行市场的竞争力度，增加用户收益（Smith，2006）。中国从2014年开始对纯网络银行发放银行牌照，同时允许民间资本建立真正意义上的民营银行，这降低了银行的准入门槛，也在一定程度上倒逼传统银行做出一系列积极反应，间接加快了传统银行的战略转型步伐，提高了银行业效率，促进传统金融和新金融的包容性共生。

（4）信贷危机与纯网络银行。2007年信贷危机后，包括ING银行和Simple银行在内的几家美国主要纯网络银行都经历了巨额亏损，在这一时期，学界开始出现对纯网络银行这一模式的资产稳定性、负债稳定性及可伸展性的担忧，而资产端与负债端伸展性的差异，是纯网络银行所面临的核心问题（Arnold，2011）。纯网络银行由于拥有过多的利率敏感性客户和过低的利润，导致其在信贷危机期间资金流动性不足，没有足够的成本削减空间，而面临严重的经营困难。罗马尼亚的一项研究提到，信贷危机期间纯网络银行的主要担忧之一是如何提升自身有效性和降低成本（Stoica，2015）。纯网络银行纳入金融包容体系，必须要有充足的资金基础、稳定的利润来源及高效的风险管理机制，方能真正发挥其对包容体系的拾遗补阙功能及实现整个金融包容体系的稳定可持续发展。

**4. 国内理论研究动态**

由于国内纯网络银行的出现时间较晚，并受各种政策制度制约，存在经营业务有限、发展速度较慢等问题，导致其规模有限、数据较少，因而国内相关领域的研究也起步较晚，并多数停留在理论方面，缺少实证分析。2000年前后有少数针对国外纯网络银行的描述性研究（徐昕，2000），随后研究焦点转移至网络银行领域。直至被称为互联网金融元年的2013年，大量互联网与金融结合的全新的商业模式（如P2P借贷、众筹等）崛起，加之监管机构于2014年开始批准民营银行的建立，多家互联网巨头开始着手筹建纯网络银行，对纯网络银行的相关研究文献才逐渐增多，可以说国内纯网络银行的发展是实践先于理论。综述文献方面，国内存在一些有关网络银行的研究述评（董昀，2014），以及部分研究互联网金融的文献简单提及纯网络银行之外，尚未出现针对国外纯网络银行或相关领域的较为全面的文献述评。

在纯网络银行正式建立之前，中国有大量电商金融的研究文献，如黄海龙（2013）探讨了电商金融的形成与发展要素，认为电商金融是以电商平台（如阿里巴巴、京东、亚马逊等）为核心载体向消费者提供信贷的商业模式，并研究了电商金融的乘数效应和对金融脱媒的影响。电商金融可以看作互联网巨头在金融领域的试水，目的在于积累相关技术、用户数据和经验等，在拿到正式金融牌照后进一步在金融领域布局，结合自身资源开拓新的互联网金融市场。目前，电商金融（如京东白条、蚂蚁花呗等）服务已经在用户消费习惯、家庭金融市场挖掘等领域产生较为深刻的影响，而纯网络银行在未来所能发挥的作用不容小觑。

2014 年不仅是中国首家纯网络银行成立之年，也是国内首家直销银行成立之年。直销银行与纯网络银行在定义上并无特殊区别，一些研究定位于分析纯网络银行与直销银行的关系及异同对比。王信淳（2015）认为直销银行是纯网络银行的四种发展模式之一，另外三种为按揭贷款模式、综合金融服务模式、高息揽存专业放贷模式，同时还探讨了目前纯网络银行存在的监管难点如远程开户、存款准备金、存款保险等。张赟（2015）对比了纯网络银行与直销银行的异同，认为直销银行与纯网络银行性质与特征基本相同，不同之处在于投资人背景、征信方式、渠道及资源等方面，因此可将直销银行看作一个由传统银行设立的与纯网络银行争夺市场的强力竞争对手。这种观点可视为“出身论”，即直销银行背后往往是国有资本，可谓是传统银行在互联网金融领域的先锋军，而纯网络银行则是民营企业给予支撑，因此两方包括运营模式、发展重点等领域均应存在不小的差异，这些差异或将影响其后的发展路径与经营表现。

王达（2014）以网络经济学为框架，分析了纯网络银行迅速发展的原因以及可能遇到的阻碍，指出包括纯网络银行在内的大多数互联网金融模式都具有十分典型的网络外部性特征，因此中国庞大的网络规模是促使互联网金融迅速发展的重要原因。然而传统银行由于利益固化、关系复杂，可能会通过游说监管当局的方式为新兴金融机构设置制度性障碍，因此要求监管中立、制定法律法规以限制银行间垄断与不正当竞争。关于未来的发展趋势方面，姚可（2015）认为纯网络银行的发展趋势在于发挥成本优势、提供高效服务、放大客户基础等。

此外，许多文献聚焦于探讨纯网络银行所面临的风险，如信用风险、法律风险、技术安全风险、操作风险等，但较少关注流动性风险以及不同风险特征对银行产生的影响等问题。徐立军（2017）认为存在信用风险的主要原因在于客户认证方式、授信评级机制以及配套监管制度，并提出可利用区块链技术改善授信机制。伍旭川（2015）认为纯网络银行面临存款稳定性、信任度以及关联交易等风险，并提出存款准备金、流动性比率等监管标准应随着交易效率的提高而改进。目前国内针对纯网络银行风险问题的研究较为浅显，没有具体案例或数据支撑，缺乏相应的实证分析，因此多为相关风险的提出及分类，较少具体风险控制机制设计或具体处理方法的剖析。

由于国内研究起步较晚，纯网络银行是新兴研究领域，现有文献存在许多不足，针对纯网络银行的深度研究数量较少，在探讨其对传统银行或传统金融市场造成的影响方面，研究主体也往往是互联网金融这一整体，而非诸如纯网络银行等细分机构。尽管国内纯网络银行为非上市企业，公开信息和数据很少，但随着其规模和影响的逐渐增加，这一特殊的金融机构模式将会愈加引起学界和实践界的关注。纯网络银行的风险诱因、发展制约因素及对其他金融主体的影响等，均有潜在的研究价值。纯网络银行对金融包容体系的构建和完善也具有不可或缺的重要作用与意义。本书在理论梳理的基础上，选取典型案例进行分析，以期为中国纯网络银行的未来发展总结经验和路径，同时为金融包容多元化体系的构建提供新的思路和视角。

### 5.2.2 国内外纯网络银行对比：以美国 ING 银行、网商银行及微众银行为例

本书以目前美国资产规模最大的纯网络银行——ING Direct USA 银行为例，对比国内较为著名的两家纯网络银行——网商银行和微众银行，对发展战略与服务对象、财务状况、未来发展方向等进行分析。

**1. ING 银行、微众银行及网商银行简介**

ING Direct USA 成立于 2000 年，是一家由荷兰 ING 集团在美国创立的直销银行（Direct Bank），采用与全方位发展模式不同的特色化发展模式（陈一稀，2014）。ING 成立之初就开始表现出亮眼的成绩，2000 ~ 2005 年客户数量和储蓄存款保持稳定高速增长，到 2011 年客户存款额达 830 亿美元，约占美国银行储蓄存款总量的 1% 左右。不同于其他连年亏损的纯网络银行，ING 于 2002 年即开始盈利。2007 年，ING 从破产的另一家纯网络银行 NetBank 获得 104000 名客户。2008 ~ 2009 年，受自身发展模式制约，ING 受到了金融危机的强烈冲击，连续两年巨额亏损，2008 年亏损额超过 10 亿美元，2010 年净利润恢复至 2 亿美元。由于其贷款不良率的大幅上升和母公司荷兰 ING 集团经营战略的转变，2011 年 11 月，美国 Capital one 公司以 90 亿美元的价格收购了 ING，并在 2013 年更名为 Capital one 360。由于 ING 为非上市公司且 2012 年后财务报表与母公司 Capital one 合并，因此本书所用数据选自 2000 ~ 2011 年。

党的十八届三中全会指出，要鼓励金融创新，发展普惠金融，丰富金融市场产品和层次。2014 年，中国首批民营银行牌照颁发，5 家民营银行获批成立。截至 2018 年 3 月，已有 17 家民营银行获批银行牌照，其中最受关注的莫过于两家，依托丰富互联网资源、具备潜在创新性、革命性的纯网络银行——微众银行和网商银行。

微众银行于 2014 年 12 月由腾讯牵头在深圳成立，注册资本 30 亿元，腾讯占股 30%，为中国成立的第一家纯网络银行。微众银行贷款业务主要针对个人和中小微企业。它于 2016 年实现盈利，当年净利润 4.01 亿元，资本充足率为 20.21%，不良贷款率仅为 0.32%，资产收益率为 1.3%。尽管仅用一年多的时间即实现盈利，但是微众银行由于成立时间较短，仍然存在许多问题，如负债结构单一且尚处于投资方支持阶段（同业及其他金融机构存放款项占总负债的 78.04%，客户存款仅占总负债的 7.28%），业务开展数量有限，内部管理流程和机制不够完善等。

网商银行于 2015 年 6 月由蚂蚁金服牵头在杭州成立，注册资本 40 亿元，蚂蚁金服占股 30%。主要服务对象为小微企业、个人消费者和中小金融机构，并在农村金融领域开疆拓土。其同样于2016年实现盈利，当年净利润为3.15亿元，资本充足率11.07%，不良贷款率为0.78%，资产收益率0.51%。比微众银行表现较优的一点是其负债端结构，客户存款占总负债的40%，同业存款占总负债的31%。

**2. 发展战略与服务对象**

ING与国内银行最大的不同之处在于其发展定位问题。ING进入的市场为美国传统银行市场，管理层一直以来都试图通过互联网这一新的分销渠道以及新的线上商业银行模式同传统银行争夺客户；而国内纯网络银行则开辟了一条不同的道路，以平台提供的海量数据为依托，通过特有的风控模型、管理架构、产品创新等优势来服务于以往不被传统金融体系所接纳、金融能力较弱的群体，开辟全新的金融市场，拓展金融服务范围，实践金融包容。从发展战略这一角度出发，中国纯网络银行与传统银行并非互相替代的关系，而是会形成错位竞争、互补共赢的局面（田霖，2016）。

从服务对象上来看，三家银行均专注于特定服务对象，提供“小而精”的专业服务，这点与传统银行广泛的客户群体有较大不同。三家银行的服务对象则略有差别（见表5-1）。ING银行希望通过对客户精准定位，把握相关需求，凭借较低的净息差来吸引客户，发放质量较高的住房抵押贷款，同时实现较低的不良贷款率和较低的管理成本。国内的两家银行则并没有将希望寄托在通过与传统银行争夺存量客户来实现自身发展，而是定位于普惠金融，以小额贷款为主（微众银行和网商银行2016年笔均贷款额分别为8000元和1.7万元），服务“长尾”群体，通过各自掌握的大量用户行为数据结合算法进行征信，将以往受到金融排斥的群体纳入金融包容体系。

网商银行的贷款客户必须是阿里巴巴旗下网站或合作网站进行经营活动或使用过服务的小微企业及个体商户，它基于历史经营和服务数据审批并决定贷款额度与贷款利率。微众银行的主要创收产品“微粒贷”，面向客户为全腾讯接口用户，通过大数据分析，从事小额信用贷款发放。贷款客户多为蓝领，72%学历为大专及以下，从事行业多为制造业、服务业等。

表 5－1　　三家银行服务对象对比

| 银行名称 | 主要服务对象 | 主要产品 |
|---|---|---|
| ING 银行 | 受到良好教育，收入水平较好，对于价格敏感的客户群 | 住房抵押贷款 |
| 微众银行 | 中小微企业、个人消费者等 | “微粒贷”“微车贷” |
| 网商银行 | 在阿里巴巴旗下网站进行经营活动的中小微企业、个体、农户及乡镇企业等 | “网商贷”“旺农贷”“信任付” |

资料来源：各银行年度财务报表；吴畏、史国财：《美国互联网银行模式研究》，收录于《兴业证券行业研究专题报告》，2014 年，笔者整理。

### 3. 财务状况

（1）资产端。三家银行资产端的差异较大。由于经营规模不同，本书采用百分比法（以总资产为分母）进行对比。由于中美会计准则差异，将部分会计科目进行替代：以计息存款代替现金及存放央行或同业存款，以可供出售金融资产代替可供出售证券，以应收款项类投资代替持有至到期证券。由于纯网络银行的负债端更容易扩大而资产端的扩张相对较难，这种不平衡使 ING 银行将大量盈余资金放入中级抵押担保证券市场（Arnold，2011）。从表 5－2 可以看出，ING 银行可供出售证券占比高达总资产的 1/3 左右，为该行第二大资产项目。相比之下中国两家银行则更为谨慎，价值波动率较大的可供出售类证券比重较低，而风险更低的持有至到期证券和基本无风险的计息存款则占比较高。

表 5－2　　三家银行资产结构对比　　单位：%

| 银行名称 | 贷款与租赁资产（占总资产比重） | 可供出售证券（占总资产比重） | 持有至到期证券（占总资产比重） | 计息存款（占总资产比重） | 其他资产合计（占总资产比重） |
|---|---|---|---|---|---|
| ING 银行（2011 年数据） | 47 | 33 | 13 | 7 | 0 |
| 微众银行（2016 年数据） | 57 | 4 | 15 | 12 | 12 |
| 网商银行（2016 年数据） | 54 | 0 | 28 | 16 | 2 |

资料来源：各银行年度财务报表；吴畏、史国财：《美国互联网银行模式研究》，收录于《兴业证券行业研究专题报告》，2014 年，笔者整理。

在贷款资产构成方面，ING银行贷款多为住房抵押贷款，而微众银行和网商银行的贷款多为小额信用贷款（其中“微粒贷”贷款余额517亿元，“微车贷”贷款余额达55亿元；“网商贷”贷款余额331.93亿元，“旺农贷”贷款余额37.6亿元；网商银行在农村金融领域为实现金融包容进行更为积极的探索）。其原因有两个方面。一是发展战略的差异：ING银行为私人银行且处在市场化程度极高的市场，受政府引导作用较小，受市场影响较大，而美国住房抵押贷款市场庞大，利润空间更高；国内两家纯网络银行则是受政府及政策影响较深，银行市场自由度不高。一方面不大可能与国有银行专注于相同的贷款领域；另一方面借助互联网平台数据和相关技术进行征信及贷款审批是将大量原来被金融排斥的群体纳入金融体系、实现金融包容的一个重要手段。二是服务对象不同：ING将服务客户定位于教育和收入水平较高的群体，国内两家银行则将服务客户定位于中小微企业和个体生产消费者。

（2）负债端。与资产端类似，采用百分比法（以总负债为分母）研究。为方便比较，以计息存款代替客户存款。ING银行的负债来源非常单一，2011年全部由计息存款构成。而纯网络银行所服务的客户绝大多数为利率敏感性的客户（Young，2001），因此ING银行负债端面临重大风险，这也是其为何在信贷危机期间经历巨额亏损的原因之一。国内两家银行的负债来源较为多样，网商银行的负债结构较优，计息存款比重经过两年发展已达41%，并发行了一部分金融债券，且表外有资产证券化等多种资金来源。微众银行的经营战略稍有不同，其同业及其他金融机构存放款项占比如此之高（见表5-3）的原因主要有两点：一是通过与基金公司合作，积极参与货币市场，使大量客户存款进入“T+0”货币基金，转化为该行同业及其他金融机构存放款，这样可以达到客户最终存款收益更高、吸引更多利率敏感性客户的目的，但此举会增加银行市场风险和流动性风险；二是“微粒贷”多数贷款资金来源于其他合作银行的联合放贷。微众银行较少通过发放金融债券等方式吸纳资金，直接存款比例较低，负债来源较为单一。

**表 5-3　　三家银行负债结构对比**　　单位:%

| 银行名称 | 计息存款（占总负债比重） | 同业及其他金融机构存放款（占总负债比重） | 应付债券（占总负债比重） | 公允价值金融负债（占总负债比重） | 其他负债合计（占总负债比重） |
|---|---|---|---|---|---|
| ING 银行（2011 年数据） | 100 | 0 | 0 | 0 | 0 |
| 微众银行（2016 年数据） | 7 | 78 | 4 | 0 | 11 |
| 网商银行（2016 年数据） | 41 | 31 | 25 | 0 | 3 |

资料来源：各银行年度财务报表；吴畏、史国财：《美国互联网银行模式研究》，收录于《兴业证券行业研究专题报告》，2014 年，笔者整理。

（3）营业收入与净利润。ING 银行 2011 年资产收益率约为 0.17%，微众银行 2016 年为 1.3%，网商银行 2016 年为 0.51%，均远低于传统银行主流水平。通过利润分析可得，ING 银行资产收益率较低的原因主要在于净息差较低（平均为 2% 左右）、基本不存在非利息收入、贷款结构单一导致风险能力差、受信贷危机影响严重等（吴畏，2014）。

微众银行和网商银行资产收益率较低的主要原因也在于净息差较低、中间业务和表外业务收入较少等（见表 5-4）。其存款利率高于传统银行，贷款利率等于或略低于传统银行（见表 5-5）。传统银行的实际贷款利率往往更高，且由于贷款资格审批标准不同，纯网络银行更能吸引中小微企业和收入水平较低的个人贷款客户。除此之外，两家银行的存款方式更为灵活，利用平台优势和基金公司合作，向客户大力推广货币基金，从而使活期存款利率实际在 4% 左右。相比微众银行，网商银行有更低的手续费和佣金收入，这一经营策略与 Capital One 类似——尽可能减少客户存贷款及其他业务操作成本，实现无费率金融服务。

**表 5-4　　国内两家银行营业收入构成对比**　　单位:%

| 银行名称 | 利息净收入（占营业收入比重） | 手续费及佣金净收入（占营业收入比重） | 投资收益（占营业收入比重） | 净利润（占营业收入比重） |
|---|---|---|---|---|
| 微众银行（2016 年数据） | 75 | 23 | 2 | 16 |
| 网商银行（2016 年数据） | 91 | 6 | 0 | 12 |

注：Capital One 360 缺少相关数据；国内两家银行其他综合收益税后净额占综合收益比重均低于 0.1%，因此未在表中体现。

资料来源：根据各银行年度财务报表整理。

表 5-5　纯网络银行与传统银行存贷款利率对比　单位:%

| 银行名称 | 活期存款 | 整存整取定期存款（一年） | 整存整取定期存款（两年） | 整存整取定期存款（三年） | 短期贷款（一年以内） | 中期贷款（一至五年） | 长期贷款（五年以上） |
|---|---|---|---|---|---|---|---|
| Capital One 360 (2017) | 1.00 | 2.10 | 2.25 | 2.35 | 无 | 无 | 3.13（15年）or 3.88（30年） |
| 微众银行(2015) | 0.35 | 1.80 | 3.12 | 4.10 | 4.35 | 4.75 | 4.90 |
| 网商银行(2015) | 0.39 | 2.10 | 2.94 | 3.85 | * | * | * |
| 中国工商银行(2015) | 0.30 | 1.75 | 2.25 | 2.75 | 4.35 | 4.75 | 4.90 |

注：表中*代表网商银行根据用户使用情况和经营情况等评估出不同的贷款利率；ING 银行以不同期限 CD 利率代表整存整取定期存款利率。

资料来源：各银行官方网站。

### 4. 未来发展方向

ING 银行存在资产结构过于单一的问题，因此在继续深耕传统住房抵押贷款的同时，应该适当考虑其他收益领域，由于传统租房抵押贷款市场相对成熟，实现快速增长的可能性不大。尽管由于受负债端可伸展性有限的影响，无法拥有足够的资金积极开展风险更高的衍生品、企业债等资产业务，但被 Capital one 收购之后，可以借助母公司的渠道、管理经验、风险控制等优势，适度开展以往尚未涉足的业务领域。并且可以与贝宝（Paypal）、亚马逊等公司合作，获取更多用户的消费行为数据，开辟小额信用贷款等新的业务领域。

对于中国来说，战略定位的不同从根本上决定了纯网络银行的资产结构必将异于传统银行和国外纯网络银行。金融包容体系下，科技金融模式是近年来中小企业融资创新中的一种重要模式（田霖，2013），纯网络银行即为科技金融模式的一种表现，成为拓宽中小微企业融资渠道，解决中小微企业融资难问题的一种重要思路和践行方法，并已经在一定规模和条件下取得了阶段性成果，实现了良性发展。继续服务于长尾群体，进一步加强征信和风控能力，并在今后积极参与更多金融市场业务是纯网络银行的一种未来可期的发展路径和趋势。

**5. 第三种模式：百信银行**

2017 年 11 月，百度公司与中信银行深度合作的百信银行正式开业。作为同样不存在任何物理网点的纯网络银行，百信银行的模式既不同于微众银行和网商银行这种由互联网巨头带头出资设立并独立经营的民营银行，也不同于由传统银行为主要发起人设立的直销银行，而是互联网公司与传统银行全面合作、共同设立，并以期获得风险控制、分销渠道、产品研发以及经营能力等多方面优势的第三种纯网络银行，这种模式也可成为金融包容多元化体系的有效组成部分。

### 5.2.3 对中国纯网络银行发展的启示与建议

通过以上多方面的对比，可以看出中国的纯网络银行与国外相比，在各方面均存在较大差异。尽管美国纯网络银行已发展多年，但总体市场份额与传统银行相比仍然处于较低水平（ING 银行存款最高时也仅占美国储蓄存款总量的 1%），且至今仍然面临许多困难，经营规模和盈利能力远未达到与传统银行匹敌的水平。这其中既有其商业模式本身带来的问题，也有所在市场对其产生的影响，更有发展战略和方向的潜在问题。然而，不能一概而论或片面认为纯网络银行没有良好的发展前景或纯网络银行必然是传统银行的替代品。

如前所述，ING 银行期望通过多种手段（如专注于优质客户、降低中间业务费率等）与传统银行争夺信贷市场份额，其自身优势在于能够为目标客户提供更为个性化和完善的服务，以及借助成本优势（如员工数量较少、没有实体网点等降低了大量管理和固定成本）实现无费率或低费率金融服务，同时在经营手段上与 20 世纪 90 年代第一批成立的纯网络银行所不同的是，其并非纯粹进行线上服务，而是采用了线上与线下相结合的方式。如设立 8 个线下咖啡馆，在售卖咖啡的同时，为有需求的客户提供银行咨询服务。主要目的在于消除客户的不信任感。与此相似的是 Bofi 银行，与线下连锁超市结成合作伙伴，通过数量庞大且分布广泛的连锁超市提供取现、快捷支付等服务。结合这些优势和经营策略，ING 银行成为美国少数能够快速实现盈利并顺利发展的纯网络银行。

从定位和方向上看，目前纯网络银行在中国更多地扮演着传统金融体系先锋或开拓者的角色，并以此作为未来发展的根基和战略方向。通过借鉴 ING 银行的成功经验，国内金融机构可以构建自身独特的内部控制制度、风控体系和商业模式，促进贷款的专业化；同时效仿设立一些线下咨询点或与其他便民设施广泛开展合作，实现现金提取与存储，消除与互联网接触较少的农村群体的不信任感。

当然，ING 银行的发展亦有其不可忽略的问题，如过度依赖通过低净息差赚取利润的手段，面临利率敏感性客户过多、负债结构单一、资产结构风险等问题。中国纯网络银行在净息差方面有相似风险，需要通过参与多元化金融市场分散风险。此外，在负债结构、吸纳客户等方面，由于自身定位和目标市场的不同，中国纯网络银行的表现优于 ING 银行。

此外，鉴于市场特征、自身模式等原因，中国纯网络银行存在一些特有问题：

（1）混业经营与分业监管。国外对于银行等金融机构的混业经营没有过多限制，市场相对更为开放，纯网络银行在开展业务、对外投资等方面没有太多制度层面的顾虑。而中国在混业经营问题上还处于探索阶段，与之相关的监管制度和监管机构的监管职能也在积极进行摸索改革。2018 年 3 月 17 日，由国务院出台的《国务院机构改革方案》提出将中国银行业监督管理委员会和中国保险监督管理委员会的职责整合，建立中国银行保险监督管理委员会。此举正是为了进行穿透式监管，更好的防范系统性金融风险，也标志着中国金融业在混业监管上更进一步。对于中国纯网络银行来说，进行混业经营，扩大经营和资金流通领域，从而降低自身风险与投融资成本等事关自身发展成败，因此国内监管层面的政策趋势和方向对于纯网络银行的未来发展至关重要。

（2）风险特征差异。首先，净息差不同导致风险差异。国外纯网络银行净息差较低，ING 银行净息差最低时不到 1%，2017 年开业的韩国首家纯网络银行Kbank净息差仅为0.5%,[①] 中国纯网络银行净息差相较传统银行更低，但比国外纯网络银行高，因此由于净息差过低带来的风险相对较小。其次，中国纯网络银行作为普惠金融的前锋，由于发展战略和服务对象的特殊性，以及中国个人征信体系的相对不完善，或面临更高的信用风险。最后，对管理层而言，电商系网络银行（如网商银行）可能受股东影响，存在关联交易风险和不正当竞争风险等（伍旭川，2015）。

综上所述，笔者提出以下几点建议：

（1）保持低净息差的同时，控制成本、防范风险。无论是ING银行还是国内的两家纯网络银行，较高的存款利率、较低的贷款利率以及由此产生的低净息差是纯网络银行在建立之初大量吸引存贷款客户的主要手段。然而过度依赖该手段往往导致多种问题，不符合金融包容体系“三度统一”的原则：一是使银行成本压力较大，有可能导致操作风险提高；二是所吸引客户主要为利率敏感性客户，使其抵御金融危机的能力有所降低。可见，金融包容风险预警和管理体系的构建可为其稳健发展设立“防火墙”。

（2）适当开设线下网点。线下网点无须是类似于传统银行支行能够实现存、贷、销等多种功能的网点，可以是仅提供咨询服务的实体，也可与便利店、超市等多方开展广泛合作，物理网点的开设在加强自身存在感的同时能够消除潜在客户的不信任感，强化客户黏性，这是金融包容体系供需匹配和协调的重要环节。

（3）贷款专业化。专注特定领域尤其是传统金融机构无法触及的特殊领域，实行错位经营、包容共生的发展策略，能够使纯网络银行快速获得大量客户并更有效地开展存贷款业务，降低不良贷款率，开发新的业务品类，同时也更有利于银行品牌和口碑的建立，体现了金融包容体系的协调发展、创新发展、组织协同的精髓和内核。

（4）放宽纯网络银行开展业务的领域，鼓励其参与更多市场，发挥其自主性和创新性。ING银行在市场参与程度方面较中国更高也更为自由。

---

① 伍旭川、张翔：《我国纯网络银行的风险特征与监管建议》，载于《清华金融评论》2015年第8期。

目前中国纯网络银行可开展业务的范围有限，监管部门可适当开放更多领域，不仅可使其资产风险分散，获得更高收益，也可使纯网络银行在更多市场发挥积极作用、释放创新力量，引导实业发展，促进金融包容传导体系的构建和完善。

（5）相机控制纯网络银行的数量，适当竞争的同时防止出现金融过度（over-banking）现象。通过美国纯网络银行的发展历程可以看到，短期内过多同类银行迅速涌现会在一定程度上引致银行竞争过度，导致经营困难，加剧市场混乱，助长违法违规投融资活动。因此，监管当局应当审慎审批纯网络银行的设立，使金融包容体系的构建遵循循序渐进、组织多样、风险可控、有序推进、协同长效的思路和原则。

### 5.2.4 前景与展望

纯网络银行在中国尚处于初始阶段，中国第一家纯网络银行截至2017年12月也仅开业三年左右。在短短的两三年间，微众银行与网商银行已经双双实现了资产和业务的快速增长与扩张，并迅速开始盈利。本书从多角度出发，在对国外纯网络银行相关领域研究文献进行评价的基础上，与国外较具代表性的纯网络银行进行横向对比，指出微众银行与网商银行快速、顺利发展的主要原因之一在于其定位符合中国金融发展的整体趋势以及紧密契合国家的政策导向，着力于拓宽金融服务市场，将更多群体纳入金融服务体系，抓住了中国发展普惠金融的痛点和时机。不仅成为实现包容性金融体系的“排头兵”，而且成功利用大数据及相关技术实现了信用贷款等业务的高效开展与高质量盈利。

中国纯网络银行的发展历程说明：新兴金融机构和组织在中小微企业融资、农村金融等领域具有巨大的发展潜力。目前仍有大量的潜在金融服务需求亟待挖掘。纯网络银行的发展不仅可以更好地发挥金融服务实体经济的功能，也在一定程度上拓宽了征信体系的覆盖范围，有利于推进企业和个人征信系统建设，同时为解决民间借贷问题、影子银行问题和中小微企业融资难问题提供了新的渠道与办法。与其他互联网金融模式（如众筹、P2P借贷等）相比，纯网络银行对投资者而言风险更小，监管者经验更丰富，资产业务目标市场前景广阔，是真正具有长期可持续性的创新型金融机构。纯网络银行对完善中国金融机构种类具有重要意义，并且能够弥补部分传统银行的不足。在可预期的未来，纯网络银行若能在进一步增加业务种类和数量、有效拓展业务覆盖范围的同时实现良好的风险控制和管理，并从目前区域性较强的金融机构成长为全国性的金融机构，其影响广度与深度将不可估量，对传统银行的冲击将愈发显现。针对纯网络银行的研究也将成为互联网金融的热点之一，同时也会成为金融包容体系理论和实践的重要有机组成部分。

## 5.3 金融能力的研究进展与展望

金融包容的冰山模型强调了参与主体的金融素养、债务素养或金融能力的重要性。目前国内大部分文献关注金融素养（financial literacy）研究，例如，田霖（2014）把金融素养的研究对象分为个体、家庭、企业、金融机构及政府五大主体，并从各个不同主体的角度阐明了金融素养的意义。张杰（2015）定义金融素养为金融消费者在有效利用金融知识的基础上做出理性决策的能力。陈三毛（2015）则把“financial literacy”译为金融学识，但是他不认为金融学识等同于金融知识（financial knowledge），前者应至少涵盖知识和能力应用两个部分，强调提高消费者金融学识水平的有效手段与方法是金融教育。

国际上，对债务素养（debt illiteracy）的研究文献以卢萨尔迪（Lusardi）和图法诺（Tufano）为代表，2009 年他们研究了可能因过度负债而产生的消极个人影响和负面社会影响，同时号召政府和社会关注债务素养问题。债务素养指金融消费者可以利用金融基础知识进行普通金融产品选择，或者有对各类债务合约做理性决策的能力，其对完善金融素养水平也有着重要作用。过度负债同时受债务素养和金融决策的影响。研究发现，男性、年轻人、非少数民族、已婚者的债务素养相对较高，而债务素养较低的群体更容易陷入过度负债。国外学者对于债务素养的实证研究方面，实地考察和问卷调查是采用较多的方式，调查重点主要是考量访问对象对数字的敏感度和家庭资产管理能力（Stango and Zinman，2008），或测度访问对象对债务基础知识的熟悉程度和自我评估自身金融知识熟悉程度（Brown et. al.，2010）。研究结果显示，只有约30%的受访对象知道复利的概念并且可以熟练地享受信用卡服务，债务素养受考察对象财务经历和债务负担的显著影响。同时要考虑到金融消费者的性别、年龄、收入水平、婚姻状况、就业情况、种族和宗教信仰等影响因素。

2013年以来，互联网金融得到了广泛的发展，金融产品与服务的品种也出现了多样化的创新。与此同时，投资风险日趋加大，这对人们的金融知识、风险识别等金融能力提出了更高的要求。居民缺乏金融能力会导致投资失误，不仅使自身遭受较大的损失，还有可能会通过多米诺骨牌效应引致金融危机。金融能力的提升有助于人们做出更加理性的金融决策，进而增加其金融福祉。提升居民、政府、企业的金融能力素养是经济疲软期的新引擎、新动力，将助力于新产业、新经济和新业态建设，同时消除潜在金融危机的根源问题。金融能力的提升能够创造新的金融需求、提高家庭和社会的幸福指数、降低因过度负债造成的身心伤害等。

国际上，美国、英国、日本等都在尽力通过不同渠道提升居民金融能力，美国更是将其视为增进社会福利的有效政策。2013年，中国人民银行经研究颁布了《中国金融教育国家战略》，倡导维护金融消费合法权益，将建设相关咨询、投诉受理制度上升到国家战略层面。至此，国内学者主要就中国居民金融能力方面进行了研究，但相比国外研究成果，无论是时间还是进度方面，这些研究都不够深入和细致。因此，通过梳理国内外相关文献，分析中国居民的金融能力，力求构建符合中国真实情况和特点的金融能力的量化指标体系，有重要的现实意义和借鉴意义。提升金融消费者的知识水平、创新金融产品和服务将有助于推动中国金融包容体系的稳健发展。

### 5.3.1 研究现状

#### 1. 金融能力理念研究

金融能力研究始于英国的一项全国调查（Atkinson et al.，2006），随后其概念由英国和加拿大学者界定为人们在管理个人财产时表现出的自信、动机和个人金融知识。在此之前，很多相关研究以金融素养（financial literacy）为研究主题。早期研究中，多数学者指出金融素养的重要性。如休斯顿（Huston，2010）将金融素养解释为个人理解和应用金融信息的程度，其特别重视金融知识（financial knowledge）。近年来关于金融素养的研究也有新的进展，一些学者开始研究影响个人处理和运用复杂金融信息能力的因素，指出金融素养是指个人通过各种渠道搜集和处理经济金融相关信息，并据此作为进行资产管理、按期偿债、提前筹划退休基金、积累财富等基础的能力（Lusaedi，2014；朱涛等，2013、2014、2015；尹志超等，2014），研究发现，具备较高金融素养的家庭有助于其更加合理地安排家庭金融资产。刘国强（2018）提出金融能力相对于金融素养是一个延拓，它既包括金融消费者在相关知识、态度、行为、技能等方面体现的能力，也包括了金融消费者获得金融产品与服务的机会，从而最终获得个人的最优金融福利。

从以上文献可以看出，金融能力是金融素养的拓展和延伸。就金融素养来讲，消费者通过金融教育，储备了一定的金融知识，就可以在投资决策中运用这些知识做出正确的判断，进而达到防范风险的目的。不仅是针对个人，家庭金融资产也能够得到合理的配置。然而，仅仅拥有了这些知识并不一定代表就具备灵活运用的能力。尽管有些学者强调知识和应用的结合，但还是把金融知识放在了第一位，这并不是最优的解决方案，因此金融能力就逐渐进入学者的研究视野。

在此后的文献中，有部分研究学者发现金融能力与金融素养的概念界限较为模糊（Atkinson et al.，2007）。然而狄克逊（Dixon，2006）比较了金融素养和金融能力后，由于其同时强调应用金融知识的能力以及能否有效发挥金融知识在实践中的作用，而更倾向于支持金融能力的重要性。泰勒（Taylor，2011）将金融能力定义为通过合适的方式管理金钱的行为，其关注的是金融行为。谢若登（Sherraden，2013）还提出一种被广泛接受的定义，即金融能力是个人能力之一，表示个人有机会从接受的金融教育中获得金融知识和技能，并最终获取自己的金融利益，而机会取决于个人是否可以接触到所需的金融产品和服务，其更加注重外部环境的作用。萧等（Xiao et al. ，2014）指出，金融知识和金融行为都是金融能力的重要组成部分。所以，他们把金融能力解释为拥有一定的金融知识水平、做出合适的金融选择，进而获取相应的金融福利。

通过对以上国内外文献的梳理，我们发现国外学者主要从金融知识和能力两方面来研究金融能力或金融素养。基于此，本书也选择金融知识与金融应用来衡量金融能力的综合水平。

通过比较国外学者关于金融能力和金融素养的不同观点，发现分歧主要还是聚焦于知识和能力的讨论上。笔者认为，金融能力是金融知识与金融应用的结合体。金融能力可被认为是个体运用自身的金融知识、金融技能及其外部的金融资源，以做出理性的金融决策行为，以此获得金融福祉的综合能力。它包括两个方面：内部个人能力与外部金融环境。其中，内部的个人能力即金融素养，指个人在金融教育、社会交际过程中获取的金融知识与技能；外部金融环境则是指个人获得金融产品的渠道和机会；其落脚点在于金融福利的提升，这也是金融包容传导体系的另外一种角度的表达。

### 2. 金融能力的重要性

约翰逊等（Johnson et al. ，2007）指出提升包括金融知识、技能、自信心及动机等方面的金融能力，可以提高接触和接受更多合适的金融产品与服务的概率（广度和宽度），因此提高弱势群体的金融能力更为必要。部分学者研究认为，近年的一些金融危机，其爆发的根源在于人们较低的金融能力，例如，2007 年起源于美国的金融危机，因为人们在投资房地产过程中对市场认识不足，盲目购买，泡沫破裂之后，最终在 2009 年有 75% 的房地产次级贷款丧失了赎回抵押品的权利。频发的金融危机，使全球各国、各地区意识到，从长期来看建设金融能力的必要性（Bowe，2010；Task Force on Financial，2010）。奥唐纳等（O'Donnell et al. ，2010）更是断言：高度注重金融能力建设是金融危机给我们最大的启示。田霖（2014）剖析了互联网金融视阈下的金融素养，指出金融素养本质上就是经济主体的能动性、判断力的培养，注重其金融能力（financial capability）的提高、金融知识的丰富、金融产品的自主选择权、家庭债务的长期规划能力等。培养金融素养、提升金融能力可以成为完善金融包容体系以及防范危机的事前措施。

从以上分析可以总结出金融能力的三大重要作用：首先，从金融危机的微观根源分析，金融能力应上升到国家层面的政策高度来给予关注。其次，从普惠金融角度来说，金融能力可以有效地帮助弱势群体提高其福利水平。最后，在我国金融市场的成熟度不高、金融机构尚不规范、互联网金融蓬勃发展、投资品种不断增加和投资风险日趋加大的大环境下，金融消费者也应重视金融能力的培养，进行微观视角的最大限度的金融风险防范和管理。自 2014 年起，由新华网等共同举办了三期“中国居民金融能力”调查，前两期报告显示，满分 100 分，中国居民金融知识得分分别为 50.36 分和 50.15 分，可见，中国居民的金融知识水平较低，能力欠缺，金融能力的建设任重而道远。

### 3. 金融能力的衡量

金融能力的测度体系目前尚未统一。许多学者探讨了居民金融能力测度的角度和方法：梅尔韦什等（Melhuish et al.，2008）从金融知识及其理解、金融技能、金融自信、金融态度等方面来衡量金融能力，不仅考量了居民对于金融相关知识的了解，还从心理角度考察了居民对新金融的接受程度及自我金融能力评价。泰勒（2010）更注重的是对金融知识、金融信息的使用能力和参与金融市场的能力，其衡量指标包括对收支平衡和资产的管理能力、对未来规划和资产配置的能力以及金融信息的收集能力。谢若登（2010）结合个人能力和外部环境来定义金融能力，指出居民的金融能力来自个人的金融知识运用和金融技能，以及对外部的金融获得性、负担性、信任度、吸引力和便利性等层面。

综合来看，不同学者采用不同的指标进行金融能力的衡量，口径的差异导致相互之间很难进行横向比较，得出的分析结果也不具有广泛的代表性。世界银行在对美国、英国、日本和俄罗斯等国相关金融能力指标的吸纳重组基础上，又进行了创新与完善，在2013年发布了较为权威的金融能力指标体系，主要体现为金融知识、技能、态度和行为四个角度。对金融能力的研究从单独的个人金融能力扩展到置身于外部环境下的个人金融能力，与此同时还强调了可行能力。本书将在世界银行金融能力的测度框架下，构建衡量中国居民金融能力的指标体系。

### 5.3.2 金融能力评价指标体系的构建

世界银行对于金融能力的评价指标体系如表5－6所示。

**表5－6　　世界银行金融能力测度框架**

| 一级指标 | 二级指标 |
| --- | --- |
| 金融知识 | 基本金融概念（如通货膨胀、利率、风险）；对金融产品和服务的知识；实务知识 |
| 金融技能 | 计算能力（如物物交换的换算）；阅读理解能力 |
| 金融态度 | 对储蓄、借贷、投资的态度；对未来的态度；对老年计划的信息；对预算、储蓄、贷款的倾向 |
| 金融行为 | 日常资金计划；长期规划（紧急事件、退休）；金融决策（选择合适的金融产品）；寻求金融建议 |

资料来源：Measuring Financial Capability：A New Instrument and Results from Low and Middle-Income Countries. World Bank，Washinton D. C.，2013.

在世界银行编制的金融能力测度框架中，一级指标与用可行能力表示的金融能力的研究视角相契合；二级指标考虑了发展中国家和发达国家的共同性与特殊性，其唯一缺陷就是忽略了不同地区间的特殊性。

中国有着特殊的城乡二元经济结构，在此背景下，二元金融结构也较为明显，其中农村居民对于金融市场的参与具有更明显的特殊性。因此本书在充分考虑中国特色经济、金融、市场条件的情况下，借鉴世界银行、英国第三次全国金融能力调查（2010～2012）、中国消费者金融素养调查（2013～2015）以及卢萨尔迪和米切尔等（Lusardi and Mitchell et al.，2005）对居民金融能力的测度框架，构建了中国居民金融能力指标体系，具体如表5－7所示。

表 5－7　　中国居民金融能力指标体系

| 一级指标 | 二级指标 | 题目 |
| --- | --- | --- |
| 金融知识 | 通货膨胀 | 假设银行的年利率是 4%，通货膨胀率是 3%。把 100 元存入银行 1 年以后能够买到的东西将会如何变化 |
| | 单利 | 假设银行的年利率是 4%，如果将 100 元存 1 年定期，1 年后获得的本金和利息是多少 |
| | 风险 | 如果您有一笔资金用于投资，您最愿意选择以下哪种投资项目 |
| | 金融产品 | 您一般认为，股票和基金哪个风险更大 |
| 金融技能 | 风险偏好能力 | 如果现在有两张彩票供您选择，若选第一张，您有 100% 机会获得 4000 元；若选第二张，您有 50% 机会获得 10000 元，50% 的机会什么也没有，您愿意选哪张 |
| | 阅读能力 | 您是否经常阅读一些经济、金融方面的书籍和关注这方面的信息 |
| | 理解能力 | 选择购买某项金融产品或服务时，您是否能够理解其价格信息 |
| | 运用能力 | 你认为以下哪些方式能够识别人民币的真伪 |
| 金融态度 | 对储蓄的偏好 | 您是否同意以下说法：我不担心未来，今天有钱今天花完，明天的事前明天再说 |
| | 对老年计划的信心 | 您是否同意以下说法：我有信心我老了以后，即使没有儿女的赡养，也能维持自己的开销 |
| | 初次接触金融产品的态度 | 当面对没有接触过的金融产品，您的第一反应是什么 |
| | 金融安全意识 | 您觉得在使用银行卡时，为确保用卡安全应注意以下哪些事项 |
| | 信用意识 | 您是否知道个人信用报告，您认为以下哪些行为会影响您在银行的个人信用记录 |
| 金融行为 | 维持收支平衡 | 您是否使用过蚂蚁借呗、微粒贷、有钱花（满意贷）、京东钱包等借钱购买生活必需用品 |
| | 长期计划 | 您有没有为了未来可能发生的事情储蓄（如结婚、买房、孩子上学、家用电器、医疗等） |
| | 支出计划 | 去年，您家的家庭支出是否控制在计划之内，为什么没有控制在计划范围内 |
| | 购买或持有金融产品 | 您对保险产品是如何看待的 |
| | 金融咨询 | 当您有金融知识方面的疑惑时，您采取何种方式解惑？（1）自己上网找资料；（2）咨询亲戚朋友；（3）咨询金融机构的工作人员；（4）咨询政府相关职能部门；（5）不知道如何寻求帮助 |

### 5.3.3 研究结论与展望

首先，在全球经济低迷，传统金融萎缩而互联网金融突飞猛进的情形下，诸如以人人贷为代表的 P2P 网贷、以阿里小贷为代表的大数据金融、以水滴筹为代表的众筹模式、以支付宝和微信支付为代表的第三方支付、以融 360 为代表的互联网金融门户、以手机银行为代表的信息化金融机构等蓬勃兴起，这些互联网金融创新模式在悄无声息地改变着我们的生活，如何让普通居民接触和使用这类新型金融方式，如何有效提升他们有关储蓄、信贷、理财和支付等方面的金融能力是学者们关注的前沿课题，也是金融包容体系的根基。居民、企业或政府缺乏的不是各类金融信息，而是如何在海量信息中甄别、筛选有用信息，为决策所用。在互联网金融视域下新的信息贫困问题需要提前防范和避免，如何帮助弱势群体进行“信息赋权”也是目前研究的新兴领域和热点问题。

其次，随着 2018 年 4 月底《关于规范金融机构资产管理业务的指导意见》的落地，以前广受金融消费者青睐的银行保本理财产品难以为继。同时，影子银行融资受到控制，债市违约潮又一次出现，许多金融消费者可能面临保本理财产品的兑付困境。在国内，大部分资产理财产品或家庭财务管理都是由个人决策和操作，如果消费者缺乏必要的金融能力，微观风险将难以防范和化解，并有可能演化为区域性金融风险。提升消费者的金融能力有助于他们提高金融市场的参与度和降低金融风险，可见，金融包容风险管理体系的构建离不开微观主体金融能力的提升，而提高金融能力最有效的途径就是加强金融消费者的教育。金融消费者教育在很多发达国家被上升为国策，纳入金融监管者的职责范围。因此，金融消费者教育在国内的呼声也日趋高涨，成人和儿童的金融教育计划及能力塑造培养应尽快提上研究日程。

最后，国外有关金融能力的研究已经深入人心，而中国的定量研究较为薄弱，如缺乏金融能力指标体系的构建以及贡献度衡量等。本书 6.2 节构建了金融能力的指标体系并通过线下和线上（问卷星）随机发放问卷进行了实地调研，但也仅是一家之言，目前急需建立一致的统计口径、达成共识的指标体系和业内认可的权威数据库，方便同行学术交流和实践部门参考。与此同时，从两方面入手提高参与主体的金融能力：一是将金融教育常态化。根据行为经济学的效用叠加原则，常态化、多渠道的金融教育和渗透可以增加金融培训时间，提高培训效果，从而提升居民金融能力。二是要创新金融产品和服务，使产品有效且亲和。金融机构应设计出让民众更加容易理解和接纳的金融产品，并且提高金融服务质量，从而使居民的金融技能得以提高，优化其金融行为，提高其金融福祉。

具体而言，金融能力提升可以带动经济增长、促进居民身心健康，提高家庭与社会幸福感，应该尽快明确金融能力建设的战略地位。从 CHFS 相关描述性统计分析可以看出，很少关注，甚至从不关注经济或金融类信息的家庭占大多数，没有接受过金融知识专门训练的占绝大部分，约一半的家庭对基本金融知识了解较少，缺少必要的资产配置能力，其中还有大部分家庭不能进行理性消费。因此，应该扩大金融能力的培养范围，将其涵盖到每个社区和居民，还需要运用互联网、大数据、云计算、区块链和智能技术来探索居民的特征数据、行为选择、个性需求、风险容忍度等，制订精准的、实时的、便捷的金融能力提高计划，并确定其分阶段推进的短期和长期目标。

充分发挥互联网金融的引导和催化作用。互联网金融可以促进金融领域的虚拟集聚，使得金融需求者和供给者之间实现跨区域、跨类别的直接对接，消费者的个性化需求得以满足，资产配置的灵活性提高，有助于改善居民生活的消费质量。对供给方而言，互联网金融通过虚拟空间集聚效应，扩大了服务范围，提升了金融服务效率，诱导产生更多创新金融产品和服务，其可持续发展更容易实现，同时助力供给侧改革，促进经济增长。新金融和金融能力的倍加效应与互动共促，将会大大促进金融包容体系的完善和高效。

加快畅通金融能力的作用渠道并完善相关制度措施。例如，较高的互联网金融接纳指数、家庭包容指数、家庭收入水平、文化教育程度，以及较低的家庭失业率等都会对金融能力的提高产生积极作用，进而提高家庭创业行为、优化健康水平和提升居民的幸福指数等。提升金融能力也需要将宏观层次、中观层次和微观层次结合起来。虽然某些诸如性别、年龄等家庭特征属性无法改变，但是其他一些非属性类特征可以通过后天培养和建设，如家庭观念和金融意识的培养、后期教育和引导等。此外，从地区结构、城乡结构看，则需要采用差异化政策，修正金融能力短板，以促进包容的区域协调和差序化发展。

# 第 6 章 金融包容体系构建与完善的案例解析

## 6.1 河南省传统金融的互联网化与互联网金融发展

### 6.1.1 河南省互联网金融业务发展状况

近年来，河南省互联网金融呈现多种形态齐头并进的态势。2015 年，河南省《政府工作报告》明确提出加快河南地区金融业的发展，积极协调和服务地方发展的相关内容。从发展形态上来看，河南省互联网金融（狭义）的形态主要可以分为以 P2P、众筹融资和网络小贷为代表的互联网融资以及以互联网支付和互联网理财为代表的互联网金融服务。虽然发展形态很多，但是河南省互联网金融业务的发展仍然很落后。河南省是一个经济、文化、人口大省，其省内没有多少公司涉足互联网金融行业。目前只有建业集团和河南汇银丰信息技术有限公司在第三方支付领域拥有牌照，但是这两家公司并不能开展互联网收款、付款服务，只能使用预付卡。在征信领域，没有一家公司有能力分析数据和发展相关业务，而在 P2P 网贷领域，河南省一些企业抓住机遇、不断探索，填补了河南省互联网金融行业的一些空白。

**1. 第三方互联网支付发展状况**

从全国来看，近些年第三方互联网支付交易规模实现快速扩张。2016 年中国第三方支付交易规模为 20 万亿元，第三方移动支付的交易规模达 58.8 万亿元。2017 年，第三方互联网支付环境与支付场景不断优化，金融创新不断活跃，网上支付业务发展迅速。尤其是商家在节假日采取的促销活动，更是大幅度提高了第三方互联网交易支付总量。

从河南省的情况来看，目前省内没有独立的第三方互联网支付平台，民众都是通过微信、支付宝等全国性支付平台进行第三方支付。通过走访、调查，发现河南市场的第三方互联网支付发展出现新的趋势和特征。第一，第三方互联网支付交易结构呈现多元化与均衡化特征。在第三方互联网交易结构中，网络购物占比为 32.1%，基金占比为 13.8%，航空旅行占比为 9.8%，电商 B2B 占比为 8.5%，电信缴费占比为 4.5%，网络游戏占比为 2.1%。其中，网络购物和旅行的支付占比有所下降，新兴互联网交易需求则不断增加。第二，移动支付成为第三方互联网支付的重要组成部分。移动互联网时代，用户的上网习惯由电脑向手机转变，移动互联网网民数量呈现长尾增长态势。截至 2017 年 12 月末，河南省网民数量超过 8121 万人，人均周上网时长高达 29.6 小时，高出全国的平均上网时长。① 而移动支付的兴起，成为银联卡、现金外最常用的支付工具。支付宝、微信支付等支付工具的使用使得用户可以借助移动设备进行现金管理，带动了第三方支付规模的增长。

### 2. P2P 发展状况

河南省 P2P 平台近些年呈现先增长后下降的态势。一方面，从数量和质量上来看：2016 年 1 月盈灿咨询发布的《2015 年 P2P 网贷行业年报简报》显示，2015 年河南省 P2P 平台的增加量达到 65 家，列全国第 10 位，而问题平台数量则达到了 18 家，占比约 28%。这些问题平台包括 91 节节高、理财邦、汉腾创投、国控小微、爱投网、商易贷、红兴 e 贷、卓越财富、鸿顺金融、国银财富、德亨在线、福易贷、好借好还、中青创投、热贷网、新乡贷、惠嘉金融、豫城金融。在这些平台中，除理财邦、国控小微、爱投网、商易贷表现为提现困难外，其余全部跑路。另一方面，2017

① 《2017 河南省互联网发展报告》，中原经济网，2018 年 5 月 16 日。

年以后，中部六省 P2P 正常运营平台均出现不同程度的下降（见图 6-1），河南位于中间水平。截至 2017 年 10 月，河南省正常运营的 P2P 平台有 30 家。①

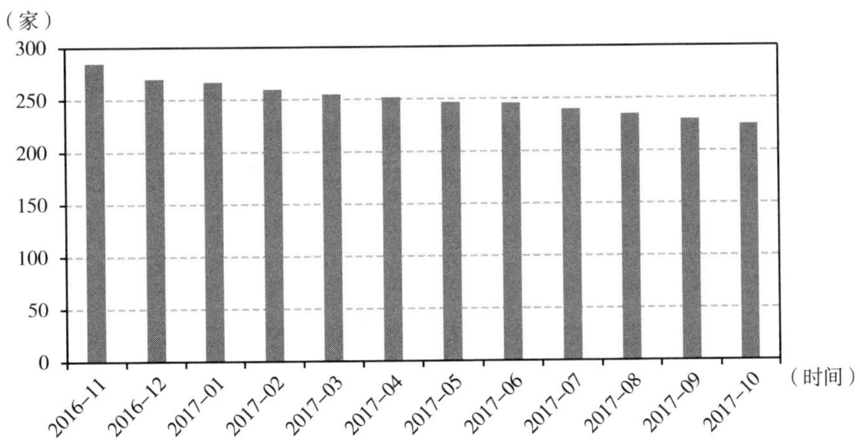


**图 6-1　中部六省正常运营的 P2P 平台数量**

资料来源：《2017 年 10 月中部六省 P2P 发展现状》，未央网，2017 年 11 月 6 日。

从综合收益率来看，2015～2017 年出现下降趋势。2015 年，大、中、小平台竞争更为激烈，商业模式大多采取行业标准模式，创新性不足，河南 P2P 网贷平台商业模式如图 6-2 所示。网贷成交量及综合收益明显下跌，整个行业的综合收益率为 13.29%，与 2014 年网贷行业总体综合收益率 17.82% 相比，下降了 4.57%。此外观察 2015 年一整年的网贷行业综合收益率走势，从 1 月至 11 月，收益率几乎呈现单边下跌的走势，12 月出现了小幅度的反弹。这可能是因为年底资金面紧张。2017 年以来，中部六省 P2P 平台网贷成交量有所回升。截至 2017 年 10 月，河南 P2P 贷款规模达到 13.66 亿元，但综合收益率出现下降趋势，年底再度有回升迹象。这主要是因为，一方面整个行业的综合收益率呈现下降趋势；另一方面监管政策趋紧，平台合规成本逐渐增加。2017 年 8 月以来，伴随行业收益率的提高，P2P 平台综合收益率略有回暖。中部六省中，河南省综合收益率最高，达 12.55%，高于网贷行业综合收益率 9.5% 的平均水平（见图 6-3）。

① 《2017 年 10 月中部六省 P2P 发展现状》，未央网，2017 年 11 月 6 日。

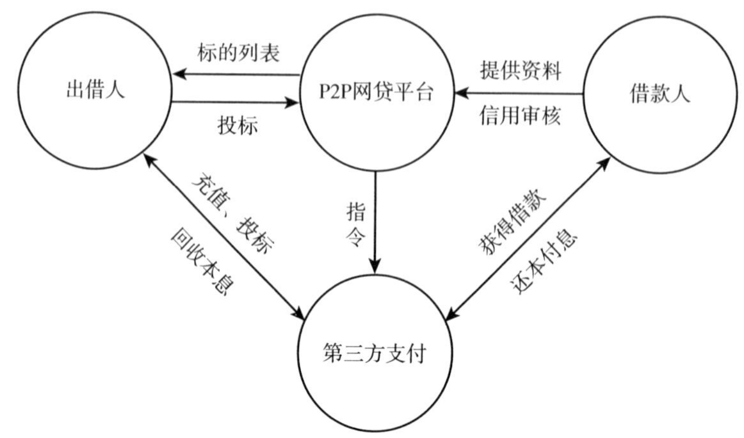


**图 6-2　河南 P2P 网贷平台商业模式**

2016 年，盈灿咨询估算网贷行业收益率会回落至 10%~11%（见图 6-3）。

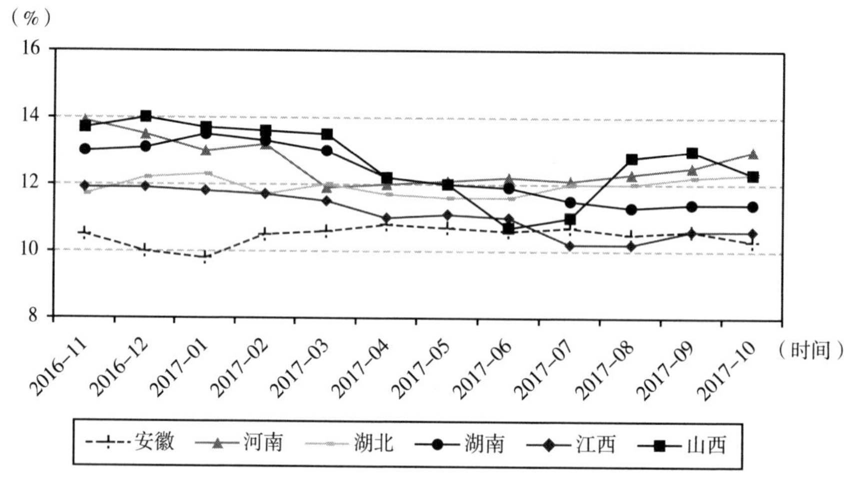


**图 6-3　中部六省 P2P 平台综合收益率走势**

资料来源：《2017 年 10 月中部六省 P2P 发展现状》，未央网，2017 年 11 月 6 日。

### 3. 众筹平台发展状况

众筹平台与第三方互联网支付、P2P 相比发展缓慢。2016 年 1 月盈灿咨询发布《2015 年中国众筹行业半年报》，该年报显示，2015 年上半年中国的众筹平台总数量在 2015 年上半年已经有 211 家，其中有 1/4 的平台是在 2015 年上半年刚开始筹建和诞生的平台，总共募集资金 46.66 亿元人民币。2017 年，大量众筹平台出现倒闭潮，截至 2017 年 12 月底，全国正常运营的众筹平台共有 209 家，比 2016 年的 427 家减少了 51.05%（见图 6－4）。在资管新规和监管趋严的背景下，众筹平台进入行业深度洗牌年。相对于全国众筹平台的稳步推进，河南省众筹平台发展相对缓慢：2017 年众筹平台共有 4 家，分别是注册地在郑州的商品众筹平台“得募网”、注册地在南阳的股权众筹平台“安全投”、注册地在郑州的“众筹中原”以及注册地在郑州的股权众筹平台“遇见天使”。注册地在郑州的“郑州文投金融服务平台”正在筹备上线。本书课题组调研发现，河南省众筹平台目前完成募资金额不足 3000 万元，活跃支持人数不足 5 万人。大多数众筹平台为借贷众筹平台，股权众筹平台较少，部分众筹平台转型众创空间或孵化器等互联网服务商，股权众筹平台和混合众筹平台数量较少。

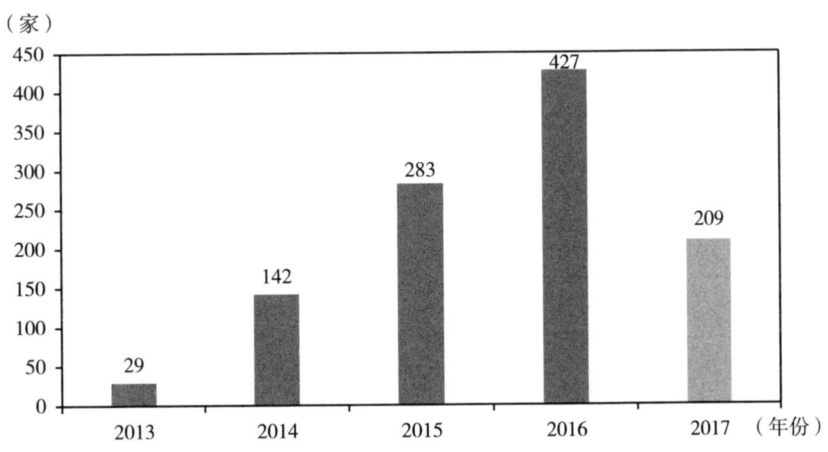


**图 6－4　2013～2017 年中国正常运营平台数量**

资料来源：盈灿咨询。

### 4. 互联网融资理财发展状况

2014 年是互联网金融理财的爆发之年。随着“余额宝”的问世，很多投资公司、基金公司、证券公司、互联网平台等相继推出各类“宝宝”产品，纷纷加入互联网金融理财的竞争中。据盈灿咨询发布的《2015 年中国众筹行业半年报》显示，2013 年共有 25 个“宝宝”理财产品出现，进入 2014 年，56 家机构推出了 79 个“宝宝”类理财产品。目前，在河南省的互联网金融市场上，“宝宝”类理财产品可以分为四种：分别是基金公司发行的“基金系”产品、银行发行的“银行系”产品、基金代销机构发行的“基金代销系”产品、互联网公司等机构发行的“第三方支付平台系”产品。2015 年以来，“第三方支付平台系”产品的规模呈下降趋势，“银行系”产品的规模则呈上升趋势。同时，伴随“宝宝”类产品的问世，其整体收益率呈现下降趋势。以“余额宝”为例，2014 年整体收益率平均达到4.9%，而2015 年收益率跌破3%，进入“2”时代。“宝宝”类产品收益的下降，也使得其理财的规模逐渐下降，甚至出现负增长。近年来，随着货币市场进程的加快，货币基金优势的逐渐消失，河南省“宝宝”类理财产品也逐渐走向衰退，各系新增“宝宝”类产品占比如图 6 -5 所示。

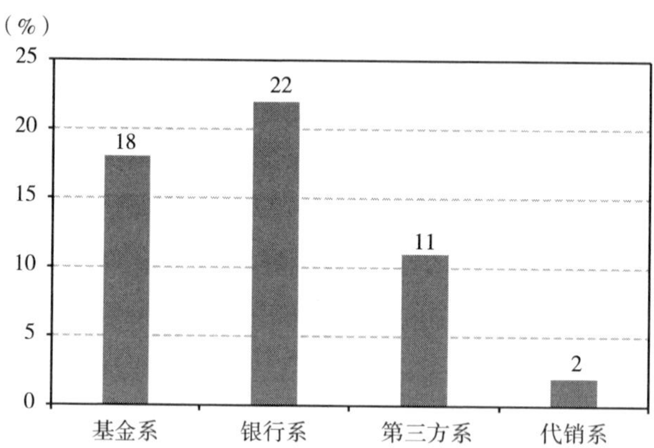


**图 6 -5　2015 年各系新增“宝宝”类理财产品占比分布**

### 6.1.2　河南省互联网金融发展的新特点

河南省互联网金融呈现跨行业化、运营方式多样化、第三方支付向近场支付模式转换以及互联网金融服务的精细化为实体金融提供有效补充等方面的特点。

#### 1. 跨行业发展的新趋势

“零起步、自生长”是河南省 P2P 行业发展路径的显著特征。这种发展路径受制于信用环境的影响，导致行业发展缓慢。随着 P2P 行业的发展推进，跨行业合作将成为新的趋势和表征。以本地 P2P 网络借贷平台“聚金资本”为例。2014 年 6 月 26 日上线运营的平台——聚金资本，正是依托银行及强大的资源整合能力，形成了一套完整的资产业务和资金业务的信息撮合体系；与此同时，借助 O2O 等线下业务，加强与其他业务的纽带联系，构建用户体系，提高用户黏性，成立以来累计撮合投融资 2500 多万元，平台累计用户 2500 多人，解决了 40 多家企业或个人的融资需求。此外，互联网支付将创新性增值服务作为业务发展重点。互联网终端向移动终端的迁移过程对互联网第三方支付产生影响。根据艾瑞咨询的调查数据，截至 2017 年 12 月，中国第三方支付交易规模突破 70 亿元，同比增长了近 60%。从市场份额来看，支付宝、微信占据半壁江山的地位无法撼动，比例高达 50%，财付通占比为 19.5%。未来以 POS 贷款、供应链融资等为代表的支付业务的增值服务将成为河南省金融市场未来第三方支付的竞争焦点。

**2. 运营方式多样化**

一方面，相对于传统民间借贷，P2P 贷款业务模式降低了金融门槛与交易成本，P2P 网络借贷以其便捷性和灵活性赢得广泛认可。国际经验显示，P2P 在金融市场竞争中的优势在于线上业务实现的客户使用便捷性与投融资高效率。未来随着互联网终端与渠道的多元化，P2P 网贷业务的开展也将进一步实现金融普惠性。另一方面，众筹模式垂直型、专业化发展特点更加明显。例如，郑州文投众筹平台。作为一家垂直型众筹平台，该平台详细披露相关细节，将项目的商业计划分享给大众，吸引投资方的目光，募集所需资金，同时投资人能获得项目发起人承诺的回报。

**3. 第三方支付向近场支付模式转变**

声波支付在近场支付领域前景广阔。“近场支付”是借助声波支付技术，充分利用声波的近距离一对一的传输优势，使得手机与售卖设备达到互联与识别。此外，NFC 近场支付也受到国内主要电信运营商的青睐。NFC 技术主要由特定的高频频段传输信号实现，它能非常敏感地反映出距离的远近，从而降低外部干扰，提高安全性。郑州新开普电子股份有限公司目前已经掌握近场支付的关键技术，完成了多项产品于三大运营商的安全登记，其开发的“玩校”App是NFC在校园的延伸，这款App可以与郑州大学的校园一卡通系统进行无缝对接，实现在校学生校园门禁、宿舍门禁、校园餐厅、校园超市消费等应用场景。

**4. 互联网金融服务的精细化为实体金融提供有效补充**

第一，第三方支付公司在细分市场方面深入拓垦，提供特色化服务。目前，第三方支付在河南市场涉及的行业包括商场、便利店、出租车、商旅、电影院、零售、数字娱乐、零售、教育、电子商务、航空机票、金融产品销售等细分领域和行业，已经广泛渗透到消费者日常生活的各个领域。与此同时，获得金融牌照的公司还可以在更广泛的范围内开展小贷服务，通过联合银行等金融机构，促进金融服务的提升。第二，P2P网络小贷征信体系为中国信用体系建设提供有效补充。P2P最能体现金融普惠性的内涵，服务覆盖面主要是小微企业以及部分社会群体。P2P通过收集关键数据，利用数据分析和评估，获得较为真实的信用发展状况，有效填补了政府部门信用数据库建设的空白。此外，P2P网贷的线上运作与大数据结合得到的信息验证模式能从多个维度确保企业信息的真实可靠性。

### 6.1.3 河南省传统金融机构的互联网化

面对互联网金融快速发展带来的机遇与挑战，河南省传统金融机构以更为开放和主动的姿态迎接这一浪潮，加快战略转型与业务调整，弥补传统金融资金效率的不足，拓展金融服务和产品渠道，进一步促进互联网与金融的合作、竞争及深层次融合。

**1. 互联网金融（狭义）对河南省传统金融服务的影响**

传统金融有其自身的固有优势，如网点丰富、广布城乡、历史悠久、信誉良好、运营时间长等。尽管如此，互联网金融凭借其快速高效的支付方式和运营模式，还是对传统金融服务带来了不小的冲击。一方面，从成本来看，互联网支付易导致非准备金存款的流出以及整个银行体系资金成本的上升。第三方理财的便捷性可能导致少量个人存款以及理财资金的流失。尤其是余额宝等多功能整合的互联网理财模式会对银行存款业务构成威胁。另一方面，从收入来看，互联网支付的增加会分流商业银行支付结算、代理等业务收入。商业银行直接向消费者提供金融服务如结算、汇款等所平均获得的手续费收入要多于采用第三方支付带来的收入。此外，随着银行直接通过第三方平台销售金融产品比例的上升，银行销售渠道和银行代理业务佣金收入会下降（降幅占交易金额的0.1%~0.6%）。

**2. 商业银行的互联网化**

（1）发展战略更加清晰。省内商业银行积极应对互联网金融对传统金融经营理念的挑战，不断加强自身在互联网方面的服务意识，在战略层面上制定与互联网金融有关的发展战略和计划，提高自身对互联网及金融等新工具的认识和理解。重点把握信息化建设、发展专业化电子化数据业务平台、业务创新和结构重组，以适应互联网金融发展的时代背景和客户的多样化需求。河南省部分商业银行互联网战略部署如表6-1所示。

表6-1　　河南省部分商业银行互联网战略规划部署

| 商业银行 | 互联网战略规划 |
|---|---|
| 工商银行河南省分行 | 力求打造包括电商、即时通信、直销三大平台，互联网支付、投资、融资三种产品，O2O一体化和大数据应用的e-ICBC战略 |
| 中国银行河南省分行 | 陆续推出“中银E社区”“惠民金融服务”等网络金融服务，将网络服务范围不断扩展至支付、理财融资、跨境、综合服务等领域 |
| 交通银行河南省分行 | 成立互联网金融业务中心，架构业务、产品、技术，打造线上“第二交行”，实现“三位一体”（人工网点+电子银行+客户经理）网络转型 |
| 招商银行河南省分行 | 谋求在“平台、大数据、客户体验”三个方面取得突破 |
| 广发银行河南省分行 | 将小微企业、个人消费者信贷、大数据管理体系等作为战略重点和应用方向 |
| 浦发银行河南省分行 | 深度融合互联网，“边思考、边实施”，推出“spdb+”战略，实现由“移动互联”向“智能互联”转变，为国家、社会、企业转型发展提供全面的痛点解决方案 |
| 中信银行河南省分行 | 实施渠道一体化战略，着力在电子渠道整合、跨界合作、O2O客户服务体系搭建、大数据应用四个方面加快创新步伐 |

（2）电子化金融服务平台趋于立体多元。随着互联网技术的发展，河南省商业银行紧跟互联网发展步伐，积极探索“互联网+”战略及产品创新，从客户选择、服务模式、营销渠道、工具创新等方面加强金融电子化服务。笔者带领的课题组从中国人民银行郑州中心支行及河南省人民政府金融服务办公室了解到：2017年河南省各家商业银行累计IT投资规模达上亿元；不断研发与创新各种新工具和新产品，网上银行、手机银行的推出极大提升了银行服务的范围，微信银行的问世更是大大增强了金融服务产品获取的便捷性。一是银行直销平台迅速推进与延展。在省内的各家银行中，民生银行是首先推出网上直销业务的银行，郑州银行鼎融易在全国直销银行中位列第19名，步入全国直销银行20强，在城商行中居于直销银行前10强，位居中原本土直销银行第一名。工商银行、平安银行、光大银行、兴业银行、浦发银行、广发银行、华夏银行等也陆续上线直销银行业务。二是加快移动支付产品创新，培育新的业务增长点。省内各家商业银行积极落实总行关于互联网金融发展的战略，加强对银行卡、移动支付及手机银行的方式整合，丰富服务内容、扩大应用范围、实现线上和线下业务的完美对接。推出诸如空中圈存、预约服务等创新形式，增强客户对传统金融的黏性和忠诚度等。三是改造传统的物理网点，提高其智能化水平，构建O2O模式。早在2014年8月6日即在郑东新区CBD商务外环路广发银行郑州分行营业部推出了首家智能银行网点，通过设立24小时智能银行，打造广发24小时“金融便利店”；工商银行河南省首家全功能智能服务网点——工行郑州东区支行智能银行2015年6月26日上午对外营业，迈出了河南省工行网点智能服务的新步伐（2016年已建成300家智能网点）。2016年，民生银行围绕小微金融，构建O2O模式的社区便民生活圈，建设生活服务企业参与的多边市场平台。

（3）跨领域合作更加全面。近年来，河南省商业银行越来越注重将互联网平台的信息技术优势与自身资本雄厚、客户储备充足、风险控制严密等优势全面结合，挖掘自身潜力，促进自身发展。

首先，商业银行积极与互联网金融平台开展合作，探索综合金融服务。河南省政府曾在2015发布的《河南省“互联网+”行动实施方案》中提出积极推动省内金融机构、大型企业、电商平台等发起设立网贷平台。如 2014 年郑州银行推出了“鼎融易”平台，该平台首次把银行的直营服务功能和互联网电子商务客户的需求有机结合，为中小微企业、物流企业、社区居民等互联网用户提供更快捷、全面的金融创新服务。其次，注重创建互联网供应链金融，树立互联网信贷品牌。例如，招商银行郑州分行推出“小企业 e 家”用于开展线上 P2P 网贷业务；光大银行郑州分行推出“汽车供应链线上融资系统”。

(4) 大数据得到广泛应用。随着互联网金融的发展，河南省各家商业银行逐渐建立了数据仓库和结构化数据。电子交易、存贷款、中间业务等交易数据在信贷、服务、营销等多个方面得到广泛深入应用。可以利用客户的交易数据对其进行大数据授信，也可以根据数据库中已有的外部数据对相关客户进行风险定价等。

(5) 金融普惠性效应渐显。在普惠金融政策的指导下，河南省多家银行践行小微金融服务模式的网络化和数据化，力求让每个人、每个企业都能平等、有尊严的享受金融服务。如民生银行和招商银行在河南市场推出的“我要贷”和“闪电贷”服务。客户最快可在 60 秒内通过银行推出的手机 App 获得贷款，这是因为客户申请贷款的程序大都由后台网络系统自动审批完成，方便快捷。随着大数据在金融业的应用性越来越强，客户享受到的金融服务越来越丰富和高效。以大数据为保障的金融生态是河南省商业银行践行普惠金融理念的又一体现。在不远的将来，河南首家微众银行[①]也会正式上线。

### 3. 证券业的互联网化

(1) 互联网证券业务试点展开。国务院常务会议曾在 2014 年 3 月提出：提高证券期货行业服务竞争力，促进互联网金融健康发展。由此，中

---

① 所谓微众银行，是指依托互联网技术，在线实现存款、贷款和支付结算等传统银行服务的机构。深圳前海微众银行作为国内首家微众银行，于 2014 年 12 月正式在官网上线。在经营上没有物理营业网点和柜台，主要通过人脸识别技术和大数据信用评级发放贷款。微众银行首款产品是“信用付”，支持“先消费，后付款”。普惠的微型业务，占用资金不多，又能覆盖更多用户，是互联网金融的新尝试。以某位个体创业者为例，在整个在线放款流程中，系统通过手机摄像头和软件识别客户的身份及匹配相关信息认证，通过社交媒体等大数据的分析，对其进行信用评分和贷款额度确认，最后放款。

信证券等61家券商获批开展互联网证券业务试点，其中河南省本土券商“中原证券”在首批之列。近年来，互联网券商业绩增长迅速，影响力逐渐增强，成为互联网证券业务的“抢跑者”。2015年中原证券年报显示，该公司实现利润总额18.91亿元，同比增长150.5%，净利润14.02亿元，同比增长155%，创下该公司成立以来的新高，连续四年高速增长。目前中原证券已经启动宏达的“互联网+”战略，实现从内陆联通全国。2014年底，中原证券成功上线电子证券平台“财升网”，客户通过该平台可实现开立理财账户、证券账户等开户功能，并具有产品销售功能及账户、交易、资产等业务办理功能。未来中原证券将成立互联网金融公司，逐步切入银行业态，发展P2P、P2B及众筹等业务，全面开展互联网金融业务，助推公司实现打造大型金融控股集团的战略目标。

（2）打造跨平台的综合服务新模式。首先，进一步完善证券服务电子平台，加快构建线上和线下相结合的O2O模式。一方面，补偿线上服务的潜在风险，这可以通过有现场验证功能的营业部柜台来有效实现；另一方面，创造线下专业准确的良好服务环境。在传统业务部的基础上，一些证券公司注重创建轻型业务部，实现由传统营业部向营销管理平台的转型。2016年初，已有20多家证券公司在郑州设立营业部，80%的营业部转为轻型营业部。①

其次，开启以经纪业务为基础、跨界综合经营的模式。证券公司要发挥自身牌照齐全、团队专业能力强的优势，吸引客户，增强证券公司自身咨询和研究的动力，以投资银行业务为主要方向，兼顾自营业务的创新和补充。如中原证券成立互联网财务部，推出相关业务平台，整合客户日常交易需求、财务管理需求、融资需求等。目前，“证券银联”运营公司已在上海成立并运营，私募股权、证券公司等金融机构可以实现自身账户的交互操作。统一账户管理、综合财产管理、资金托管和付款一体化等功能也即将在河南省金融市场上实现。

最后，布局互联网股权众筹业务。众筹作为网络金融的一种新形式，是对传统融资方式的有益补充。证券公司加入股权众筹后，可以充分发挥

① 根据证券之星（www.stockstar.com）及河南省人民政府网数据整理。

自身在信息披露、风险控制等方面的明显优势。目前，在河南省的券商当中，中原证券无疑是股权众筹的先行者。2015 年 3 月，中原证券与原始会合作，启动了一项众筹项目——伟恒生物，计划筹集资金 800 万美元，预约资金 3790 万元，实际意向资金近 4000 万元，项目融资超募近 400%。[①]可见，互联网众筹未来将成为证券公司互联网支柱产业之一。

（3）与互联网企业竞合加剧。首先，券商或投资互联网金融平台，或与互联网金融公司深度合作，从而可以更好地发挥双方的竞争力，形成客户资源庞大、资本雄厚、与互联网的深度嫁接等优势，从而增大客户流量、提高客户黏度，增强公司的产品研发能力。目前，同信证券和东方财富网站开展合作、湘才证券和大智慧平台开展合作，以及广发证券与新浪金融开展合作，且彼此的合作效果显著。2016 年 1 月，中原证券正式“牵手”本土互联网企业——锐旗资本投资有限公司。2015 年，该公司在中国排名前 100 位的互联网公司中排名第 72 位。该公司业务涵盖电子支付、云计算和 IT 外包，是微软（Microsoft）、阿里巴巴（Alibaba）、腾讯（Tencent）、百度（Baidu）和甲骨文（Oracle）等企业在河南的授权合作伙伴。锐旗资本投资有限公司与中原证券合作，意味着豫籍券商进军互联网金融的深度日益扩展。

其次，互联网企业为进入证券市场已经做好了发展的准备。虽然在现行政策下，证券业并没有向互联网企业开放渠道，互联网公司无法从中国证券监督管理委员会直接获得证券牌照，然而各互联网企业已经开展各种尝试和准备工作，收购证券公司便是一种途径。2014 年 12 月，东方财富收购宝华世纪证券有限公司 100% 股份，开启了内地互联网公司对香港证券公司收购的风潮。2015 年 2 月东方财富又收购西藏同信证券 70% 的股权，这是在大智慧收购湘财证券后互联网公司企业的又一次大手笔并购。目前，互联网企业并购中小券商的节奏已经加速，尽管这一现象尚未出现在河南金融市场上，但互联网公司与券商的并购潮将不可避免地波及和影响河南金融市场。

最后，基于大数据和“类淘宝”模式的投资者自我决策对河南省证券

① 《20 多家券商试水众筹 盈利模式还在探索》，新浪财经，2015 年 11 月 30 日。

公司研究咨询业务造成冲击。证券公司的业务之一是向投资者提供投资咨询服务，进而收取相关服务费用。然而，随着互联网的发展，很多公司或平台基于大数据，通过人工智能、技术建模等推出了自我决策平台。投资者可以自行登录该平台，获取投资信息、投资热点、投资方法等内容，这可以缓解投资者的“信息不对称”问题。例如，百度开发的“百度股市通”即百度大数据业务进入金融领域的开始，成为投资者选股的得力助手；微量网络科技有限公司推出的“微量网”，则利用“策略超市 + 云交易”的模式，打造安全、便捷的策略交易平台，帮助投资者选择优秀的投资策略实现财富增值。

#### 4. 保险业的互联网化

目前，河南互联网保险的发展主要表现出以下几个特征。

（1）互联网保险规模迅速增长，经营模式多样。近年来，在互联网金融发展的背景下，河南省互联网保险规模增长迅速，据估计其占总保费收入达到3%~4%。2015 年，全省有保险公司 67 家，保险总资产达 2556 亿元，保费收入达到 1248.76 亿元，互联网保费收入则近 50 亿元。2017 年，全省有保险公司近 70 家，保费收入达到近 2000 亿元，互联网保费收入则近百亿元。2017 年，全国互联网保险服务用户已达 3.3 亿元，河南位居前 10 位。[①] 从经营模式来看，河南省互联网保险主要有电商平台、专业第三方保险中介平台等经营模式。根据笔者调研访谈，在河南省保险公司中，80% 的公司为自建自营，如中国人寿河南分公司、中国太保河南分公司等；60% 的公司采用官网和第三方合作的兼营模式，如京东、网易、淘宝苏宁、腾讯等都涉足保险销售。在河南保险市场，客户还可以登录优保网、慧择网、中民保险网等为代表的第三方保险中介平台，在线购买相关产品与服务。

（2）借助互联网，保险机构积极进行业务创新。首先，保险公司积极向综合化金融服务平台转型。省内各家保险机构正在将品牌、客户资源优势与互联网平台深度融合，提高保险机构在整个金融体系中的地位。中国

① 《67 家保险公司逐鹿中原》，大河网，2015 年 8 月 21 日；《发展互联网保险服务供给侧改革大局河南》，中国消费网，2017 年 8 月 26 日。

平安河南分公司在集团“四种资产、两朵云、一扇门”的互联网金融战略下，积极挖掘河南客户价值，实现业务迅速发展。中国太保河南分公司正在积极借助互联网平台和第三方支付实现业务突破，除了产险、寿险之外，进一步延伸到其他金融产品服务。其次，保险公司通过网络平台探索保险产品的市场拓展。根据笔者的调查，虽然全省保险公司不断创新网络保险产品，但仍以产品销售为主，产品多表现为财险和寿险。因此，未来结合互联网时代的生活方式和特征，强化互联网保险的碎片化特征，对受众群体进行细分，提升客户凝聚力，通过交互性保险将不具有高额投保能力的客户纳入被保人群是省内各家保险公司发展互联网保险的又一重点。最后，保险公司应通过网络平台，加强对自身业务运营模式的创新。目前，河南省已经有一些保险公司在承保、理赔环节加强线上操作的创新。例如，河南省内人保财险客户可基于手机移动平台，完成现场自助理赔。而河南省内太平洋财产保险的车险移动视频探测系统和大地保险的线上定损系统——RAS 系统也可以实现快速定损。

（3）河南省保险业的互联网业务发展空间巨大。目前，河南省互联网保险受众人群已经位列全国前 10 强。河南省人口基数庞大，经济总量和发展速度位居全国前列，随着大数据、云计算、物联网等技术在保险行业的应用，河南互联网保险市场的发展空间将十分巨大，特别是向车联网、医疗、养老、“三农”领域的扩展将是河南省互联网保险业务新的增长点。

#### 5. 信托业的互联网化

信托公司加强业务创新，建立互联网信托平台。如中融信托的信托平台“中融金服”、平安信托的“陆金所”、华宝信托的“流通宝”等自建平台相继出现，聚信托网站则利用互联网及大数据的优势为第三方营销平台进行信托直销。尽管很多信托公司开始融入互联网，但受到信托自身性质和相关政策法规的限制，与其他传统金融机构相比，信托业的互联网进展相对缓慢。

截至 2019 年，河南本土有两家信托公司，分别是百瑞信托有限公司和中原信托有限公司。尽管两家公司都建立了官方网站，但并未建立真正意义上的互联网平台；虽然与第三方营销平台进行合作，但是仅进行项目宣传和展示，并未进行第三方营销平台直销。例如，百瑞信托与第三方平台优选金融合作，后者仅提供了咨询接口。针对中融信托、东莞信托等7家公司推出的移动手机App进行在线认购理财产品、查询交易情况等功能，河南两家信托公司目前并未涉及。此外，受信托法“信托计划最低金额不得少于100万人民币，信托产品不允许集资购买，信托受益权禁止分拆转让”等规定的影响，互联网信托产品尽管有所试水，如“信托100”①、上海P2P平台“雪山贷”、梧桐理财、“钱先生”、多盈金融、94bank等，但是最后都被监管当局叫停。河南省两家本土信托公司的产品现阶段还采取线下面签形式，基于互联网特性的有别于传统信托产品的创新产品是河南省互联网信托未来发展的方向和趋势之一。

### 6. 河南省传统金融互联网化的结论与建议

河南“互联网+”对金融业的渗透逐渐加深，呈现多种形态、齐头并进的发展态势。互联网金融的蓬勃发展对河南传统金融机构既造成了较大冲击，同时又带来巨大的发展机遇。（1）传统金融机构要以更开放和主动的姿态纷纷触“网”，加快战略转型与业务调整，构建金融包容的创新体系和协调发展体系，进一步促进互联网与金融的合作、竞争及深层次融合。（2）互联网虽然扩展了金融业的边界，但并没有改变金融业的本质。传统金融机构始终是金融包容体系的中流砥柱，也是专业化的风险管理机构，鉴于互联网技术的普及和大数据的运用带来的风险更趋复杂，传统金融机构需要强化多种风险管理，如行业风险、操作风险、诚信风险、市场风险、信誉风险等。（3）需要对传统的经营模式进行深层次变革，由供给推动型金融创新转向需求引致及社会驱动型金融创新，完善“以客户为中心”的服务模式，加快互联网化经营进程，打造智慧银行、智慧证券、智

① “信托100”模式的推出与叫停。“信托100”（www. xintuo100. com）作为互联网信托理财平台，允许投资者以100元/份的分拆形式投资高规模、高收益的信托产品。截至2014年6月3日，“信托100”在半年内已推出120个信托产品（119个已经完成募集）。“信托100”模式的合规性风险表现在三个方面。一是不具备信托业务许可资格。二是销售的部分信托产品未获信托公司授权。2014年4月16日，信托业协会和多家信托机构声明指出，“信托100”网站信托经营缺乏合法资质。三是突破了现行信托行业相关规定，如产品不符合信托合格投资者的认定规定、超出了投资者人数的限制范围、受益权拆分转让不合规等。

慧保险等，留住优质客户资源，增强客户黏性。(4) 推进与战略伙伴的深度合作，构建互补发展、合作共赢的共生关系。完善的金融包容体系本身就倡导传统金融与新金融的互补共促，一方面，推进与战略伙伴的深度合作和业务联盟，聚合支付服务提供商、信息服务提供商、电商企业等多方资源，打造一站式金融服务平台；另一方面，整合上下游资源，打造全流程的业务链条，为消费者提供资金流、信息咨询以及全场景金融解决方案。(5) 在推出民营和小微金融创新产品的基础上，[①] 及时了解数字货币、区块链、人工智能、大数据等最新动态以及监管层的具体要求，实时将金融科技与新兴领域、业务及产品的拓展有机结合，实现传统机构、流程、业务及推介等的互联网化。(6) 河南省县域、乡村金融发展更为滞后，金融包容体系发展不健全，服务机构少，产品单一，风险较高，从 2012 年到 2016 年各县域的每平方公里机构网点数、每万人拥有金融机构数、人均存款、人均贷款、各县域金融相关比率等指标看，传统金融的渗透率、使用率依然不高（参见附录 1），这就要求利用网络科技手段（如移动金融），跨越传统金融基础设施不足的障碍，实现后发优势和超常规发展。与此同时，谨防科技的“双刃剑”效应，由于数字金融产品和服务对中低收入者的可获性（availability）未必意味着可及性（accessibility），技术有可能仅是转换了原有主流金融系统内消费者的服务传递渠道而已，同时扩大了贫困群体、老龄用户及特定信仰群体的信息贫困和金融排斥（原因在于价格过高、技术难以掌握、宗教信仰、产品设计难以理解和接受等），而这些问题的解决根源很大程度上取决于需求层面参与主体固有思维的扭转或金融能力的提高。

### 6.1.4 河南省互联网金融存在的问题

尽管基于社交网络、搜索引擎和电子商务平台，互联网金融（狭义）形成了与众不同的金融生态，但本质上仍然可被视为金融再中介化的过

① 2019 年 2 月 27 日，河南省地方金融监督管理局颁布了《河南省民营和小微金融创新产品手册》，介绍了各家银行的 6 大类 54 个金融创新产品，包括信用贷、科技贷、简便贷、抵押贷、循环贷及池化产品。

程。互联网创新的是业务技术和经营模式，其功能仍然主要是资金融通、发现价格、支付清算、风险管理等。笔者带领课题组经实地考察、调研发现，河南省互联网金融发展过程中存在诸多问题亟待解决。

**1. 河南省互联网金融的风险问题**

（1）存在金融信用风险。虽然互联网大数据的功能可以应用于互联网金融，但是由于网络上普遍存在刷“高信用、高评价”的行为，其呈现出的数据是存在真实性和可靠性问题的。此外，在河南省内，许多互联网金融平台自身在数据积累方面匮乏，并且这些平台也没有用相关风险计量模型对业务进行科学验证。随着互联网金融平台的数目越来越多，平台卷款跑路事件经常发生。2017 年河南省近 70 家 P2P 网贷运营平台中，问题平台达到 30 余家，占比高达 50%，正常经营的平台仅为 30 家。主要信用问题表现为跑路、提现困难、失联等。[①]

（2）定位不明确。互联网金融处于网络业务与金融业务的交叉地带，由于该地带业务形态的不同，由谁来监管及如何监管还不明确，这使得互联网金融的发展存在一定的隐患。这种缺陷在河南也表现得尤为突出。如 2017 年河南 65 家网络 P2P 平台中，大部分是由原来的投资担保公司线下业务转化而来，P2P 平台实际的运营主体还是投资担保公司。2017 年底，河南在中国证券投资基金业协会备案的公司有几百家，但近百家公司没有备案私募产品，占比高达 80%，这些公司往往“挂羊头卖狗肉”，打着备案投资管理公司的名义，进行投资担保或其他投融资行为。

（3）河南互联网金融的法律风险。目前中国法律层面对互联网金融有两个“底线”：一是非法吸收公众存款；二是非法集资。其中，非法吸收公众存款在性质上也属于非法集资。根据本书课题组调研，法律风险在河南省互联网金融发展中体现在两个方面，且具有隐蔽性。一方面，网络平台采取虚构融资标的、自融或变相自融、模糊产品信息、资金无银行托管、高息揽储、高佣金游说客户等方式吸纳投资人资金。目前该项资金规

① 《2017 年 P2P 行业年报简报：问题平台数持续降低》，网贷之家，2018 年 1 月 1 日；《12 月份河南省 P2P 网贷成交额 6.00 亿元，全国排名第二十一》，搜狐网，2018 年 1 月 26 日。

模无法精确统计，隐蔽性较高。2018 年 8 月，腾讯发布的《2018 上半年互联网金融安全报告》称，已发现网络非法集资平台 1000 余家。近两年河南的数据不可获取，据不完全统计，2015 年 1 ~ 9 月，河南省相关涉案金额约 300 亿元，位居全国第一位。另一方面，打着股权众筹的幌子，利用众筹平台，非法以“上市”购买原始股为名从事非公开股权融资。

（4）河南互联网金融的技术与信息泄露风险。本书课题组调研发现，河南省大多数网络平台都是把平台的运营外包给专门的网络公司来维护。由于平台公司不具有专业人才对网络平台和数据进行管理，专门的网络公司又疏于管理，这就为利用互联网窃取别人隐私的黑客提供了温床，也对客户账户安全和个人信息造成了巨大隐患。

### 2. 河南省互联网金融的监管问题

第一，行业之间协调和监管部门之间分工不明确。目前互联网金融处在快速发展阶段，河南省却仍然缺乏一个负责统筹规划的部门。整体上缺乏统一和长远规划，政府部门、商业银行及其他各金融机构各自为政，缺少必要的监管分工。更有甚者，郑州市某些区域，街道办事处成为网络非法集资监控的主体。第二，监管手段单一。目前省内对互联网金融的监管主要采取走访、上报、提供证明材料、企业自身承诺等方式，机构监管、功能监管、产品监管、原则监管、导向监管或者审慎监管等行为和方法相对不足，这与当前互联网金融的飞速发展存在着巨大鸿沟。第三，缺乏专业监管人才。互联网金融的高科技性、综合性、专业性等要求监管人员既要熟悉金融知识，了解金融业发展动态，又要具有计算机、信息技术、法律法规等各方面的知识背景。目前在河南省金融监管部门中，远没有形成一支能满足互联网金融发展监管需要的专业人才队伍。第四，河南省 P2P 网络借贷的监管令人担忧。河南省 P2P 网贷的监管混乱无序，风险评估、涉及范围、淘汰体系等都很不完善。尽管国家《担保法》《民法通则》等都有相关规定，但政策法规很难落实到位，导致河南省 P2P 平台大面积出现问题。第五，其他业态的监管也存在不足。主要集中在众筹融资、网络保险、基于互联网的基金销售等方面，这些领域的发展河南尚处在初级阶段，相关制度建设落后，缺少严格的法律法规。

**3. 河南省互联网金融支持小微企业融资的问题**

企业融资难、融资贵是近些年中国普遍存在的现象，尤其是小微企业的发展，更是受“资金”瓶颈的制约而裹足不前。河南省互联网金融在解决小微企业融资问题中，主要通过P2P网贷、众筹、第三方支付、平台融资、供应链融资等模式为中小企业提供资金支持。一方面，互联网金融的发展为河南省中小企业可融资的方式提供了有益补充。另一方面由于行业发展不规范、政策支持不到位和征信体系不完善等原因，河南省互联网金融并未充分发挥支持小微企业融资的作用。一是征信问题是最大的障碍。互联网金融最大的优势是其普遍可达性，但是目前征信信息的获取却成为互联网金融的难题，从而阻碍了互联网金融的健康发展。河南省很多小微企业根本无从查阅其相关征信信息，金融机构或投资机构无法辨别其征信情况，也就对资金的投放慎之又慎。二是政府的政策扶持有待加强。目前，河南省并未出台关于网络借贷、P2P平台等互联网金融支持小微企业的落地政策，未明确互联网金融的专业监管部门，未制定相关的标准或技术规范等。三是河南省整体创新能力不足。河南省的创新环境与北、上、广、深等地相比还有较大的差距，整体创新能力相对较弱，高新产业、IT人才、人才机制、创新氛围、信息技术、基础服务等软、硬环境都不完善，制约了河南省互联网金融对小微企业的支持。四是P2P平台有待规范。河南省P2P行业野蛮生长，经营状况令人担忧。尽管平台数量增长迅速，但发展质量良莠不齐，致使网络平台未能有效发挥支持小微企业的功效。五是互联网金融龙头企业有待培育。龙头企业大都是产业或行业规则的制定者和领导者。尽管河南省互联网金融企业已有一定规模，但缺少龙头企业，难以发挥龙头企业的产业集聚效应和辐射效应。“互联网金融豫军”有待培育和引进，方可龙头带动和辐射对小微企业的融资支持。六是部分小微企业缺乏互联网金融意识。互联网金融近些年才蓬勃发展起来，对一些小微企业来说，经营模式和思维模式还没有跳出传统的路径，缺乏“互联网+”思维，只重视实体市场，尚未认识到虚拟市场以及互联网金融会带来巨大的影响，不会、不懂或不愿对接互联网金融企业，这也给河南省互联网金融开展小微企业融资造成了障碍。

**4. 河南省互联网金融平台的问题**

近些年，河南的互联网金融平台发展迅速，然而，与全国知名平台相比，仍存在较多问题与差距。

（1）运营经验不够丰富，专业人才不足。河南省互联网金融平台成立时间不长，大部分存续期间仅 1 ~2 年。自身运营经验相对有限，平台的运作有待提高和检验。处理一些突发事件，如操作失误、提现失败、违约处理等不够及时妥当。此外，各平台负责招聘的多数是业务扩展人员，专业技术人员、信息技术人员、风险控制人员、项目尽调人员等则相对缺乏，且水平有待提高。人才的不足，导致平台产品创新不足，项目风险把控能力减弱。

（2）平台运营不够透明，操作不够规范。尽管河南省各家互联网金融平台普遍重视风险控制，在运作程序和形式上配套相关风控机制，但运营透明度不够，信息披露不够充分，操作不够规范。例如，关于平台的风险准备金披露，河南省各家互联网平台形式上或对外宣传上都配备了风险准备金，但规模多少、如何提取、如何使用、如何托管等都不明确，信息完全披露更是无从谈起。此外，关于项目信息的透明度也不够高。河南省的互联网平台只含糊披露项目方的基本信息和资金用途，至于资金流向、资金监管、还款计划则很少披露。有些平台只有纯文字的描述，缺少实物或实景；有些平台为了保护项目方隐私，限制了对外披露项目信息。运营不透明、操作不规范，大大阻碍了互联网金融平台真正进行金融服务创新。

（3）平台业务特色不突出，业务领域相对狭窄。河南大部分 P2P 平台定位不明确，业务没有细分，业务特色不突出。例如，爱投网提供咨询、融资服务；理财帮提供融资和扶持中小企业服务；中原贷提供咨询、个人贷款、企业融资服务；豫商贷尽管宣传上是“有特色的平台”，但其业务无外乎是为中小微企业提供融资服务，为投资者提供理财通道；中州易贷、聚金资本、郑投网等平台所提供的业务也大体一致，并无明确的定位和特色。此外，河南省平台业务更多聚焦于网贷业务，投资期限不超过 1 年。业务领域狭窄，多元化长期投资较少，股权众筹平台缺乏。其中，股权众筹对人才、项目有更高的要求，国家政策的不明朗也限制了股权众筹平台的发展。然而，未来股权众筹平台将作为中国多层次资本市场的补充，必将有很大的发展空间。目前，河南省内“遇见天使”平台由华夏海纳创投公司搭建，运营良好；郑州文化产业投资基金管理有限公司的股权众筹服务平台也在积极搭建中。

### 6.1.5 河南省互联网金融发展的对策建议

（1）加强管理，完善法规政策，规范行业发展。综前所述，现阶段河南省的互联网金融是在互联网技术快速发展及广泛应用的基础上发展、建立起来的，而对其管理的缺失导致河南省互联网金融发展过程中出现诸多问题。因此，河南省应加快落实国家十部委联合下发的《关于促进互联网金融健康发展的指导意见》，完善相关配套政策，建立相关准入标准。对于P2P网贷平台、大数据金融及第三方支付为代表的互联网金融创新模式和传统金融业务网络化模式分开管理：对于创新的互联网金融新模式建立专门的管理机构，而对传统金融业务网络化模式的管理侧重价值管理，引导互联网金融真正服务于实体经济，让金融资源真正流向优势产业而不是在体系内膨胀，防止出现泡沫。

（2）健全征信体系，打击非法经营，提升运营质量。征信体系建设对互联网金融的发展及对小微企业的融资支持有着至关重要的影响。河南省应尽快构建基于互联网金融服务的征信体系，贯通线上与线下，打破传统金融与新型金融的信息壁垒，实现信息共享，实施“全网连锁，一次失信，全网皆知”的模式，规范各方当事人的行为，防止风险的发生。严厉打击高利贷、高息揽储、诈骗等行为，严格划定网贷业务的监管红线，不准虚假宣传推介、不准期限拆分、不准建立资金池等，严格要求落实资金账户托管制度。建立政府牵头，金融监管部门、网监部门、工商部门、协会、平台公司等多层面参与的协调机制，打击非法经营，保护投资者利益，推动互联网金融建立自我约束管理机制，提升运营质量。

（3）加强监管，提升监管水平，培养监管人才。一是强化日常监管的作用。保证互联网金融风险的可控性，需要从日常监管做起，河南省金融监管部门应要求所有互联网企业设立真正的风控部门，制定相应风控制度，培养从业人员的风险控制意识，营造风险管理文化，而不是流程和形式上的应付检查。二是加强互联网金融企业的现场检查与非现场检查。定期或不定期地组织现场检查，加快互联网金融公司实时监控平台的建立。通过非现场检查达到排查和消除风险隐患，对互联网金融企业的不当经营进行提示和纠正。三是实施灵活的市场准入监管与退出机制。可以按照互联网金融企业业务性质和业务领域，对其硬件设备、软件系统、资本充足率、流动资金、交易系统的稳定性进行市场准入监管。设立和完善互联网金融企业退出机制，让问题平台、问题 P2P 企业等有序退出市场，保护投资人利益。四是加强信息监管，完善信息披露制度。以中国人民银行郑州中心支行结算中心为基础，成立河南或郑州结算中心，对省内互联网企业在资金存管、运营许可等方面统一结算，风险共享。五是加快监管人才培养和引进。一方面，希望政府及教育部门能够积极鼓励并引导高校开设互联网金融相关课程，对传统金融专业课程进行交叉，注重实践和创新，培养本土综合性、复合型金融管理人才，为提高互联网金融监管水平储备人才。另一方面，强化培训和交流，监管部门可以强化现有监管队伍的培养，通过交流、考察、学习等多种方式加强培训，建立一支高素质的监管队伍，必要时可以采取措施引进相关人才。

（4）行稳致远，服务实体经济，规范互联网金融服务平台发展。互联网金融平台需克服赚快钱的心理，提高服务质量，以获得客户的信任。应鼓励其成立协会、“同盟”或自律组织，建立风险互助保障基金，共同提高互联网金融企业应对风险的能力，打造河南互联网金融企业联盟品牌，培育河南省互联网金融平台龙头企业；鼓励和引导河南省互联网金融平台结合自身实际，开发多样化金融产品，服务于河南省小微企业，服务于实体经济，真正实现金融的包容性发展；适度监管，以包容促进河南省互联网金融平台发展，鼓励金融创新，规范互联网金融平台健康发展。

（5）践行互联网金融社会责任，加强投资者教育，对投资者进行适当性管理。互联网金融发展伊始，就被赋予了“普惠”的使命。但是近些年来，河南省互联网金融平台问题频发，这就要求互联网金融企业必须践行互联网金融的社会责任，通过行业自律、自查、监管等措施，为客户提供规范的交易平台，保证投资者的资金安全、信息安全、资产安全，切实保护客户和投资者的利益。此外，河南省投资者的金融知识、金融素养、金融能力和信用文化状况也在某种程度上制约了河南省互联网金融发展的深度与广度。金融包容体系的精髓是让社会各阶层和各群体能公平地享受到金融服务的雨露。因而，发展互联网金融，投资者的互联网金融教育是不可缺少的一环。投资者教育需要政府职能部门、平台、媒体、监管部门、自律组织等共同发力，协同营造。尤其是互联网金融平台，更要引导、鼓励、支持其承担投资者风险教育的责任，对投资者进行适当性管理，促进河南省互联网金融健康、稳定、可持续发展。

河南省金融包容体系的构建与完善一方面需要传统金融的创新和互联网化（广义），另一方面离不开新兴互联网金融（狭义）的发展和规范化。传统金融和新金融的关系不是简单替代、非此即彼，而是耦合互补、协调互促，在竞争、互惠、共生中控制风险，在创新、协同、合作中包容共生。处理好传统金融和新兴金融的可持续发展才能保障金融包容的创新体系、协调体系、组织体系、风险管理体系及传导体系的渠道顺畅、机制有效、互动共促，才能从根本上促成供求匹配，使广度、宽度、风险容忍度有机统一的包容体系能够有效发挥金融的资源配置功能，推动实体经济的长效发展。

## 6.2 居民金融能力的实地调研与问卷考察

基于2013年世界银行测度金融能力的框架体系，本书从金融知识、金融技能、金融态度和金融行为四个维度对居民金融能力进行测度，其中金融知识涉及对通货膨胀的理解、单利的计算、对风险和金融产品的认知等方面。金融技能考察居民的风险偏好能力、阅读能力和运用能力。金融态度涉及居民对储蓄的偏好、对养老计划的信心、初次接触金融产品的态度以及金融安全意识和信用意识。金融行为方面考察居民是否维持家庭收支平衡和做过长期规划、对保险产品的认识和金融咨询渠道等。设计好调查问卷后，问卷发放通过微信、电子邮件、实体问卷等线上与线下相结合的方式，覆盖不同年龄段、不同职业以及不同收入的人群，发布区域覆盖中国 18 个省份，发放问卷总数 450 份，收回 404 份，其中有效问卷 388 份。

### 6.2.1 样本数据及描述性分析

#### 1. 样本的基本情况

样本的基本情况如表 6 - 2 所示。

表 6 - 2　　　　样本基本情况

| 类别 | 选项 | 样本数 | 比例（%） | 类别 | 选项 | 样本数 | 比例（%） |
|---|---|---|---|---|---|---|---|
| 性别 | 男 | 172 | 44.33 | 年收入水平 | 5 万元以下 | 259 | 66.75 |
| | 女 | 216 | 55.67 | | 5 万至 10 万元 | 94 | 24.23 |
| 年龄段 | 30 岁以下 | 132 | 34.02 | | 10 万至 15 万元 | 25 | 6.44 |
| | 30 ~ 39 岁 | 101 | 26.03 | | 15 万至 20 万元 | 7 | 1.80 |
| | 40 ~ 49 岁 | 112 | 28.87 | | 20 万元以上 | 3 | 0.77 |
| | 50 ~ 59 岁 | 40 | 10.31 | 职业 | 国营企业 | 127 | 32.73 |
| | 60 岁以上 | 3 | 0.77 | | 民营企业 | 58 | 14.95 |
| 户口 | 城镇 | 244 | 62.89 | | 学生 | 53 | 13.66 |
| | 农村 | 144 | 37.11 | | 自由职业 | 40 | 10.31 |
| 受教育程度 | 小学及以下 | 6 | 1.55 | | 其他 | 38 | 9.79 |
| | 初中 | 57 | 14.69 | | 机关事业单位 | 30 | 7.73 |
| | 高中 | 95 | 24.48 | | 务农 | 25 | 6.44 |
| | 大学或大专 | 184 | 47.42 | | 金融机构 | 17 | 4.38 |
| | 硕士及以上 | 46 | 11.86 | | | | |

#### 2. 金融能力的影响因素

结合国内外相关文献的研究，本书将影响金融能力的因素主要分为性别、年龄、户口、职业、受教育程度、年收入水平以及职业。就性别来讲，由于社会平均收入、社交关系、日常关注领域等因素的不同，一般来说男性的金融能力略高于女性。就年龄来讲，受中国历史原因以及公共教育事业快速发展的影响，18 岁以上 30 岁以下的青年人平均金融能力较强，50 岁以上中老年人的金融能力较差。就户籍所在地而言，由于金融市场主要在市场经济发达的地区更活跃，因此城镇人口接触和参与金融市场的机会更多，金融能力较农村人口略强。就受教育水平而言，接受越高层次教育的人群有更多机会接触和学习金融相关知识，综合素质较高，金融能力相对较强。就年收入水平而言，收入越高的群体参与金融市场的可能性越高，接触金融知识教育的机会越大，因此金融能力相对较强。就职业而言，剔除在金融机构任职的特殊群体，在国营企业和机关事业单位就职的人群金融能力相对较强，民营企业、自由职业等人群金融能力相对较弱。

**3. 描述性分析**

（1）金融知识。

第一，涉及通货膨胀的题目其正确率仅有 38.14%，说明居民普遍对于通货膨胀的概念及其与利率之间的关系缺乏了解（见图 6－6）。无法将通货膨胀率作为衡量利率高低的指标之一。

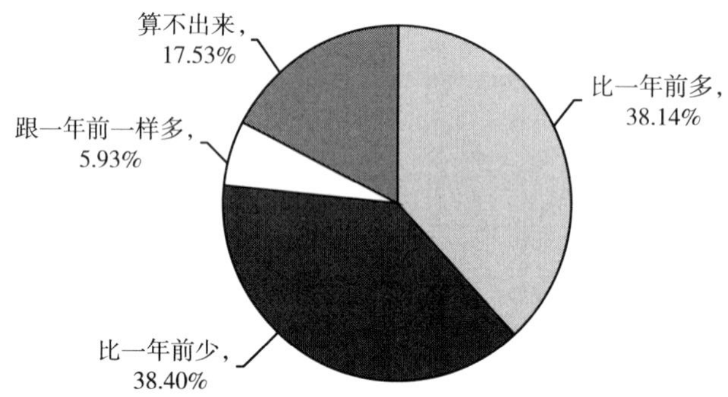


**图 6－6　假设银行的年利率是 4%，通货膨胀率是 3%，把 100 元存入银行一年以后能够买到的东西将如何?**

第二，涉及单利的题目其正确率为 55.67%，错误选项中“算不出来”的比例为 13.14%，说明居民整体单利计算能力不高（见图 6－7）。

第三，31.7% 的居民选择平均风险平均回报的项目，20.36% 的居民选择不愿承担任何风险，这与中国居民普遍风险偏好较保守的现状相符（见图 6－8）。

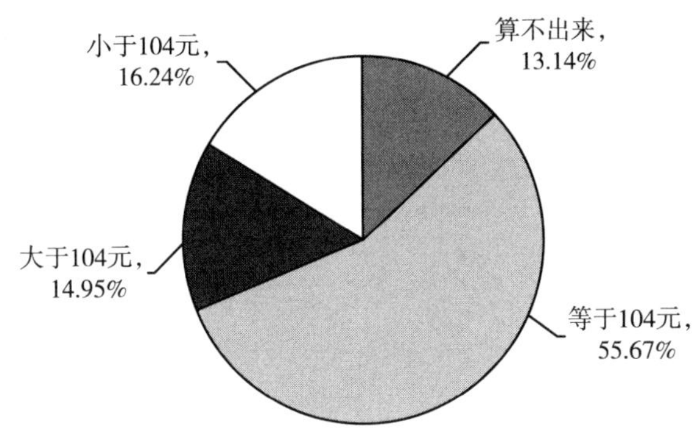


**图 6－7　假设银行的年利率是 4%，如果把 100 元钱存 1 年定期，1 年后获得的本金和利息为？**

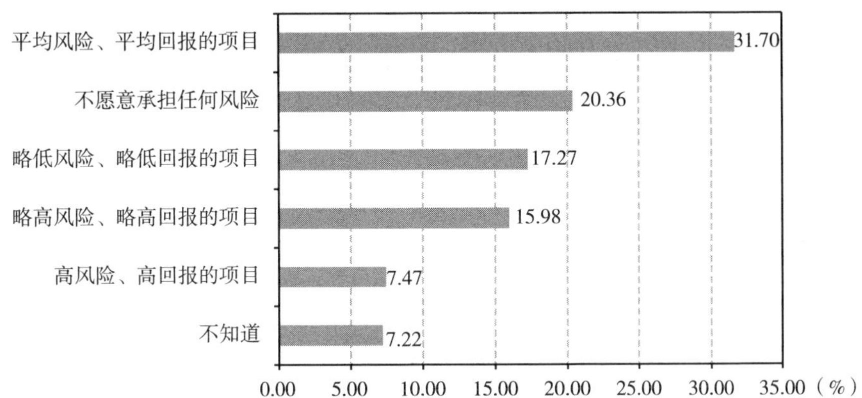


**图 6－8　如果您有一笔资金用于投资，您最愿意选择以下哪种投资项目？**

第四，86.08% 的居民选择正确答案，明白股票风险较基金高；仅有 5.93% 的居民二者都没有听说过，说明对市场曝光率较高的两类金融产品的风险较为了解（见图 6－9）。这其中既有中国股票市场发展较其他金融市场早且中国参与股市居民基数庞大的原因之外，也有新闻媒体报道股票市场较为频繁以及近些年公募基金市场增长迅速的原因。

总体而言，居民整体金融知识水平较低，涉及通货膨胀和单利计算的题目正确率偏低，涉及风险的题目偏向保守，涉及市场的题目正确率较高。说明居民整体关于金融知识的定性方面能力更优，对于金融知识的定量问题能力较差，金融知识的常识性计算问题无法准确解答。

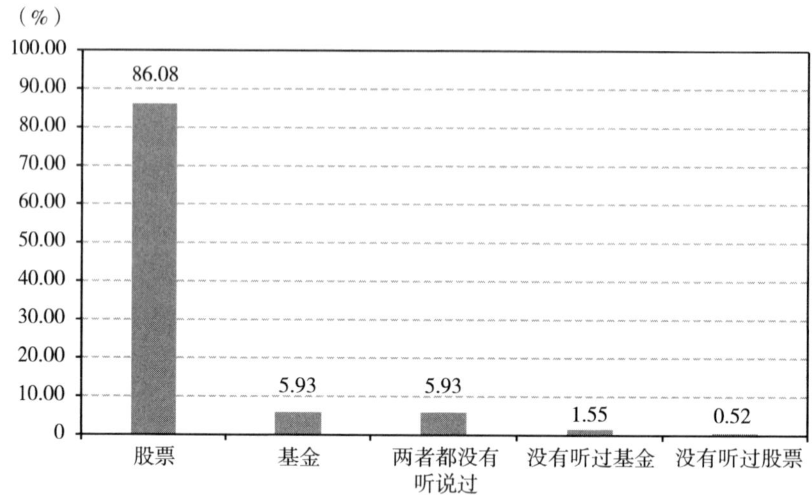


**图6－9　您一般认为，股票和基金哪个风险更大？**

（2）金融技能。

第一，76.55%的居民选择第一张无任何风险的彩票，仅有23.45%的居民选择第二张具有高风险高收益特征的彩票（见图6－10）。表明大多数居民偏保守的风险偏好。

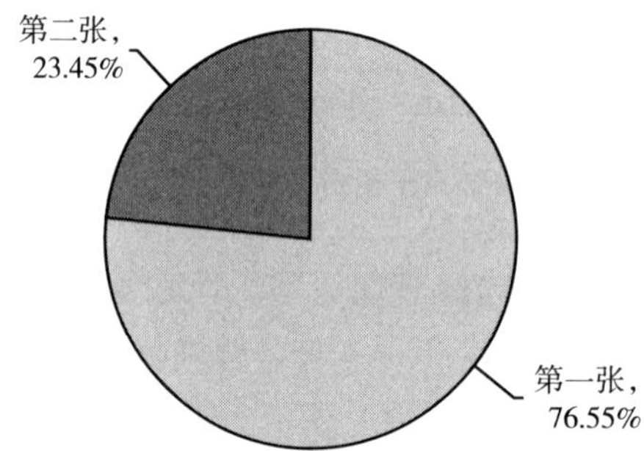


**图6－10　如果现在有两张彩票供您选择，若选第一张，您有100%机会获得4000元，若选第二张，您有50%机会获得10000元，50%的机会什么也没有，您愿意选哪张？**

第二，仅有9.02%和5.41%的居民表示很关注或非常关注经济、金融方面的书籍与相关信息，39.95%的居民一般关注，31.96%的居民很少关注，并有高达13.66%的居民从不关注（见图6－11）。

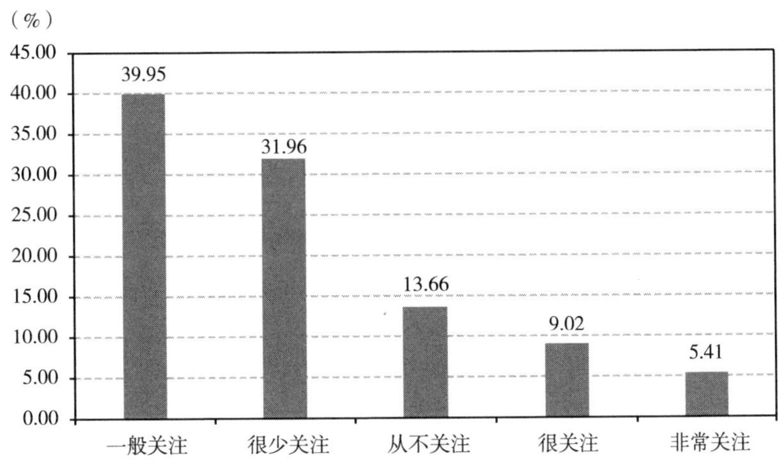


**图 6-11　您是否经常阅读一些经济、金融方面的书籍和关注这方面的信息?**

第三，此题为多选题，较多的居民选择摸人像、盲文点以及看水印等传统方式识别人民币真伪，排名第三的识别方式为借助仪器，其他方式也均有填选，说明居民掌握的识别方式较为多样，且并非主要依靠仪器（见图 6-12）。

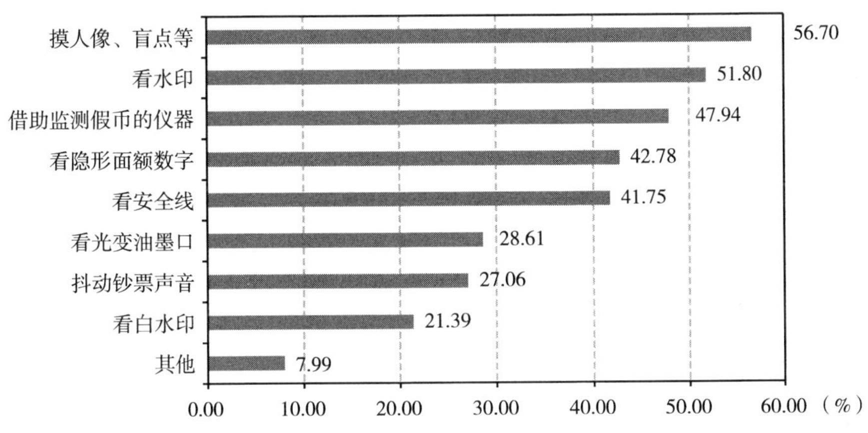


**图 6-12　你认为哪些方式能够识别人民币真伪?（多选）**

总体而言，居民整体金融技能一般偏优，涉及纸币真伪辨别的题目中居民所选种类多样，此项表现较好，与中国小口径货币以现金方式流通较多而银行卡或电子支付方式起步较晚有关，涉及风险偏好方面拥有良好风险识别能力，但涉及经济金融书籍或相关信息的题目表现较差，较少居民在日常生活中频繁关注或主动了解此类信息。

（3）金融态度。

第一，67.78%的居民不赞同“我不担心未来，今天有钱今天花，明天的事情明天再说”；23.20%持中立态度，9.02%同意这一说法（见图6－13）。这从侧面说明样本中的大多数居民对储蓄有强烈的偏好。

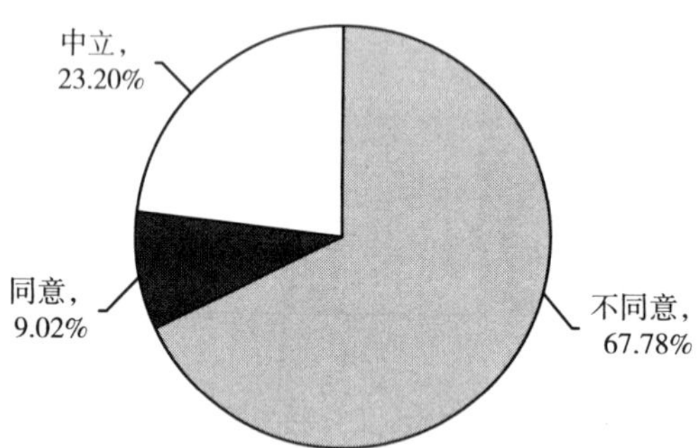


**图6－13　您是否同意以下说法：我不担心未来，今天有钱今天花，明天的事情明天再说**

第二，居民对自己的养老问题也有不同的见解。46.13%的居民认为他们有能力依靠自己在年老时维持自己的开销，26.03%的居民持不确定的态度，而27.84%的居民则认为他们在年老时可能还得依靠子女来赡养（见图6－14）。

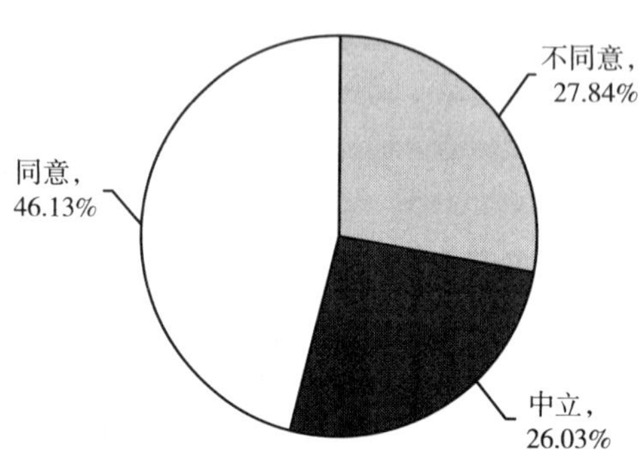


**图6－14　您是否同意以下说法：我很有信心我老了以后，即使没有儿女赡养，也能维持自己的开销**

第三，当面对创新型金融产品时，60.31%的居民持不太感兴趣的态度，13.14%的居民直接完全拒绝了解，这表明居民在对待钱的态度上还是持非常谨慎的态度，在不知道它风险如何的前提下，还是本能的持排斥态度。而仅有26.55%的居民感兴趣（见图6－15）。

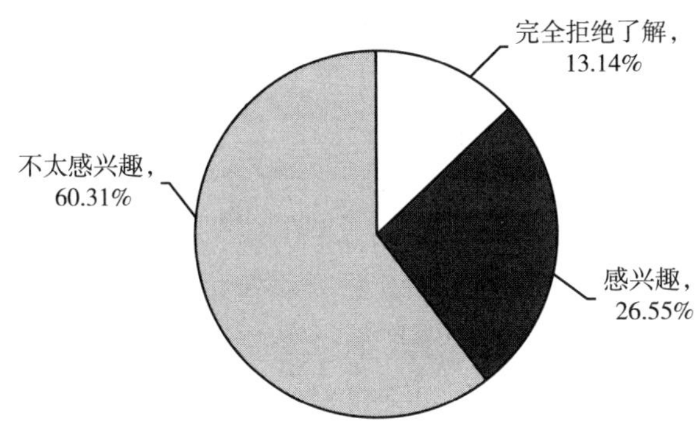


**图 6-15　当面对没有接触过的金融产品，您的第一反应是什么？**

第四，居民的金融安全意识非常强烈。为了确保银行卡的使用安全，在样本中有 316 位居民知道妥善保管好取现密码，不随意泄露；278 位居民确保不向陌生人透露银行卡的相关信息；199 位居民拥有在尽管交易流水单无误的前提下，也不随意丢弃的意识；有 73 位居民不要打印的交易单据；选择其他方面关于确保用卡安全的也有 34 位居民（见图 6-16）。

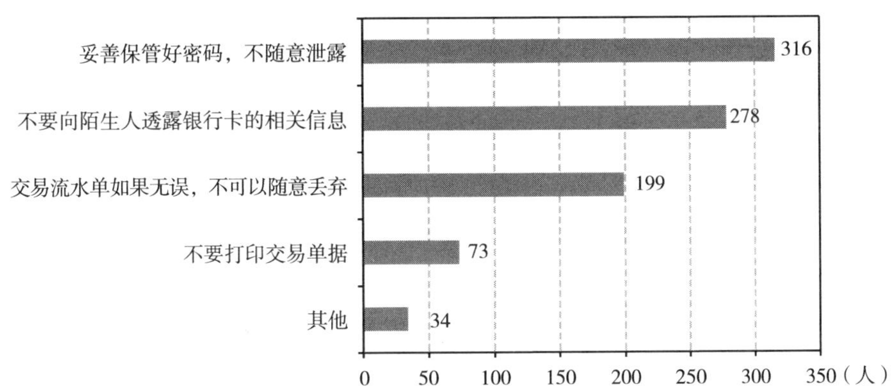


**图 6-16　您觉得在使用银行卡时，为确保用卡安全应注意以下哪些事项？（多选）**

第五，中国人民银行会对居民个人建立信用档案，54.64% 的居民知道有个人信用报告，这也说明他们明白日常生活中哪些行为会影响他们的个人信用记录；而 45.36% 的居民甚至都不知道有个人信用报告这回事（见图 6-17）。

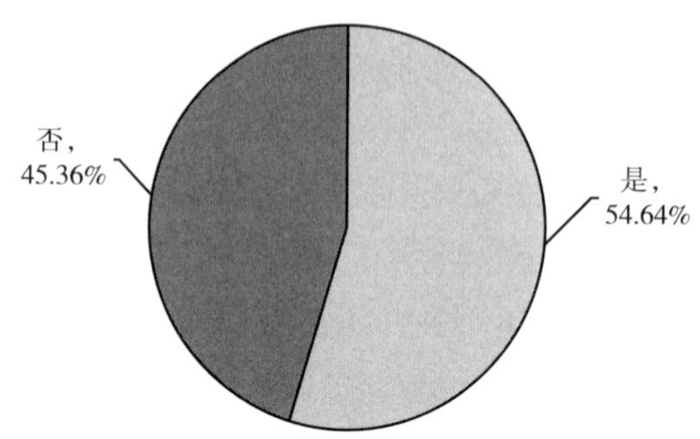


**图 6－17　您是否知道个人信用报告?**

在知道个人信用报告的 54. 64% 的居民中，有 192 位选择了拖欠银行贷款，182 位选择未能及时、足额偿还信用卡欠款，140 位选择自己经营的中小企业拖欠银行贷款，117 位选择拖欠银行卡年费，89 位选择未正常缴纳应付费用（水电、电信费用）这些行为会影响个人的信用记录，在这些人群中只有 6 位选择没什么会影响个人信用（见图 6－18）。这些数据表明，了解信用报告的居民对自己的信用行为会影响个人信用记录还是非常清楚的。

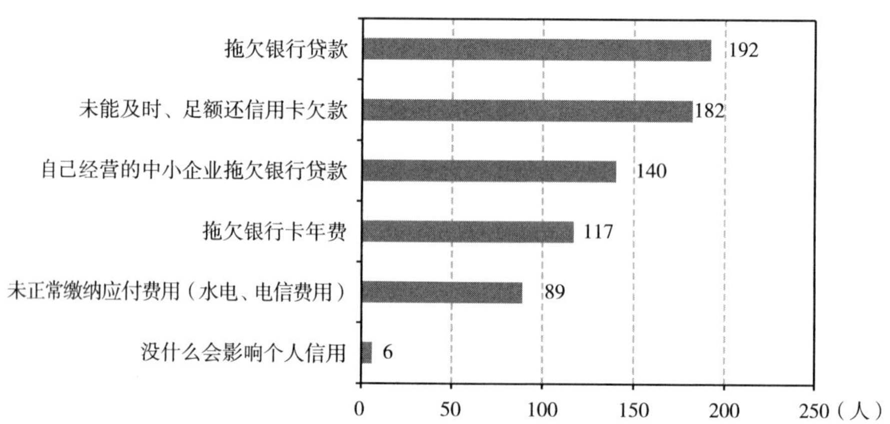


**图 6－18　您认为以下哪些行为会影响您在银行的个人信用记录?**

综合分析以上数据，样本中约 2/3 的居民偏好于储蓄以增强他们对老年计划的信心和普遍不乐于接受创新型的金融产品，反映出居民的金融态度偏于保守；对金融安全防范意识强烈，多数居民都明白保护自己信息安全的重要性；对人民银行征信方面的了解一般，当代社会是信用社会，有关信用知识的普及关系到每一位居民的日常生活。

（4）金融行为。

第一，44.59%的居民没有使用过互联网平台（如蚂蚁借呗、微粒贷、有钱花、京东钱包等）借钱购买生活必需品，20.1%的居民甚至没有听过这些平台可以借钱。这也表明大多数居民能够正常维持收支平衡而不必借钱去买生活必需品。而仅仅只有35.31%的居民使用过这些平台并借钱购买必需品（见图6－19）。

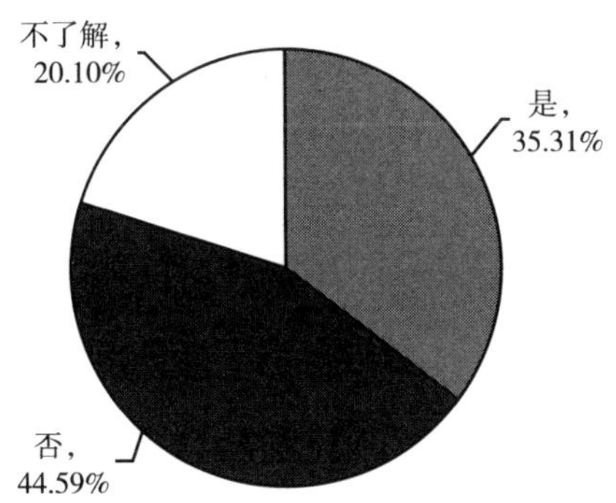


**图6－19 您是否使用过蚂蚁借呗、微粒贷、有钱花（满易贷）、京东钱包等互联网平台借钱购买生活必需用品？**

第二，44.85%的居民会为了可能发生的事情（如结婚、买房、孩子上学、家用电器、医疗等）坚持储蓄，49.74%的居民则会视现实的具体情况来进行规划，这表明居民的长期储蓄计划以备不时之需做的还是很好的。仅有5.41%的居民从不做规划（见图6－20）。

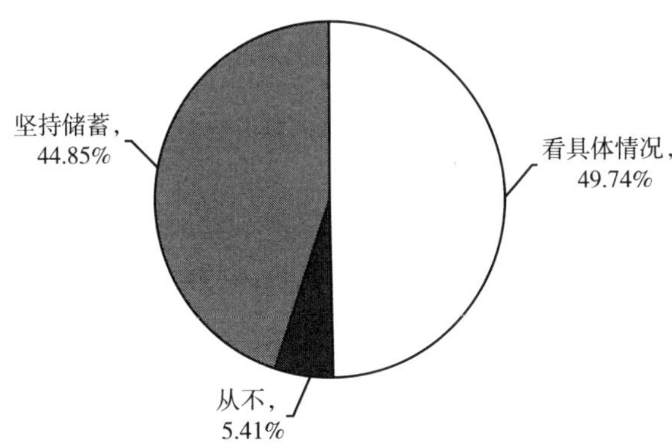


**图6－20 您有没有为了未来可能发生的事情储蓄（如结婚、买房、孩子上学、家用电器、医疗等）**

第三，67.01%的居民可以控制家庭支出在合理的范围之内，但是也有32.99%的居民在一年之内会有超额支出（见图6-21）。

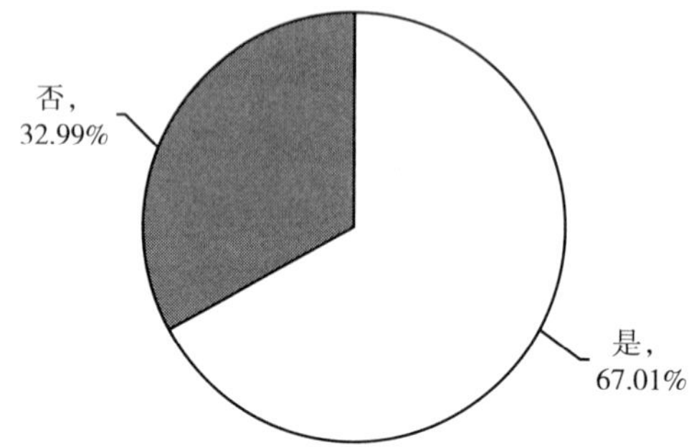


**图6-21　上一年，您的家庭支出是否控制在计划之内？**

在无法控制家庭支出在计划之内的32.99%的居民中，由于收入端出现问题的有：37人是因为工作不稳定而无法保证收入；33人选择了其他收入来源减少；25人选择了生产经营受挫进而无法保证收入。由于意外支出而导致额外支出的情况有：28人是由于家人生病；18人是由于家庭遭受其他意外而支出增加。还有53人选择了其他原因导致支出没有控制在计划范围之内（见图6-22）。

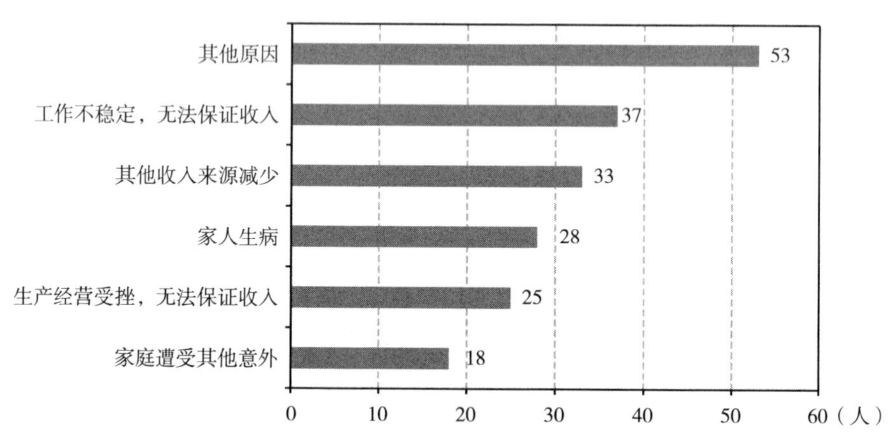


**图6-22　为什么没有控制在计划范围内？（多选）**

第四，76.55%的居民认为在他们的生活中需要保险产品，在这其中有6.96%的居民倾向于选择提供高回报的保险产品；23.97%的居民则倾向于保险产品能够提供较高保障；也有28.35%的居民虽然需要保险，但没有多余的资金来购买；还有 17.27% 的居民没有得到很好的推荐，不知道哪款产品合适。14.69% 的居民则认为他们不需要保险产品。其中，7.47% 居民认为他们平常不会遇到什么风险，还有 7.22% 的居民认为遇到风险时保险并不太管用（见图 6－23）。

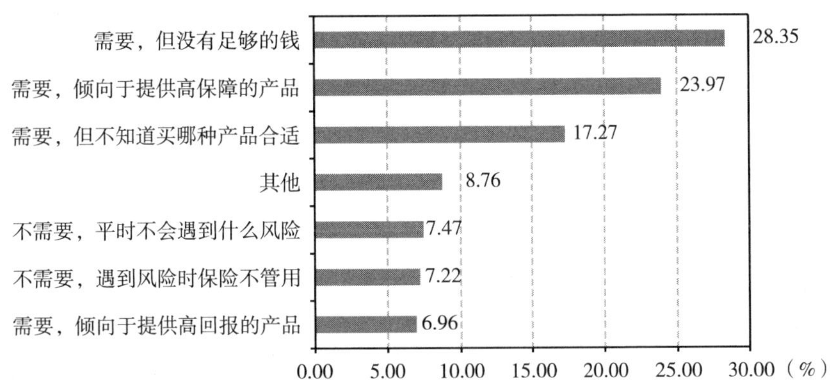


**图 6－23　您对保险产品是如何看待的？**

第五，当有金融知识方面的疑惑时，7.99% 的居民不知道该如何寻求帮助，61.09% 居民会选择自己动手上网查找资料，55.93% 的居民会咨询金融机构的工作人员，46.91% 的居民会向亲戚朋友去求助，还有 23.2% 的居民会向政府咨询或向相关的职能部门寻求帮助（见图 6－24）。

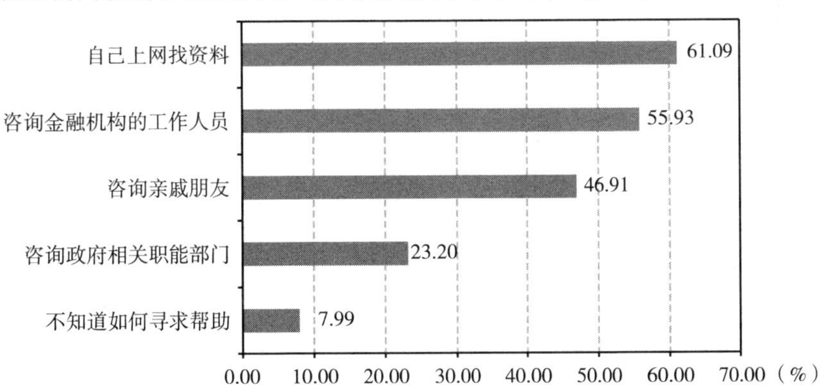


**图 6－24　当您有金融知识方面的疑惑时，您采取何种方式解惑？（多选）**

总体来看，居民参与金融的行为一般，大多数居民能够合理规划自己的财富，控制收支平衡，不常上互联网平台去借钱以维持正常的生活开支。但对保险产品的认知还存在一定的偏差，金融知识的咨询渠道也很狭窄，需要进一步的加强。

### 6.2.2 交叉分析

在主要影响因素中，以本次调查数据为依据，受教育程度与金融能力的关系最为显著。本小节针对受教育程度与金融能力四个二级指标（金融知识、金融技能、金融态度和金融行为）的关系分别进行了交叉分析。

**1. 金融知识**

在涉及通货膨胀及单利简单计算的题目中，从图 6－25 至图 6－28 中可以明显看出，随着受教育程度的提升，“算不出来”或其他错误答案的比例逐渐下降，正确选项的比例逐渐提升，最终形成受教育程度最低的人群正确率最低、受教育程度最高的人正确率最高的显著趋势。同样，在涉及金融市场的题目中，受教育程度越高的人对金融市场更为了解，正确率越高。在涉及风险与收益的题目中，受教育程度最低的群体选择“不知道”的比例最高，对风险与收益的关系了解较少，其他群体随受教育水平提高显现出更高的风险和收益偏好。综合上述四个二级指标与受教育水平均具有正相关性，可说明受教育程度与金融知识水平呈显著正相关。

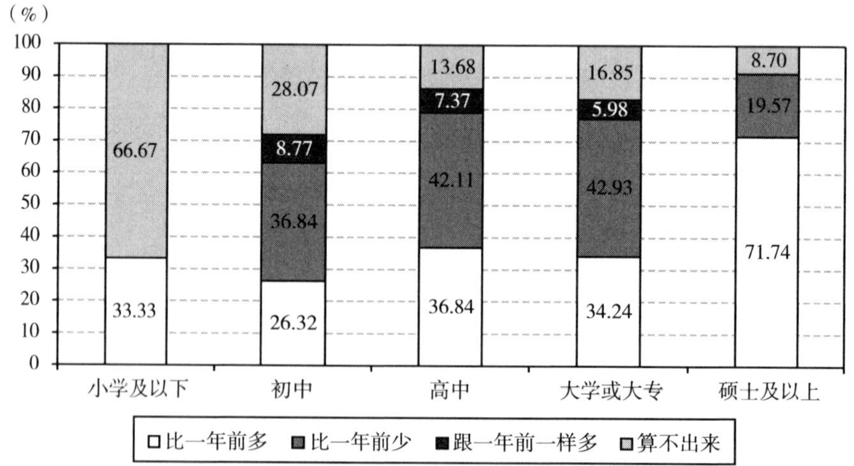


**图 6－25　假设银行的年利率是 4%，通货膨胀率是 3%，把 100 元存银行一年以后能够买到的东西将如何？**

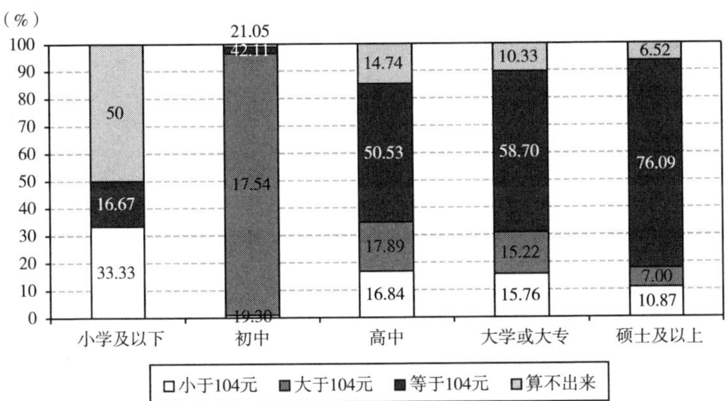


**图6-26 假设银行的年利率是4%，如果把100元钱存1年定期，1年后获得的本金和利息为?**

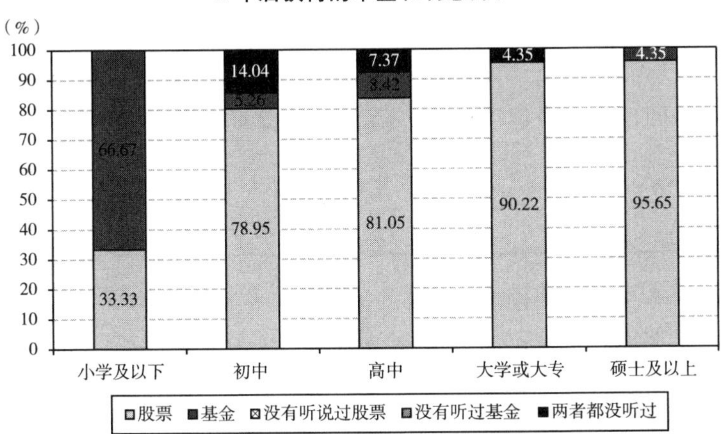


**图6-27 您一般认为，股票和基金哪个风险更大?**

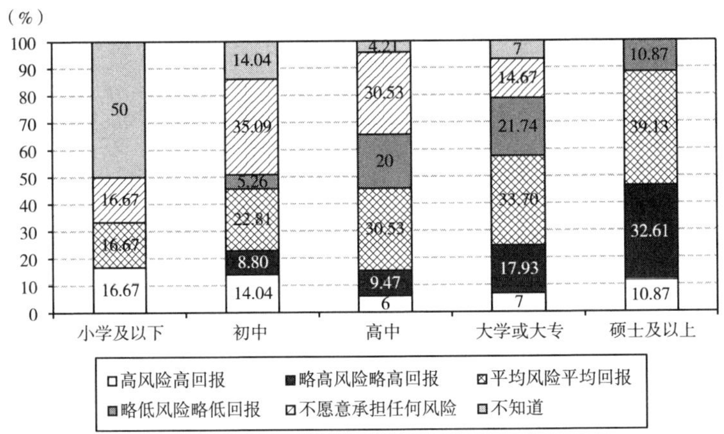


**图6-28 如果您有一笔资金用于投资，您最愿意选择以下哪种投资项目?**

## 2. 金融技能

如图6－29、图6－30所示，随着受教育程度的提升，关注经济、金融类书籍和消息的结构逐渐改善，小学以下学历层次“从不关注”高达50%，且“比较关注”及以上选项比例为0%；从初中学历层次开始出现“比较关注”；大学或大专学历层次开始出现“非常关注”，并在研究生及以上层次达到同比最优结构。如图6－31所示，在涉及辨别纸币真伪的题目中，同样随着受教育程度的提升，选项结构进一步优化，种类更多，分布更为均匀，且“借助检测假币的仪器”选项比例上升，倾向于更为严谨的辨识方法。而在风险偏好能力的题目中，随着受教育程度的提升，选择第一张无风险彩票的比例小幅稳步下降，选择第二张有风险彩票的比例小幅稳步上升。综合以上三点可表明，受教育程度显著正向影响居民的风险偏好能力、阅读能力及运用能力，随着受教育程度的提升，居民金融技能水平提升。

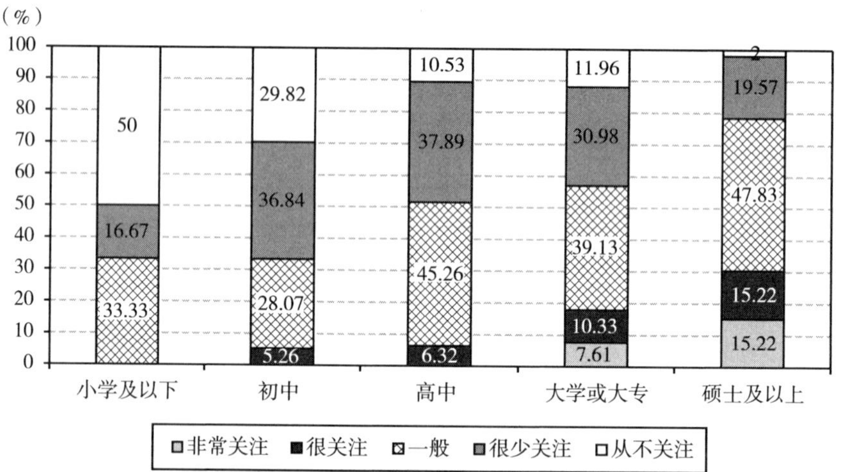


**图6－29　您是否经常阅读一些经济、金融方面的书籍和关注这方面的信息？**

## 3. 金融态度

如图6－32至图6－35所示，在涉及对储蓄的偏好、对老年计划的信

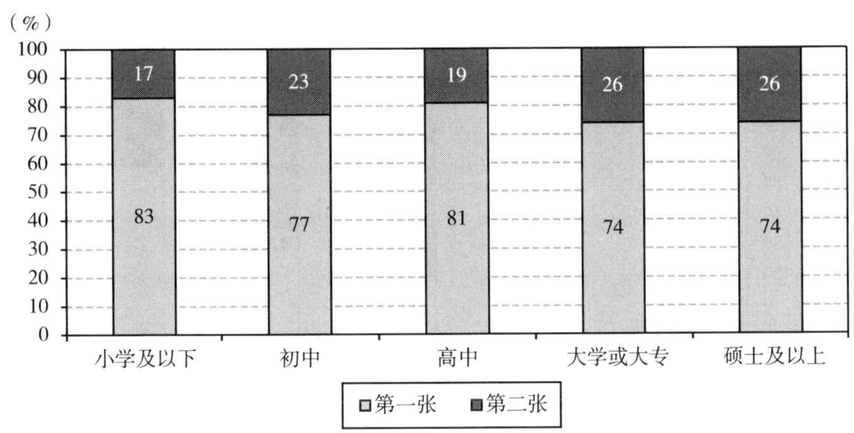


**图 6－30　如果现在有两张彩票供您选择，若选第一张，您有 100%的机会获得 4000 元；若选第二张，您有 50%的机会获得 10000 元，50%的机会什么也没有，您愿意选哪张？**

心及初次接触金融产品的态度方面，高教育层次人群明显表现出更为开放乐观的态度；而针对个人信用报告知晓情况方面，知晓比例也随受教育水平提升而上升。综合上述四个金融态度的二级指标可以看出，受教育水平越高，金融态度更为开放。

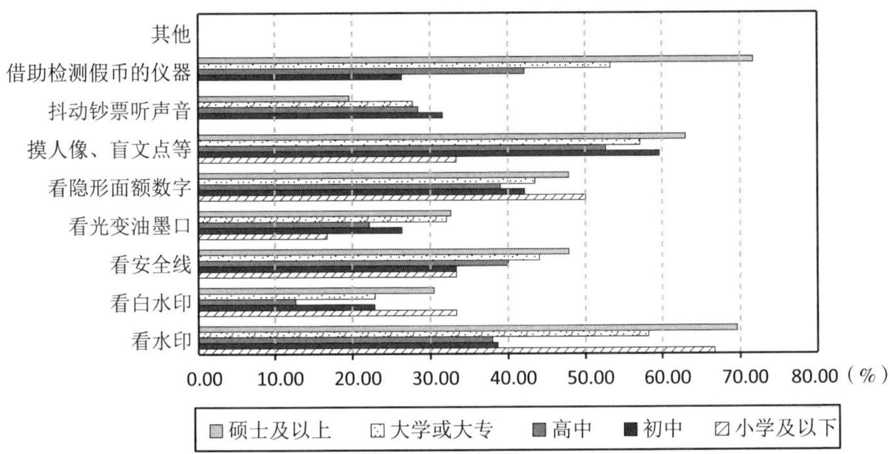


**图 6－31　您认为以下哪些方式能够识别人民币真伪？**

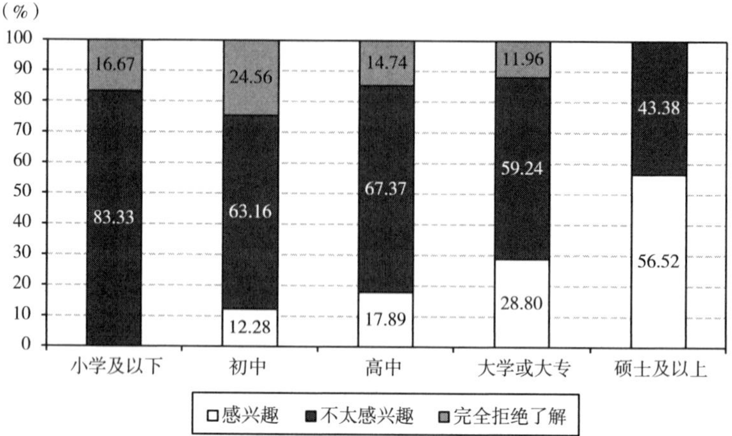


**图 6-32　当面对没有接触过的金融产品，您的第一反应是什么？**

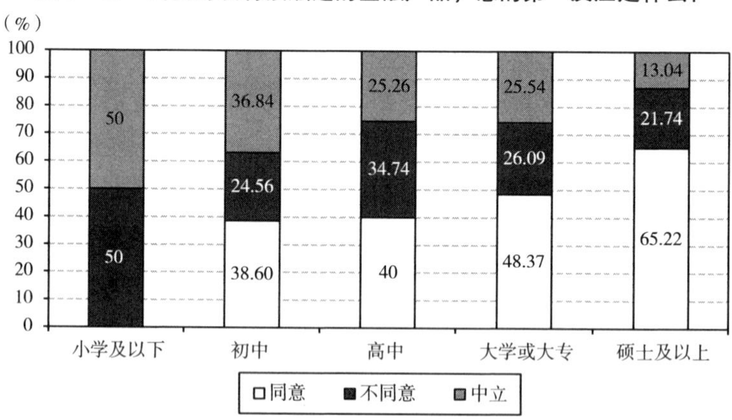


**图 6-33　您是否同意以下说法：我很有信心我老了以后，即使没有儿女赡养，也能维持自己的开销**

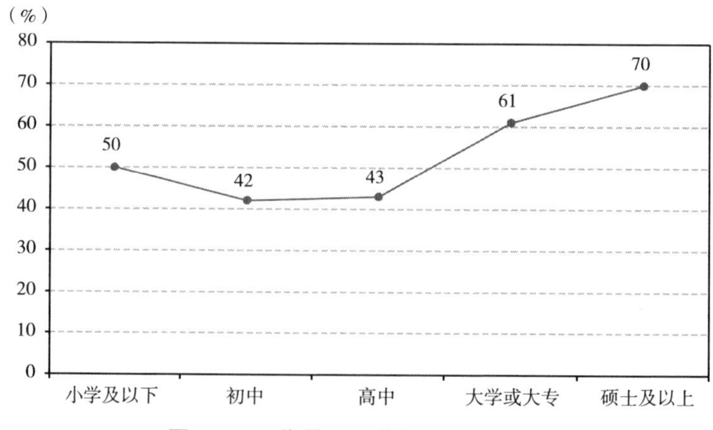


**图 6-34　您是否知道个人信用报告？**

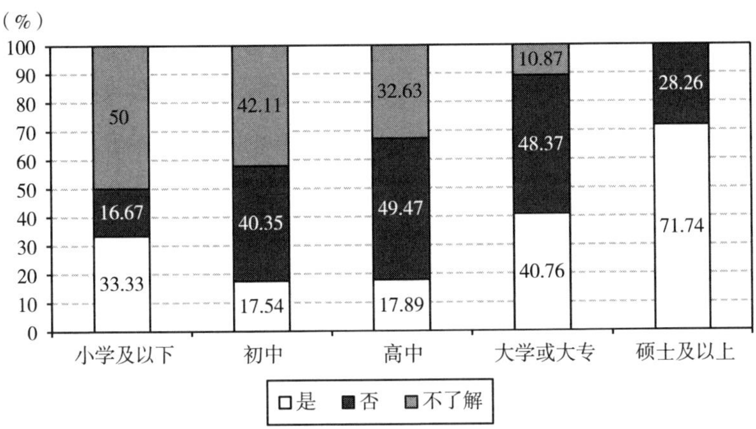


**图6-35 您是否使用过蚂蚁借呗、微粒贷、有钱花（满易贷）、京东钱包等互联网平台借钱购买生活必需用品？**

## 4. 金融行为

如图6-36至图6-39所示，在维持收支平衡以及控制支出在计划内方面，随着受教育程度的提升，发生借贷购买生活必需品和支出超出计划的比例逐步下降。对保险的了解以及态度也随着受教育程度的提升而更为深入和开放。当发生有关金融方面的困惑时，接受高水平教育的人群上网自行找寻资料的比例更高，而不知道如何寻求帮助的比例更低。综上所述，受教育程度与金融行为显著相关，受教育程度越高，金融行为更趋向合理与理性。

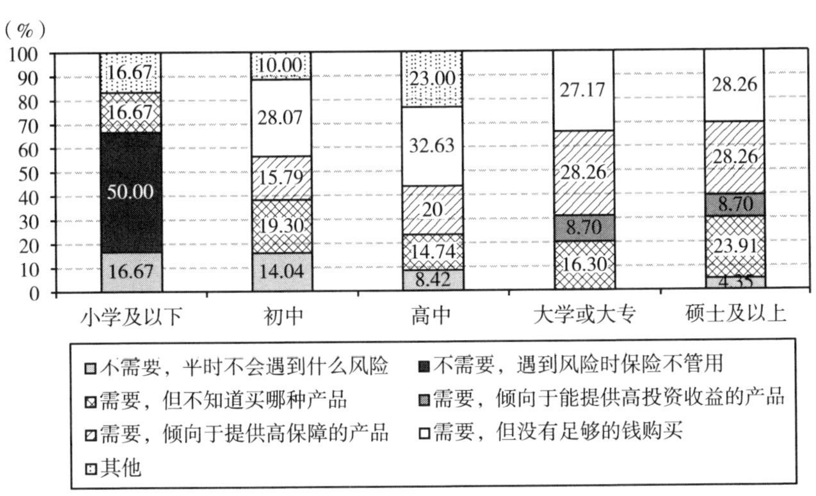


**图6-36 您对保险产品是如何看待的？**

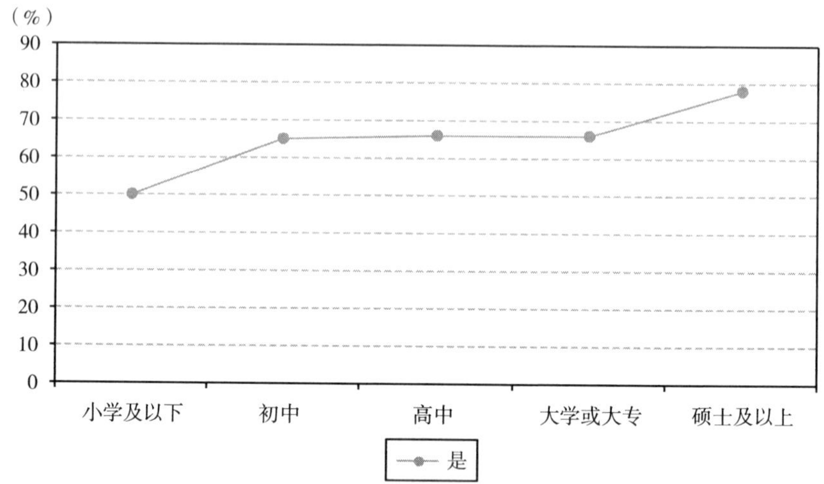


**图 6－37　上一年，您的家庭支出是否控制在计划之内？**

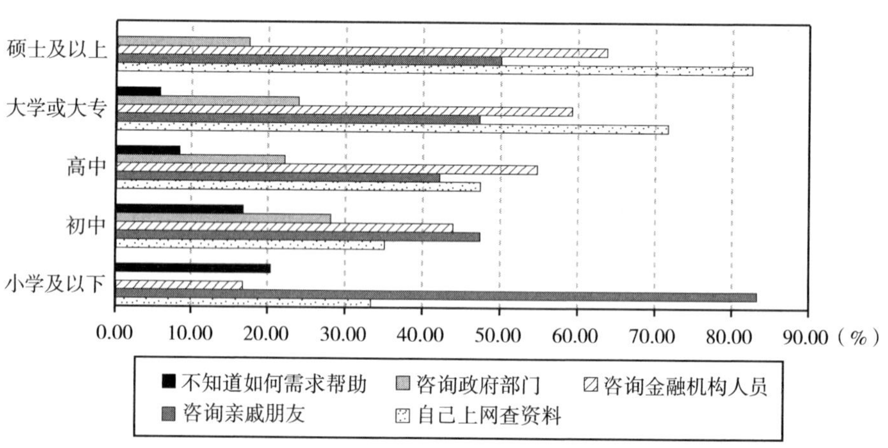


**图 6－38　当您有金融知识方面的疑惑时，**
**您采取何种方式解惑？［多选题］**

在涉及对储蓄的偏好方面，高教育层次人群明显表现出更为开放乐观的态度，其会根据家庭收入和理财计划，灵活调整是否储蓄的决策（即视具体情况）。可见，受教育水平越高，金融态度更为开放，倾向于多样化选择金融资产，而抵御风险的能力也相对较强。教育水平处于小学及以下的居民，则主要依赖于储蓄来应对突发风险与意外状况。

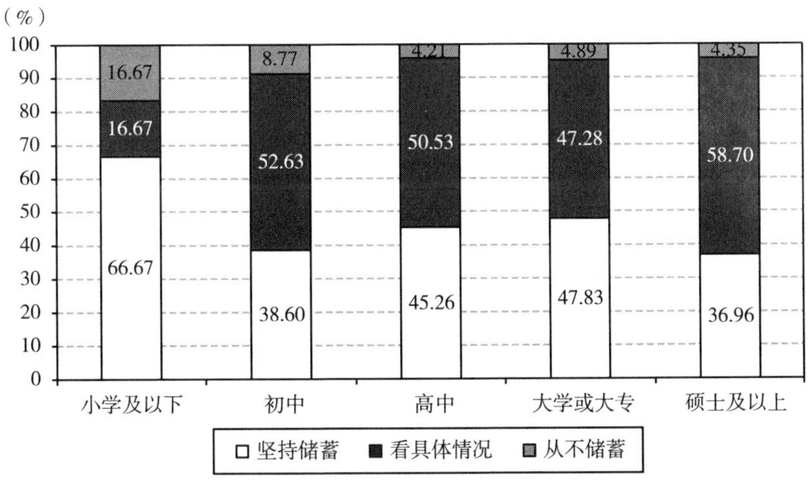


**图 6－39　您是否坚持储蓄?**

### 6.2.3 结论

首先，通过对调查问卷结果的分析可以总结出四点问题：第一，居民没有了解充足的金融知识；第二，居民对金融技能的掌握不够；第三，居民对金融的态度偏向于保守，信用意识薄弱；第四，居民参与金融的行为还不够科学。其次，通过交叉分析发现，居民的受教育程度与金融能力呈现正相关关系。从年均收入水平来看，居民的收入也与金融能力存在正向关系。居民的收入水平越高，会有更多接受金融教育的机会，受教育的程度也就越高。最后，提出如下两点建议以提高居民的金融能力：一是将金融教育加快提上日程。欧美国家在早些年就已经将金融教育纳入了国家法案，中国也需要借鉴外国的经验，将金融教育纳入基础教育。金融能力是各学科教育的综合体现，并不仅仅是关于财经方面简单的知识，还包括数学的逻辑思维能力和语文的阅读能力，它们之间都有着密不可分的联系。要想全面提高青少年的金融能力，就需要从小对其进行金融教育。而成年人的金融受教育水平则是一项长期的工程，需要企业经常给员工进行培训或通过互联网媒体普及金融教育。二是要创新金融产品和服务，金融机构应设计出让居民更加容易理解的金融产品，并且要提高金融服务质量，从而使居民的金融技能得到提高，优化其金融行为。

# 第7章 结　论

国内学者近年提出“普惠金融”理念，有时将其与金融包容等同。事实上，两者内涵存在分歧。金融普惠是完全金融包容的重要方面却不能与之等同。普惠金融强调使农村、农民、中小企业等被主流金融体系排除在外的金融弱势组织和群体能够获得和使用金融产品与服务，而金融包容则强调所有金融需求者都可以获得及使用所需的金融产品及服务，考虑了金融需求者的主观能动性、金融知识积累、金融产品选择与配置、家庭资产管理能力等。其中，后者更符合市场经济发展规律，践行的是互惠互利的发展理念。本书围绕金融地理学、金融包容、普惠金融的相关文献展开深入分析，从而找出该研究方向的理论前沿及存在的问题，厘清了互联网金融、金融包容、普惠金融及微金融的区别、关联，消除了概念理解与实践操作的偏误。

从国际视野来看，金融包容与互联网金融存在功能耦合、目标耦合及方向耦合。互联网金融成为金融包容的有效载体，为其模式的多样化及体系的完善提供了新的选择和路径。近年来中国完全依托互联网进行金融服务的纯网络银行相继成立并迅速发展。通过对国内外纯网络银行的理论研究动态进行梳理，并选取国内外典型案例进行多方面对比分析，发现中国纯网络银行在战略方向、服务对象、利润组成等方面的特色：更关注“长尾”群体的金融需求，呈现出一条既不同于中国传统银行也不同于国外纯网络银行发展路径的新趋势。要关注 PPI 模式的财务稳健性、风险可控性、生存可持续性等问题，借鉴国外经验，及时防范中国金融未来发展有可能陷入的误区，可以从以下几方面着手：（1）保持低净息差的同时控制成本、防范风险；（2）适当开设线下网点；（3）贷款专业化；（4）鼓励创新，允许 PPI 更多参与市场、扩展业务品类；（5）控制 PPI 总量，防止过度竞争。从复杂系统论视角来看，金融包容风险预警和管理体系的构建可为其稳健发展设立“防火墙”；供需匹配是金融包容体系的重要环节；金融包容体系的精髓和内核是协调发展、创新发展及组织协同；金融包容体系的构建需要遵循循序渐进、组织多样、风险可控、有序推进、协同长效的思路和原则。

随着金融包容和互联网金融的纵深发展，弱势群体在得到包容性发展的同时，也同样面临着诸多风险和挑战。金融能力是将金融知识与金融应用结合的能力，提高居民、企业、金融机构以及政府部门的金融能力可以有效化解风险和防范危机。金融能力理念的研究已经从传统观念的强调个体金融知识的重要性转向关注其实施的金融行为。本书以世界银行金融能力测度结构为基础，结合中国目前金融发展状况和居民特点，构建了衡量金融能力的量化指标，期待这些指标可以适用于中国金融能力的大型普查，并对金融包容体系的完善产生作用力和影响力。

金融科技改变金融生活，当前只包含传统金融业务和金融机构的指标体系已经不能真正反映地区的金融包容状况。在中观区域分析中，本书将风险容忍度和数字普惠金融指标纳入金融包容指标体系，运用变异系数和欧式距离法构建中国 31 个省份在 2011 ~ 2015 年的“三度统一”的金融包容指数，并且运用泰尔系数分析了各省份、各区域金融包容发展差异及变化趋势。通过金融包容指数与数字普惠金融指数的对比分析，发现各省份在传统金融和数字金融包容发展上有不同的表现。金融包容体系的构建与完善有如下措施：构建金融包容的创新体系，以金融科技驱动金融包容性发展；夯实金融包容冰山模型的根基，提高公众金融素养；贯彻金融包容的多样化共生理念，走适度差异化发展道路；完善金融包容的风险管理体系及协调发展体系，推动风险容忍度范畴内的域内协调发展及域间相互合作等。本书将金融包容体系综合指数的影响要素细分为需求因素、供给因素和社会因素，并运用变异系数法和欧式距离法构建中国 2011 ~ 2015 年各省份的需求指数、供给指数和社会指数。通过剖析各指数的内在差异，解读各区域在金融包容的需求、供给和社会三个层面上的区域差异性及内部不平衡性。通过实证分析、计量检验区域层面“三度统一”金融包容体系的影响要素及其贡献率，寻找影响各区域协调发展的短板，从而为区域金融包容的协调体系、组织体系、创新体系的发展和完善提供思路与参考。

从区域视角来看，金融包容体系的构建包括：各区域金融包容体系的协调发展（区域内部的“三度统一”发展、区域之间的适度差距和协调），影响包容的各要素的作用机制或渠道通畅（经济、金融、社会这三大系统及其子系统中各要素相互作用、相互影响、相互交织，因而系统之间、要素之间要协调发展），以及影响居民经济福利的传导体系有效等。以经济福利为出发点，研究金融包容与经济福利的关系，有着重要的理论意义与现实意义。本书从收入水平、消费水平和生活质量水平三个维度中选取18个指标，采用变异系数法和主成分因子分析法构建多维度的经济福利指数，分析得出中国经济福利区域发展不平衡、省际差异悬殊的结论。进而将一般的截面数据分析扩展到面板数据分析，利用2011～2015年中国各省份的相关数据，采纳“三度统一”的金融包容指数作为自变量，“三平统一”的经济福利指数作为因变量，采用系统广义矩方法分析金融包容对经济福利产生的作用及影响。实证分析结果表明，金融包容指数（FII）以及金融包容的三个维度（FIW、FID、FRT）通过传导机制对经济福利产生正向贡献。因此，提高金融包容覆盖广度、使用深度和风险容忍度可以推进金融包容发展、改进居民经济福利。应积极发挥金融包容对经济福利的传导作用，缩小区域间经济福利水平差距，加强金融知识普及和教育，全面提高中国居民的整体经济福利、改善民生。

针对金融包容微观研究比较缺乏的现状，笔者申请了中国家庭金融数据库等数据库的使用权。采用中国家庭金融调查项目（CHFS）在中国的大型微观调研数据（覆盖中国29个省份、262个县、1048个社区，样本涵盖28143户家庭和97916个居民），从而可以保证样本的精度和信度。基于以上数据库，笔者对金融包容的需求侧与供给侧、主流与非主流金融对家庭创业的影响、金融包容与中国家庭福利水平研究进行了深度解读与实证剖析。研究表明：金融包容需要同时考虑广度与深度、厚数据和大数据；微观层面的家庭金融包容也是整体金融包容的重要维度；金融包容不是仅指需求侧或供给侧单一层面的包容，其整体包容的实现需要二者的有机结合；促进金融包容不仅需要将微观视角与宏观视角相结合，还需要同时考虑存量指标和流量指标；主流金融对家庭创业具有主导作用和显著贡献，特别是对“求富型”及“企业家精神内生型”的创业具有强力的催化剂作用；互联网金融的崛起使非主流金融在创业中的贡献初步显现；需要给地区、行业、创业动机、风险偏好不同的潜在投资者采用差异化的创业激励机制；家庭金融包容通过作用于居民消费、家庭负债与主观幸福感受，可以有效改进家庭福利水平；鉴于某些家庭特征变量和区域特征变量显著影响家庭福利水平，需要弥补要素短板并做好配套服务，特别是鼓励非主流金融参与到家庭经济生活中；可以针对不同区域、不同家庭、不同风险偏好、不同金融素养、不同资金需求等，推行不同的家庭福利改进计划。

在金融能力研究方面，通过线上与线下发放问卷，实际考察不同职业、年龄、收入、偏好等的人群的金融能力差异；在互联网金融的发展方面，则进行了河南省的实地调研及细化案例分析。揭示了中观区域面临的诸多问题与挑战，如互联网金融风险问题、互联网金融监管问题、互联网金融支持小微企业融资问题以及互联网金融平台问题。在 P2P 危机频发和行业洗牌的背景下，层层探讨如何化解潜在风险，强化区域发展管理，构建完善的多元化金融包容体系，更具现实可操作性。具体的政策建议包括：加强管理，完善法规政策，规范行业发展；健全征信体系，打击非法经营，提升运营质量；加强监管，提升监管水平，培养监管人才；行稳致远，服务实体经济，规范互联网金融平台；践行互联网金融社会责任，加强金融包容投资者教育，对投资者进行适当性管理等。河南省的深度案例解读也为其他区域互联网金融的发展及金融包容体系的构建与完善提供比较、借鉴和参照。

研究存在的不足之处主要有以下方面：

（1）从复杂系统论出发，金融包容体系涵盖了金融包容的风险管理体系、组织体系、协调体系、传导体系和创新体系。金融包容是一个复杂的巨系统，其各个子体系相互交织、相互作用、互为因果，正是由于各系统存在非线性以及复合因果性，在剖析、拆解各系统时，有时很难泾渭分明地将各个因素截然分开。因而，本书将其逻辑主线融入各部分的实证分析之中，从三维角度对金融包容体系的构建和完善提出发展路径与建议，而更为详细、准确的解析则需要完备的大数据库和先进的人工智能等研究方法，而这在短期内尚难完成。但也正因为如此，进一步验证了在研究金融包容体系的构建和完善时，必须具备金融地理学的“大生境”视野，辩证、全面、整体、多维度、多视角地看待问题，有时并非“非此即彼”，可能是“亦此亦彼”，这是某些学术分歧的来源，更是该研究领域的魅力所在。

（2）尽管项目将数字普惠（包容）指标纳入了金融包容体系，且构建了包含广度、深度和风险容忍度的“三度统一”的新型金融包容指标体系，然而由于数据、经费所限及广泛调研、分类研究难度较大，数字金融的覆盖广度与使用深度的数据及指标则主要来源于北京大学互联网金融研究中心，未来有条件的话尚需要与诸多高校及科研院所开展合作，从事全国大规模的数字金融调研或普查，从狭义和广义两个层面采集数据，构建数字金融共享数据库。此外，在案例分析中，由于金融产品的创新和开发缺乏有效的专利保护，加之政策法规的一些限制或模糊，参与调研的企业或高管出于保密或者其他顾虑，有些资料不愿意透露，而其他案例的深度开发尚需时日（郑州大学建立了尤努斯社会企业中心，展开国际合作，格莱珉中国大中华区的总裁高战先生和格莱珉银行的武丁先生等均为合作专家，具体建设有三年规划和五年规划方案），普惠金融数据库（以格莱珉模式为主）的共建和共享也需要比较长期的积累。

（3）在区域福利水平分析中，基本养老保险及基本医疗保险并没有包括在金融包容指数中。原因有两点：第一，金融包容强调金融产品主动供给和主动需求的一致性，即广度和深度的一致性。此处特指商业保险，其保险深度、保险密度的计算基础意指保险公司的保费收入。商业保险可以看作是一种参与金融市场的投资及资产管理方式，其发展水平的高低可以反映金融市场上保险产品的供给及接受程度，更多体现为金融包容水平的高低。第二，基本养老保险及医疗保险是依照相关法律和政策规定、强制实施的为保障离退休人员基本生活需要或者补偿劳动者因疾病而造成的经济损失的基本保险制度，费用由国家、单位和个人共同缴纳，资金则由劳动和社会保障部保管，其更多地体现为社会基本保障和政策性保障，因而纳入福利指标更合适。此外，经济福利指数中所用的指标是城镇职工基本养老保险参保人数占比和城镇医疗保险参保人数占比，其数据来源和计算方法与金融包容指标的保险深度和保险密度显著不同。当然，这种界定是否科学，还有赖于进一步的理论和实践检验。

## 附录1

# 河南省各县域金融包容发展状况的相对指数

| 名称 | 2012 年 | 2013 年 | 2014 年 | 2015 年 | 2016 年 |
|---|---|---|---|---|---|
| 中牟县 | 0.41 | 0.45 | 0.39 | 0.48 | 0.52 |
| 巩义市 | 0.48 | 0.48 | 0.45 | 0.50 | 0.63 |
| 荥阳市 | 0.53 | 0.54 | 0.52 | 0.57 | 0.61 |
| 新密市 | 0.47 | 0.51 | 0.49 | 0.62 | 0.62 |
| 新郑市 | 0.53 | 0.56 | 0.54 | 0.62 | 0.65 |
| 登封市 | 0.51 | 0.52 | 0.49 | 0.53 | 0.53 |
| 杞县 | 0.46 | 0.48 | 0.49 | 0.52 | 0.53 |
| 通许县 | 0.43 | 0.46 | 0.47 | 0.52 | 0.54 |
| 尉氏县 | 0.45 | 0.48 | 0.47 | 0.51 | 0.53 |
| 兰考县 | 0.49 | 0.52 | 0.52 | 0.58 | 0.61 |
| 孟津县 | 0.54 | 0.54 | 0.53 | 0.55 | 0.57 |
| 新安县 | 0.48 | 0.49 | 0.46 | 0.53 | 0.54 |
| 栾川县 | 0.54 | 0.61 | 0.56 | 0.64 | 0.66 |
| 嵩县 | 0.41 | 0.44 | 0.47 | 0.52 | 0.54 |
| 汝阳县 | 0.50 | 0.52 | 0.51 | 0.56 | 0.61 |
| 宜阳县 | 0.45 | 0.48 | 0.45 | 0.50 | 0.52 |
| 洛宁县 | 0.40 | 0.45 | 0.41 | 0.50 | 0.52 |
| 伊川县 | 0.57 | 0.60 | 0.54 | 0.67 | 0.70 |
| 偃师市 | 0.58 | 0.65 | 0.65 | 0.68 | 0.69 |
| 宝丰县 | 0.40 | 0.43 | 0.45 | 0.60 | 0.63 |
| 叶县 | 0.49 | 0.50 | 0.48 | 0.53 | 0.54 |
| 鲁山县 | 0.64 | 0.67 | 0.64 | 0.67 | 0.67 |
| 郏县 | 0.62 | 0.65 | 0.63 | 0.67 | 0.68 |
| 舞钢市 | 0.65 | 0.70 | 0.65 | 0.76 | 0.78 |
| 汝州市 | 0.42 | 0.55 | 0.53 | 0.58 | 0.61 |
| 安阳县 | 0.52 | 0.55 | 0.56 | 0.61 | 0.62 |

续表

| 名称 | 2012 年 | 2013 年 | 2014 年 | 2015 年 | 2016 年 |
| --- | --- | --- | --- | --- | --- |
| 汤阴县 | 0. 57 | 0. 60 | 0. 59 | 0. 63 | 0. 64 |
| 滑县 | 0. 62 | 0. 64 | 0. 63 | 0. 67 | 0. 68 |
| 内黄县 | 0. 48 | 0. 49 | 0. 47 | 0. 51 | 0. 52 |
| 林州市 | 0. 64 | 0. 67 | 0. 68 | 0. 70 | 0. 71 |
| 浚县 | 0. 62 | 0. 63 | 0. 60 | 0. 65 | 0. 67 |
| 淇县 | 0. 66 | 0. 65 | 0. 62 | 0. 67 | 0. 68 |
| 新乡县 | 0. 67 | 0. 67 | 0. 61 | 0. 64 | 0. 65 |
| 获嘉县 | 0. 66 | 0. 67 | 0. 63 | 0. 67 | 0. 67 |
| 原阳县 | 0. 57 | 0. 58 | 0. 55 | 0. 62 | 0. 64 |
| 延津县 | 0. 53 | 0. 54 | 0. 50 | 0. 53 | 0. 53 |
| 封丘县 | 0. 54 | 0. 58 | 0. 58 | 0. 59 | 0. 59 |
| 长垣县 | 0. 73 | 0. 72 | 0. 69 | 0. 73 | 0. 73 |
| 卫辉市 | 0. 55 | 0. 58 | 0. 58 | 0. 69 | 0. 70 |
| 辉县市 | 0. 59 | 0. 62 | 0. 60 | 0. 65 | 0. 65 |
| 修武县 | 0. 64 | 0. 66 | 0. 62 | 0. 67 | 0. 68 |
| 博爱县 | 0. 62 | 0. 61 | 0. 60 | 0. 63 | 0. 63 |
| 武陟县 | 0. 52 | 0. 54 | 0. 52 | 0. 56 | 0. 57 |
| 温县 | 0. 57 | 0. 59 | 0. 57 | 0. 60 | 0. 60 |
| 沁阳市 | 0. 52 | 0. 54 | 0. 54 | 0. 59 | 0. 58 |
| 孟州市 | 0. 58 | 0. 60 | 0. 58 | 0. 62 | 0. 63 |
| 清丰县 | 0. 45 | 0. 48 | 0. 46 | 0. 49 | 0. 50 |
| 南乐县 | 0. 45 | 0. 48 | 0. 43 | 0. 50 | 0. 52 |
| 范县 | 0. 54 | 0. 55 | 0. 52 | 0. 55 | 0. 56 |
| 台前县 | 0. 55 | 0. 59 | 0. 59 | 0. 63 | 0. 64 |
| 濮阳县 | 0. 47 | 0. 47 | 0. 46 | 0. 50 | 0. 52 |
| 鄢陵县 | 0. 61 | 0. 63 | 0. 60 | 0. 66 | 0. 67 |
| 襄城县 | 0. 57 | 0. 60 | 0. 61 | 0. 66 | 0. 69 |
| 禹州市 | 0. 51 | 0. 53 | 0. 53 | 0. 57 | 0. 58 |
| 长葛市 | 0. 62 | 0. 63 | 0. 61 | 0. 66 | 0. 68 |
| 舞阳县 | 0. 56 | 0. 57 | 0. 52 | 0. 56 | 0. 58 |
| 临颍县 | 0. 47 | 0. 50 | 0. 51 | 0. 57 | 0. 59 |

续表

| 名称 | 2012 年 | 2013 年 | 2014 年 | 2015 年 | 2016 年 |
|---|---|---|---|---|---|
| 渑池县 | 0. 48 | 0. 51 | 0. 47 | 0. 53 | 0. 53 |
| 卢氏县 | 0. 60 | 0. 61 | 0. 58 | 0. 62 | 0. 66 |
| 义马市 | 0. 68 | 0. 70 | 0. 63 | 0. 82 | 0. 83 |
| 灵宝市 | 0. 50 | 0. 51 | 0. 48 | 0. 54 | 0. 55 |
| 南召县 | 0. 47 | 0. 53 | 0. 55 | 0. 60 | 0. 61 |
| 方城县 | 0. 54 | 0. 58 | 0. 56 | 0. 60 | 0. 61 |
| 西峡县 | 0. 56 | 0. 58 | 0. 55 | 0. 61 | 0. 60 |
| 镇平县 | 0. 57 | 0. 60 | 0. 60 | 0. 63 | 0. 63 |
| 内乡县 | 0. 56 | 0. 63 | 0. 61 | 0. 65 | 0. 67 |
| 淅川县 | 0. 54 | 0. 56 | 0. 52 | 0. 58 | 0. 59 |
| 社旗县 | 0. 56 | 0. 59 | 0. 55 | 0. 60 | 0. 60 |
| 唐河县 | 0. 50 | 0. 51 | 0. 50 | 0. 54 | 0. 55 |
| 新野县 | 0. 53 | 0. 57 | 0. 57 | 0. 59 | 0. 60 |
| 桐柏县 | 0. 47 | 0. 50 | 0. 51 | 0. 64 | 0. 65 |
| 邓州市 | 0. 50 | 0. 52 | 0. 52 | 0. 56 | 0. 58 |
| 民权县 | 0. 58 | 0. 60 | 0. 58 | 0. 61 | 0. 62 |
| 睢县 | 0. 59 | 0. 62 | 0. 60 | 0. 66 | 0. 67 |
| 宁陵县 | 0. 63 | 0. 61 | 0. 62 | 0. 67 | 0. 71 |
| 柘城县 | 0. 56 | 0. 58 | 0. 57 | 0. 60 | 0. 60 |
| 虞城县 | 0. 57 | 0. 58 | 0. 57 | 0. 61 | 0. 62 |
| 夏邑县 | 0. 59 | 0. 62 | 0. 60 | 0. 63 | 0. 63 |
| 永城市 | 0. 58 | 0. 59 | 0. 58 | 0. 62 | 0. 63 |
| 罗山县 | 0. 63 | 0. 65 | 0. 64 | 0. 69 | 0. 69 |
| 光山县 | 0. 65 | 0. 66 | 0. 65 | 0. 68 | 0. 69 |
| 新县 | 0. 64 | 0. 65 | 0. 63 | 0. 67 | 0. 67 |
| 商城县 | 0. 60 | 0. 62 | 0. 60 | 0. 65 | 0. 64 |
| 固始县 | 0. 60 | 0. 63 | 0. 63 | 0. 68 | 0. 70 |
| 潢川县 | 0. 63 | 0. 67 | 0. 65 | 0. 70 | 0. 71 |
| 淮滨县 | 0. 58 | 0. 61 | 0. 58 | 0. 64 | 0. 63 |
| 息县 | 0. 57 | 0. 59 | 0. 57 | 0. 61 | 0. 63 |
| 扶沟县 | 0. 65 | 0. 65 | 0. 64 | 0. 67 | 0. 66 |

续表

| 名称 | 2012 年 | 2013 年 | 2014 年 | 2015 年 | 2016 年 |
| --- | --- | --- | --- | --- | --- |
| 西华县 | 0. 56 | 0. 57 | 0. 54 | 0. 57 | 0. 58 |
| 商水县 | 0. 46 | 0. 46 | 0. 43 | 0. 46 | 0. 57 |
| 沈丘县 | 0. 57 | 0. 54 | 0. 55 | 0. 58 | 0. 59 |
| 郸城县 | 0. 56 | 0. 57 | 0. 57 | 0. 58 | 0. 57 |
| 淮阳县 | 0. 53 | 0. 54 | 0. 54 | 0. 58 | 0. 59 |
| 太康县 | 0. 47 | 0. 48 | 0. 48 | 0. 51 | 0. 58 |
| 鹿邑县 | 0. 56 | 0. 58 | 0. 57 | 0. 59 | 0. 59 |
| 项城市 | 0. 56 | 0. 57 | 0. 54 | 0. 59 | 0. 58 |
| 西平县 | 0. 59 | 0. 62 | 0. 62 | 0. 67 | 0. 69 |
| 上蔡县 | 0. 64 | 0. 65 | 0. 67 | 0. 70 | 0. 70 |
| 平舆县 | 0. 55 | 0. 57 | 0. 56 | 0. 61 | 0. 63 |
| 正阳县 | 0. 59 | 0. 61 | 0. 60 | 0. 64 | 0. 66 |
| 确山县 | 0. 56 | 0. 59 | 0. 57 | 0. 61 | 0. 63 |
| 泌阳县 | 0. 53 | 0. 53 | 0. 49 | 0. 54 | 0. 30 |
| 汝南县 | 0. 46 | 0. 48 | 0. 47 | 0. 50 | 0. 51 |
| 遂平县 | 0. 59 | 0. 61 | 0. 60 | 0. 65 | 0. 66 |
| 新蔡县 | 0. 56 | 0. 58 | 0. 58 | 0. 63 | 0. 64 |

注：计算方法如下：$FII_j = \frac{1}{p}\sum_{i=1}^{p}\left(\frac{x_{ij} - m_i}{M_i - m_i}\right)^r$。其中，$j$ 表示第 $j$ 个地区，$p$ 表示指标个数，$M$ 与 $m$ 分别为各个指标的最大值与最小值，$r$ 为敏感度常数，一般取 0. 25、0. 5 和 0. 75。对三种结果进行相关性分析，研究发现，当 $r=0.5$ 时分析结果与另外两种情况下的计算结果相关性最高。指标数值为各县域包容的相对水平。

## 附录 2

# 关于居民个体金融能力的调查问卷

亲爱的朋友，感谢您抽出宝贵的时间填写本调查问卷。“金融能力”是指居民个体利用自身的金融知识和技能以及外部金融资源，做出正确的金融决策，从而实现金融福祉的一种综合能力。本问卷从金融知识、金融技能、金融态度以及金融行为四个方面展开调研，全方位多层次地对您的金融能力进行测度。该调查采取不记名方式，调查结果仅用于学术研究，课题组将严格为您保密，充分尊重个人隐私。请您放心填写，非常感谢您的积极参与!

回收问卷后，请到工作人员处领取为您精心准备的小礼品作为纪念，全体课题组成员衷心祝您生活愉快!

（该问卷共计 25 题，预计作答时间约 5 分钟左右）。

1. 您的性别（　　）[单选题]*

A. 男　　B. 女

2. 您的年龄段（　　）[单选题]*

A. 30 岁以下　　B. 30 ~ 39 岁

C. 40 ~ 49 岁　　D. 50 ~ 59 岁

E. 60 岁以上

3. 您的户口（　　）[单选题]*

A. 农村户口　　B. 城镇户口

4. 您的受教育程度（　　）[单选题]*

A. 小学及以下　　B. 初中

C. 高中　　D. 大学或大专

E. 硕士及以上

5. 您个人目前的年收入水平（结果仅作研究用，绝不泄露）（　　）［单选题］*

A. 5万元以下　　B. 5万至10万元

C. 10万至15万元　　D. 15万至20万元

E. 20万元以上

6. 您目前从事的职业（　　）［单选题］*

A. 学生　　B. 机关事业单位

C. 国营企业　　D. 民营企业

E. 金融机构　　F. 自由职业

G. 务农　　H. 其他

7. 假设银行的年利率是4%，通货膨胀率是3%，把100元存入银行一年以后能够买到东西将如何？（　　）［单选题］*

A. 比一年前多　　B. 比一年前少

C. 跟一年前一样多　　D. 算不出来

8. 假设银行的年利率是4%，如果把100元钱存1年定期，1年后获得的本金和利息为？（　　）［单选题］*

A. 小于104元　　B. 大于104元

C. 等于104元　　D. 算不出来

9. 如果有一笔资金用于投资，您最愿意选择以下哪种投资项目？（　　）［单选题］*

A. 高风险、高回报的项目　　B. 略高风险、略高回报的项目

C. 平均风险、平均回报的项目　　D. 略低风险、略低回报的项目

E. 不愿意承担任何风险　　F. 不知道

10. 您一般认为，股票和基金哪个风险更大？（　　）［单选题］*

A. 股票　　B. 基金

C. 没有听说过股票　　D. 没有听说过基金

E. 两者都没有听说过

11. 如果现在有两张彩票供您选择，若选第一张，您有100%的机会获得4000元；若选第二张，您有50%的机会获得10000元，50%的机会什么也没有，您愿意选哪张？（　　）［单选题］*

A. 第一张　　B. 第二张

12. 您是否经常阅读一些经济、金融方面的书籍和关注这方面的信息？（　　）［单选题］*

A. 非常关注　　B. 很关注

C. 一般　　D. 很少关注

E. 从不关注

13. 您认为以下哪些方式能够识别人民币真伪？（　　）［多选题］*

A. 看水印　　B. 看白水印

C. 看安全线　　D. 看光变油墨口

E. 看隐形面额数字　　F. 摸人像、盲文点等

G. 抖动钞票听声音　　H. 借助检测假币的仪器

I. 其他

14. 您是否同意以下说法：我不担心未来，今天有钱今天花完，明天的事情明天再说（　　）［单选题］*

A. 同意　　B. 不同意

C. 中立

15. 您是否同意以下说法：我很有信心我老了以后，即使没有儿女赡养，也能维持自己的开销（　　）［单选题］*

A. 同意　　B. 不同意

C. 中立

16. 当面对没有接触过的金融产品，您的第一反应是什么？（　　）［单选题］*

A. 感兴趣　　B. 不太感兴趣

C. 完全拒绝了解

17. 您觉得在使用银行卡时，为确保用卡安全，应该注意以下哪些事项？（　　）［单选题］*

A. 妥善保管好取现密码，不随意泄露

B. 不要打印交易单据

C. 交易流水单如果无误，不可以随意丢弃

D. 不要向陌生人透露银行卡的相关信息

E. 其他

18. 您是否知道个人信用报告？（　　）［单选题］*

A. 是　　　　B. 否（请跳至第 20 题）

19. 您认为以下哪些行为会影响您在银行的个人信用记录？（　　）［单选题］*

A. 拖欠银行贷款

B. 未能及时，足额还信用卡欠款

C. 拖欠银行卡年费

D. 未正常缴纳应付费用（水电、电信费用）

E. 自己经营的中小企业拖欠银行贷款

F. 没什么会影响个人信用

20. 您是否使用过蚂蚁借呗、微粒贷、有钱花（满意贷）、京东钱包等借钱购买生活必需用品？（　　）［单选题］*

A. 是　　　　B. 否　　　　C. 不了解

21. 您有没有为了未来可能发生的事情储蓄（如结婚、买房、孩子上学、家用电器、医疗等）？（　　）［单选题］*

A. 坚持储蓄　　　　B. 看具体情况　　　　C. 从不

22. 上一年，您家的家庭支出是否控制在计划之内？（　　）［单选题］*

A. 是（请跳至第 24 题）　　　　B. 否

23. 为什么没有控制在计划范围内？（　　）［单选题］*

A. 工作不稳定，无法保证收入　　　　B. 生产经营受挫，无法保证收入

C. 其他收入来源减少　　　　D. 家人生病

E. 家庭遭受其他意外　　　　F. 其他

24. 您对保险产品是如何看待的？（　　）［单选题］*

A. 不需要，平时不会遇到什么风险

B. 不需要，遇到风险时保险不管用

C. 需要，但不知道买哪种产品合适

D. 需要，但没有足够的钱购买

E. 需要，倾向于能提供高的投资回报的保险产品

F. 需要，倾向于提供高保障的产品

G. 其他

25. 当您有金融知识方面的疑惑时，您采取何种方式解惑？（　　）[单选题] *

A. 自己上网找资料　　B. 咨询亲戚朋友

C. 咨询金融机构的工作人员　　D. 咨询政府相关职能部门

E. 不知道如何寻求帮助

以上各类问题请您独立作答，如果是对题目本身有不理解、不明白的，可以随时咨询我们的工作人员。谢谢您的参与和支持!

# 主要参考文献

[1] Atkinson, A., Mckay, S., Kempson, E., Collard, S. et al., "Level of Financial Capability in the UK: Results of a Baseline Survey", *Public Money & Management*, Vol. 27, 2007.

[2] Atkinson, A., Mckay, S., Kempson, E., Collard, S. et al., "Levels of Financial Capability in the UK", *AIAA, Space Programs and Technologies Conference. AIAA, Space Programs and Technologies Conference*, 2013.

[3] Alan D. Smith, "Aspects of Strategic Forces Affecting Online Banking", *Services Marketing Quarterly*, Vol. 28, 2006.

[4] Alan D. Smith, "Internet retail banking: A competitive analysis in an increasingly financially troubled environment", *Information Management & Computer Security*, Vol. 17, 2009.

[5] Arnold, I. J. M., Ewijk, S. E. V., "Can pure play internet banking survive the credit crisis?" *Journal of Banking & Finance*, Vol. 35, 2011.

[6] Anselin, L., *A Companion to Theoretical Econometrics.* Blackwell Publishing Ltd, 2007.

[7] Anderloni, L., Braga, M. D., Caluccio, E. M. et al., *New frontiers in banking services*: emerging needs and tailored products for untapped markets, 2007.

[8] Akudugu, M. A., "The Determinants of Financial Inclusion in Western Africa: Insights from Ghana", *Research Journal of Finance and Accounting*, Vol. 4, 2013.

[9] Ateer, M., Evans, G., "A Financial Inclusion Manifesto Making Financial Markets Work For All in A Post Financial Crisis World", *Working Paper*, 2010.

[10] Alessandrini, P. , Zazzaro, A. , Fratianni, M. , *The Changing Geography of Banking and Finance*, Springer US, 2009.

[11] Arora, R. U. , Measuring Financial Access, *Griffith University*, *Department of Accounting*, Finance and Economics, 2010.

[12] Bowe, A. , Speech at Financial Services Research Forum, Financial Behaviour Summit, 16 November, Accessed March 23, 2011.

[13] Berger, A. N. , Klapper, L. F. , "Udell G F. The ability of banks to lend to informationally opaque small businesses", *Journal of Banking & Finance*, Vol. 25, 2001.

[14] Bumcrot, C. B. , Lin, J. , Lusardi, A. , "The Geography of Financial Literacy", *Numeracy*, Vol. 6, 2013.

[15] Bongomin, G. O. C. , Ntayi, J. M. , Munene, J. C. et al, "Mobile Money and Financial Inclusion in Sub-Saharan Africa: the Moderating Role of Social Networks", *Journal of African Business*, Vol. 19, 2017.

[16] Bongomin, O. C. et. al. , "Financial Inclusion in Rural Uganda: Testing Interaction Effect of Financial Literacy and Networks", *Journal of African Business*, 17 (1), 2016.

[17] Budd, L. , Globalisation and the crisis of territorial embeddedness of international financial markets, *In Money and the space economy*, *ed.* R. Martin, 1999.

[18] Bhowmik, S. K. , Saha, D. , "Financial Inclusion of the Marginalised", *India Studies in Business & Economics*, Vol. 134, 2013.

[19] Beck, T. et al, "Reaching out: Access to and use of banking services across countries" . *Social Science Electronic Publishing*, Vol. 85, 2007.

[20] Bank, W. , "Global Financial Development Report 2014: Financial Inclusion", *World Bank Publications*, Vol. 4, 2014.

[21] Benjamin Collier, "Exclusive finance: How unmanaged systemic risk continues to limit financial services for the poor in a booming sector", *Benjamin Collier*, Vol. 39, 2013.

[22] Cardak, B. A. , Wilkins, R. , "The determinants of household risky

asset holdings: Australian evidence on background risk and other factors", *Journal of Banking & Finance*, Vol. 33, 2009.

[23] Capelle-Blancard, G., Tadjeddine, Y., "The Impact of the 2007-10 Crisis on the Geography of Finance", *Working Paper*, 2010.

[24] Cyree, K. B., Delcoure, N., Dickens, R., "An examination of the performance and prospects for the future of internet-primary banks", *Journal of Economics & Finance*, Vol. 33, 2009.

[25] Chakrabarty, K. C., Financial Inclusion and Banks-Issues and Perspectives, *UNDP (The United Nations Development Programme) Seminar on Financial Inclusion: Partnership between Banks*, MFIs and Communities, 2011.

[26] Claessens, S., "Access to Financial Services: A Review of the Issues and Public Policy Objectives", *World Bank Research Observer*, Vol. 21, 2006.

[27] Demirgüçkunt, A., Levine, R., "Finance and Economic Opportunity", *Policy Research Working Paper*, 2010.

[28] Demirgüçkunt, A., Klapper, L. F., "Measuring Financial Inclusion: The Global Findex Database". *Policy Research Working Paper Series*, 2012.

[29] Diniz, E., Birochi, R., Pozzebon, M., "Triggers and barriers to financial inclusion: The use of ICT-based branchless banking in an Amazon county", *Electronic Commerce Research and Applications*, Vol. 11, 2012.

[30] Dymski, G. A., "The global financial customer and the spatiality of exclusion after the 'end of geography'", *Cambridge Journal of Regions Economy & Society*, Vol. 2, 2009.

[31] Donnelly, G., Iyer, R., Howell, R. T., "The Big Five personality traits, material values, and financial well-being of self-described money managers", *Journal of Economic Psychology*, Vol. 33, 2012.

[32] Daly, H., Cobb, J., *For the Common Good——Redirecting the Economy Towards Community, the Environment and Sustainable Development*. London, Green Print, 1989.

[33] Delgado, J. , Hernando, I. , Nieto, M. J. , "Do European Primarily Internet Banks Show Scale and Experience Efficiencies?" *European Financial Management*, Vol. 13, 2007.

[34] Dixon, M. , "Rethinking Financial Capability: Lessons from Economic Psychology and Behavioral Finance", *Civil War & Its Aftermath Diverse Perspectives*, 2006.

[35] Declaration on the Strategy for the Development of the Banking Sector of the Russian Federation for the Period until 2015. April 13, 2011. http://www1. minfin. ru/ru/regulation/bank/.

[36] Edwards, A. , "Barriers to Financial Inclusion: Factors Affecting The Independent Use of Banking Services for Blind and Partially Sighted People", *Working Paper*, 2011.

[37] European Commission, "Financial Inclusion: Ensuring Access to a Basic Account", *Working Paper*, 2008.

[38] European Commission, "Financial Services Provision and Prevention of Financial Exclusion", *Working Paper*, 2008.

[39] Fernandez, A. P. , "The Role of Self Help Affinity Groups in Promoting Financial Inclusion of Landless and Marginal/Small Farmers' Families", *Rural Management Systems Series*, 2006.

[40] Fujita, M. , "Towards the new economic geography in the brain power society", *Regional Science & Urban Economics*, Vol. 37, 2007.

[41] Financial Services Authority, "In or Out? Financial Exclusion: A Literature and Research Review", *Consumer Research Paper*, 2000.

[42] Graham, C. , Nikolova, M. , "Does access to information technology make people happier? Insights from well-being surveys from around the world", *Journal of Socio-Economics*, Vol. 44, 2013.

[43] Gloukoviezoff, G. , *From Financial Exclusion to Overindebtedness: the Paradox of Difficulties for People on Low Incomes*? New Frontiers in Banking Services, 2007.

[44] Geach, N. , "The digital divide, financial exclusion and mobile

phone technology: Two problems, one solution?" *Journal of International Trade Law & Policy*, Vol. 6, 2007.

[45] Gupte, R., Venkataramani, B., Gupta, D., "Computation of Financial Inclusion Index for India", *Procedia-Social and Behavioral Sciences*, Vol. 37, 2012.

[46] Hannig, A., Jansen, S., "Financial Inclusion and Financial Stability: Current Policy Issues", *ADBI Working Papers Series*, 2010.

[47] Hoehle, H., Scornavacca, E., Huff, S., "Three decades of research on consumer adoption and utilization of electronic banking channels: A literature analysis", *Decision Support Systems*, Vol. 54, 2012.

[48] Hilker, M., Schommer, C., "Geographies of finance I Historical geographies of the crisis-ridden present", *Progress in Human Geography*, Vol. 38, 2014.

[49] Honohan, P., "Financial Development, Growth and Poverty: How Close Are the Links. World Bank Policy Research 2004", *working paper*, 2004.

[50] Hanafizadeh, P., Keating, B. W., Khedmatgozar, H. R., "A systematic review of Internet banking adoption", *Telematics & Informatics*, Vol. 31, 2014.

[51] Hall, S., "Geographies of money and finance Ⅲ: Financial circuits and the real economy", *Progress in Human Geography*, Vol. 37, 2013.

[52] Huston, S. J., "Measuring Financial Literacy", Journal of Consumer Affairs, Vol. 44, 2010.

[53] Hutton, W., Lee, N., "The City and the cities: ownership, finance and the geography of recovery", *Cambridge Journal of Regions, Economy and Society*, Vol. 5, 2012.

[54] Представления населения России и других страно финансовой системе и финансовых рисках. Вестник общественного мнения. январь-март 2013. (俄文资料)

[55] Imaeva, G., Lobanova, I., Tomilova, O., "Financial Inclusion in Russia: The Demand-Side Perspective". *CGAP. Guzelia Imaeva*, 2014.

[56] Jones, D., "Investment in Futures: A financial Inclusion Strategy", *Working Paper*, 2009.

[57] Johnson, E., Sherraden, M. S., "From Financial Literacy to Financial Capability among Youth", *Journal of Sociology & Social Welfare*, Vol. 34, 2007.

[58] Jones, P. A., "From Tackling Poverty to Achieving Financial Inclusion—The Changing Role of British Credit Unions in Low Income Communities", *Journal of Socio – Economics*, Vol. 37, 2008.

[59] Jones, P. A., "Financial Skills Training at HM Prison", *Liverpool working paper*, 2016.

[60] Kennickell, A. B., Starr-Mccluer, M., Surette, B. J., "Recent Change in U. S. Family Finances: Results from the 1998 Survey of Consumer Finances", *Federal Reserve Bulletin*, Vol. 86, 2006.

[61] Kapoor, A., "Financial inclusion and the future of the Indian economy" *Futures*, Vol. 56, 2014.

[62] Kempson, E., Perotti, V., Scott, K., "Measuring Financial Capability: A New Instrument and Results from Low- and Middle-Income Countries", *World Bank Washington* D. C., 2013.

[63] Kempson, E., Whyley, C., "The extent and nature of financial exclusion" *Working Paper* 1, Bristol: Personal Finance Research Centre, University of Bristol, 1999.

[64] Kempson, E., Whyley, C., Foundation, J. R., "Kept out or opted out? Understanding and combating financial exclusion", *Understanding and*, 1999.

[65] Kempson, E., Whyley, C., Caskey, J. et al., "In or out? Financial exclusion: a literature and research review", *London: FSA*, *Consumer Research Paper* 3, 2000.

[66] Kouretas, G. P., Papadopoulos, A. P., "The future of universal banking", *Journal of Banking & Finance*, Vol. 35, 2011.

[67] Kpodar, K., Andrianaivo, M., "ICT Financial Inclusion, and

Growth Evidence from African Countries", *Social Science Electronic Publishing*, Vol. 11, 2011.

[68] Koker, L. D., Jentzsch, N., "Financial Inclusion and Financial Integrity: Aligned Incentives?", *World Development*, Vol. 44, 2013.

[69] Keeney, M. J., O'Donnell, N., "Financial Capability: New Evidence for Ireland", *Research Technical Papers*, 2009.

[70] Kelegama, S., Tilakaratane, G., "Financial Inclusion, Regulation, and Education in Sri Lanka", *Adbi Working Papers*, Vol. 344, 2014.

[71] Kaabachi, S., Mrad, S. B., Petrescu, M. et al., "Consumer initial trust toward internet-only banks in France", *International Journal of Bank Marketing*, Vol. 35, 2017.

[72] Kuisma, T., Laukkanen, T., Hiltunen, M., "Mapping the reasons for resistance to Internet banking: A means-end approach", *International Journal of Information Management*, Vol. 27, 2007.

[73] Leyshon, A., Pratt, J., Thrift, N., "Inside/outside: Geographies of Financial Inclusion and Exclusion in Britain", http://www.geog.nottingham.ac.uk/~Leyshon/insideoutside.pdf, 1997.

[74] Leyshon, A., Thrift, N., "The restructuring of the U.K. financial services industry in the 1990s: a reversal of fortune?" *Journal of Rural Studies*, Vol. 9, 1993.

[75] Lusardi, A., Tufano, P., "Debt literacy, financial experiences, and overindebtedness", *NBER working paper*, http://www.docin.com/p-988339263.html, 2009.

[76] Lazarowicz, "Better Access to Banking Financial Inclusion Report", *Lloyds Banking Group*, 2009.

[77] Law, C. E. E., "Decree of the Government of the Russian Federation 'On the Federal Debt Center under the Government of the Russian Federation'", *Review of Central & East European Law*, Vol. 25, 1999.

[78] Lenton, P., Mosely, P., "Debt and Health, *Sheffield Economic Research Paper Series*", Working Paper, 2008.

[79] Mcmorran, C. , "Practising workplace geographies: embodied labour as method in human geography", *Area*, Vol. 44, 2012.

[80] MIX and CGAP, "Eastern Europe and Central Asia: Microfinance Analysis and Benchmarking", *Report*, 2010.

[81] Melhuish, E. C. , Belsky, J. , Malin, A. , "An Investigation of the Relationship between Financial Capability and Psychological Well-being in Mothers of Young Children in Poor Areas in England", *Financial Services Authority*, 2008.

[82] Nuala O'Donnell, "Mary Keeney. Financial capability in Ireland and a comparison with the UK", *Public Money & Management*, Vol. 30, 2010.

[83] Oni, O. A. , Adepoju, T. A. , "A capability approach to the analysis of rural households' well being in Nigeria", *MPRA Paper*, 2011.

[84] Pike, A. , "Economic Geographies of Financialization", *Economic Geography*, Vol. 86, 2010.

[85] Pigou, C. , *The Economics of Welfare*, London, 1920.

[86] Petersen, M. A. , Rajan, R. G. , "Does Distance Still Matter? The Information Revolution in Small Business Lending", *Journal of Finance*, Vol. 57, 2002.

[87] Robert, D. Y. , "The financial performance of pure play Internet banks", *Economic Perspectives*, 2001.

[88] Regan, S. , Paxton, W. , "Beyond bank accounts: full financial inclusion. London: Institute for Public Policy", *Research and the Citizens Advice Bureau*, 2003.

[89] Schafran, A. , "Origins of an Urban Crisis: The Restructuring of the San Francisco Bay Area and the Geography of Foreclosure", *International Journal of Urban & Regional Research*, Vol. 37, 2013.

[90] Sarma, M. , "Index of Financial Inclusion. Indian Council for Research on International Economic Relations New Delhi", *Working Papers*, 2008.

[91] Sherraden, M. , *Building Blocks of Financial Capability*, Financial Capability and Asset Development, 2013.

[92] Sarma, M.. Pais, J., "Financial Inclusion and Development", *Journal of International Development*, Vol. 23, 2011.

[93] Sarma, M., "Measuring Financial Inclusion Using Multidimensional Data", *World Economics*, Vol. 37, 2016.

[94] Stoica, O., Mehdian, S., Sargu, A., "The Impact of Internet Banking on the Performance of Romanian Banks: DEA and PCA Approach", *Procedia Economics & Finance*, Vol. 20, 2015.

[95] Shaoyi Liao, Y. P. Shao, H. Wang, A. Chen, "The adoption of virtual banking: an empirical study", *International Journal of Information Management the Journal for Information Professionals*, Vol. 19, 1999.

[96] Turner, G., "Financial geography and access as determinants of exports", *Cambridge Journal of Regions Economy & Society*, Vol. 11, 2011.

[97] Timothy, L., Stefan, S., Olga, T., "Landscaping Report: Financial Inclusion in Russia", *CGAP*, 2012.

[98] Taylor, M., "Measuring financial capability and its determinants using survey data", *Social Indicators Research*, Vol. 102, 2011.

[99] The North Yorkshire Advice Services Partnership, "North Yorkshire Financial Inclusion Strategy 2010 - 2015", *Working Paper*, 2010.

[100] Task Force on Financial Literacy, "Canadians and their Money: Building a Brighter Financial Future", Working Paper, 2011.

[101] Wójcik, D., "Geography and the Future of Stock Exchanges: Between Real and Virtual Space", *Growth & Change*, Vol. 38, 2007.

[102] Warsame, Hersi, M., "The role of Islamic finance in tackling financial exclusion in the UK", *Durham University*, 2009.

[103] Xiao, J. J., Chen, C., Chen, F., "Consumer Financial Capability and Financial Satisfaction", *Social Indicators Research*, Vol. 118, 2014.

[104] Xiao, J. J., Chen, C., Sun, L., "Age differences in consumer financial capability", *International Journal of Consumer Studies*, Vol. 39, 2015.

[105] Yoon, H. S., Barker Steege, L. M., "Development of a quantitative model of the impact of customers' personality and perceptions on Internet

banking use", *Computers in Human Behavior*, Vol. 29, 2013.

[106] Zhang, Y., Chen, X., Liu, X. et al., "Exploring trust transfer between internet enterprises and their affiliated internet-only banks: An adoption study of internet-only banks in China", *Chinese Management Studies*, Vol. 3, 2018.

[107] 阿尔弗列德·翰尼葛、斯坦芬·杰森:《金融包容和金融稳定:当前的政策问题》,载于《新金融》2011 年第 3 期。

[108] 北京大学互联网金融研究中心课题组:《北京大学数字普惠金融指数(2011—2015)》,北京大学互联网金融研究中心,2016 年。

[109] 蔡宏昭:《社会福利经济分析》,扬智文化事业股份有限公司,2004 年版。

[110] 蔡若愚:《金融民主化:更多的人可以使用金融服务》,载于《中国经济导报》2014 年 3 月 25 日。

[111] 蔡若愚:《吴晓求:我坚定支持互联网金融》,载于《中国经济导报》2014 年 12 月 18 日。

[112] 陈强:《高级计量经济学及 Stata 应用》,高等教育出版社 2014 年版。

[113] 陈三毛、钱晓萍:《中国各省金融包容性指数及其测算》,载于《金融论坛》2014 年第 9 期。

[114] 陈一稀:《美国纯网络银行的兴衰对中国的借鉴》,载于《新金融》2014 年第 1 期。

[115] 陈三毛:《金融学识:概念、测量方案和实证研究述评》,载于《金融教学与研究》2015 年第 4 期。

[116] 陈茜茜:《我国金融包容性发展的经济福利效应研究》,湖南大学硕士学位论文,2016 年。

[117] 池建宇、池建新:《创业者工作背景对企业商业模式影响的实证分析》,载于《经济与管理评论》2012 年第 5 期。

[118] 淡亚男:《多伦县林业生态建设的经济社会效益研究》,内蒙古农业大学硕士学位论文,2017 年。

[119] 丁杰:《互联网金融与普惠金融的理论及现实悖论》,载于

《财经科学》2015 年第 6 期。

［120］董玉峰、赵晓明：《负责任的数字普惠金融：缘起、内涵与构建》，载于《南方金融》2018 年第 1 期。

［121］董昀、李鑫：《互联网金融的发展：基于文献的探究》，载于《金融评论》2014 年第 5 期。

［122］董晓林、徐虹：《我国农村金融排斥影响因素的实证分析——基于县域金融机构网点分布的视角》，载于《金融研究》2012 年第 9 期。

［123］范香梅、廖迪：《中外金融包容性发展差异及其影响因素研究》，载于《经济体制改革》2017 年第 5 期。

［124］甘犁、尹志超、贾男、徐舒、马双：《中国家庭资产状况及住房需求分析》，载于《金融研究》2013 年第 4 期。

［125］葛和平、朱卉雯：《中国数字普惠金融的省域差异及影响因素研究》，载于《新金融》2018 年第 2 期。

［126］韩俊：《建立普惠型的农村金融体系》，载于《中国科技投资》2010 年第 3 期。

［127］何德旭、苗文龙：《金融排斥、金融包容与中国普惠金融制度的构建》，载于《财贸经济》2015 年第 36 期。

［128］何德旭、吕铀、潘博：《新常态下的金融创新与金融发展》，中国社会科学出版社 2016 年版。

［129］胡坚、杨光、王智强：《我国政府财政支出挤出效应研究》，载于《商业研究》2013 年第 6 期。

［130］胡象明：《福利的狭义概念及广义概念》载于《中国人口报》2010 年 2 月 12 日。

［131］黄海龙：《基于以电商平台为核心的互联网金融研究》，载于《上海金融》2013 年第 8 期。

［132］洪菊花、骆华松：《地缘政治与地缘经济之争及中国地缘战略方向》，载于《经济地理》2015 年第 12 期。

［133］胡滨：《数字普惠金融的价值》，载于《中国金融》2016 年第 22 期。

［134］黄余送：《我国数字普惠金融的实践探索》，载于《华金融评

论》2016 年第 12 期。

［135］金雪军、田霖：《金融地理学：国外地理学科研究新动向》，载于《经济地理》2004 年第 6 期。

［136］金雪军、田霖：《金融地理学研究评述》，载于《经济学动态》2004 年第 4 期。

［137］金雪军：《桥隧模式——架通信贷市场与资本市场的创新型贷款担保运作模式》，浙江大学出版社 2007 年版。

［138］金雪军等：《从桥隧模式到路衢模式》，浙江大学出版社 2009 年版。

［139］雷蕙如：《我国互联网金融发展的现状、问题及其对策研究》，载于《商场现代化》2018 年第 1 期。

［140］粟勤、肖晶：《中国银行业市场结构对金融包容的影响研究——基于区域经济发展差异化的视角》，载于《财经研究》2015 年第 6 期。

［141］李锐、李宁辉：《农户借贷行为及其福利效果分析》，载于《经济研究》2004 年第 12 期。

［142］李猛：《金融宽度和金融深度的影响因素：一个跨国分析》，载于《南方经济》2008 年第 5 期。

［143］李斌：《识别输入变量的模糊方法》，载于《哈尔滨工程大学学报》2003 年第 2 期。

［144］吕家进：《发展数字普惠金融的实践与思考》，载于《清华金融评论》2016 年第 12 期。

［145］刘安琪：《基于区域差异视角的普惠金融测度研究》，天津财经大学硕士学位论文，2016 年。

［146］刘洋：《中国金融包容性水平测度及其影响因素研究》，西南大学硕士学位论文，2017 年。

［147］刘运涛：《美国开展金融能力调查的启示》，载于《金融时报》2016 年 5 月 16 日。

［148］刘婷婷：《普惠金融背景下的金融素养研究》，载于《中国商论》2017 年第 27 期。

［149］刘勇、田杰、李敏：《金融能力：概念界定与经验分析的简要评述》，载于《理论月刊》2017 年第 2 期。

［150］刘国强：《我国消费者金融素养现状研究——基于 2017 年消费者金融素养问卷调查》，载于《金融研究》2018 年第 3 期。

［151］李婧如：《互联网金融发展的模式比较研究》，兰州大学硕士学位论文，2015 年。

［152］李凯伦：《金融发展与城乡居民收入差距的影响研究——基于河北省市级面板数据》，载于《中国物价》2018 年第 2 期。

［153］李明贤、吴琦：《我国农村居民金融能力评价指标体系及其影响因素研究》，载于《金融理论与实践》2018 年第 3 期。

［154］潘蕾：《我国区域金融包容性的评价及影响因素研究》，湖南大学硕士学位论文，2015 年。

［155］潘竟虎、胡艳兴、董晓峰：《丝绸之路经济带经济差异时空格局演变特征》，载于《经济地理》2016 年第 1 期。

［156］潘光伟：《多措并举 银行业支持普惠金融成效显著》，载于《中国银行业》2017 年第 12 期。

［157］邱兆祥、向晓建：《数字普惠金融发展中所面临的问题及对策研究》，载于《金融理论与实践》2018 年第 1 期。

［158］［瑞典］瑞斯托·劳拉詹南：《金融地理学》，商务出版社 2001 年版。

［159］孙天琦：《G20 数字普惠金融高级原则：背景、框架和展望》，载于《清华金融评论》2016 年第 12 期。

［160］史清华、卓建伟：《农户家庭储蓄借贷行为的实证分析——以山西农村 203 个农户的调查为例》，载于《当代经济研究》2003 年第 9 期。

［161］田霖：《企业家甄别、民间金融与金融共生》，载于《重庆大学学报》2005 年第 5 期。

［162］田霖：《区域金融综合竞争力的差异比较与模糊曲线分析》，载于《南开经济研究》2005 年第 6 期。

［163］田霖：《金融排斥理论评介》，载于《经济学动态》2007 年第 6 期。

［164］田霖：《金融排异下河南省农信社的信贷资产风险管理研究》，载于《金融理论与实践》2012 年第 7 期。

［165］田霖：《区域金融协调发展的金融地理学分析》，载于《金融理论与实践》2010 年第 5 期。

［166］田霖：《我国城乡居民金融包容与福利变化的营养经济学探析》，载于《金融理论与实践》2011 年第 9 期。

［167］田霖：《我国金融排斥的城乡二元性研究》，载于《中国工业经济》2011 年第 2 期。

［168］田霖：《我国金融排除空间差异的影响要素分析》，载于《财经研究》2007 年第 4 期。

［169］田霖：《我国农村金融排斥与过度负债》，载于《金融理论与实践》2012 年第 2 期。

［170］田霖：《广东省金融包容与协调发展研究》，载于《商业时代》2012 年第 12 期。

［171］田霖：《我国农村金融包容的区域差异与影响要素解析》，载于《金融理论与实践》2012 年第 11 期。

［172］田霖：《金融包容：新型危机背景下金融地理学视阈的新拓展》，载于《经济理论与经济管理》2013 年第 1 期。

［173］田霖：《金融普惠、金融包容与中小企业融资模式创新》，载于《金融理论与实践》2013 年第 6 期。

［174］田霖：《互联网金融视阈下的金融素养研究》，载于《金融理论与实践》2014 年第 12 期。

［175］田霖：《互联网金融视域下金融地理学研究的新动态述评》，载于《经济地理》2016 年第 5 期。

［176］田霖：《互联网金融的发展轨迹与未来展望》，载于《人民论坛·学术前沿》2016 年第 11 期。

［177］田霖、金雪军、蒋岳祥：《金融包容的需求侧与供给侧探析——基于 CHFS 项目 28143 户家庭的实地调查数据》，载于《浙江大学学报》（人文社会科学版）2017 年第 4 期。

［178］田霖、金雪军：《主流与非主流金融对家庭创业的影响——基

于 CHFS 项目 28143 户家庭的调查数据》，载于《重庆大学学报》（社会科学版）2018 年第 2 期。

［179］田霖、李祺：《互联网金融与普惠金融的耦合与挑战》，载于《光明日报》2016 年 11 月 5 日。

［180］田霖：《中国家庭居民的债务素养及其影响研究》，载于《金融理论与实践》2017 年第 4 期。

［181］唐蕾：《构建中国可持续经济福利指数》，载于 *Atlantis Press* 2016 年第 91 卷。

［182］田杰、陶建平：《农村普惠性金融发展对中国农户收入的影响——来自 1877 个县（市）面板数据的实证分析》，载于《财经论丛》（浙江财经大学学报）2012 年第 2 期。

［183］汤凯、田璐：《包容性金融对农户收入的影响研究——以河南与江浙地区比较为例》，载于《河南工业大学学报》（社会科学版）2013 年第 9 期。

［184］唐明月：《数字技术与普惠金融融合的发展案例研究》，首都经济贸易大学 2017 年。

［185］谭谷：《基于全球视角的普惠金融指数及实证研究》，山东大学硕士学位论文，2017 年。

［186］王桂胜：《福利经济学》，中国劳动社会保障出版社 2006 年版。

［187］佟爱琴、李孟洁：《产权性质、纵向兼任高管与企业风险承担》，载于《科学学与科学技术管理》2018 年第 1 期。

［188］王聪、张海云：《中美家庭金融资产选择行为的差异及其原因分析》，载于《国际金融研究》2010 年第 6 期。

［189］吴晓求：《互联网金融的逻辑》，载于《中国金融》2014 年第 3 期。

［190］王修华：《新农村建设中的金融排斥与破解思路》，载于《农业经济问题》2009 年第 7 期。

［191］王修华、赵亚雄：《中国金融包容的增长效应与实现机制》，载于《数量经济技术经济研究》2019 年第 1 期。

［192］王修华、何梦、关键：《金融包容理论与实践研究进展》，载于

《经济学动态》2014 年第 11 期。

［193］王修华、关键：《中国农村金融包容水平测度与收入分配效应》，载于《中国软科学》2014 年第 8 期。

［194］王修华、傅小勇、陈茜茜：《我国包容性金融发展的经济福利效应研究》，载于《湖南商学院学报》2017 年第 2 期。

［195］王伟、田杰、李鹏：《我国金融排除度的空间差异及影响因素分析》，载于《金融与经济》2011 年第 3 期。

［196］王婧、胡国晖：《中国普惠金融的发展评价及影响因素分析》，载于《金融论坛》2013 年第 6 期。

［197］魏婕、任保平：《中国经济增长包容性的测度：1978—2009》，载于《中国工业经济》2011 年第 12 期。

［198］吴畏、史国财：《美国互联网银行模式研究》，收录于《兴业证券行业研究专题报告》2014 年。

［199］王达：《美国互联网金融的发展及中美互联网金融的比较——基于网络经济学视角的研究与思考》，载于《国际金融研究》2014 年第 12 期。

［200］王信淳：《纯网络银行及其监管问题研究》，载于《海南金融》2015 年第 7 期。

［201］王宇熹、范洁：《消费者金融素养影响因素研究——基于上海地区问卷调查数据的实证分析》，载于《金融理论与实践》2015 年第 3 期。

［202］王晓：《国际组织对数字普惠金融监管的探索综述》，载于《上海金融》2016 年第 10 期。

［203］伍旭川、张翔：《我国纯网络银行的风险特征与监管建议》，载于《清华金融评论》2015 年第 8 期。

［204］吴敬琏、厉以宁、郑永年等：《读懂供给侧改革》，中信出版社 2016 年版。

［205］徐晓金：《福建省与浙江省居民经济福利水平比较研究》，福建师范大学 2011 年。

［206］徐昕、赵震翔：《西方网络银行的发展模式及启示》，载于《国际金融研究》2000 年第 5 期。

[207] 徐静、茅宁：《创业者主观性、异质资本与创业判断——基于主观创业理论的分析》，载于《科学学与科学技术管理》2010 年第 8 期。

[208] 徐少君、金雪军：《农户金融排除的影响因素分析——以浙江省为例》，载于《中国农村经济》2009 年第 6 期。

[209] 徐诺金：《金融生态论：对传统金融理念的挑战》，中国金融出版社 2007 年版。

[210] 谢平、邹传伟：《互联网金融模式研究》，载于《金融研究》2012 年第 12 期。

[211] 肖翔：《金融包容的国际比较及其启示》，载于《江西社会科学》2013 年第 7 期。

[212] 寻努绩：《农村包容性金融服务水平的测度及福利增进效应研究》，湖南师范大学 2015 年。

[213] 徐强、陶侃：《中国金融包容指数的测度及其与贫困减缓的关系——基于省级数据的分析》，载于《华中师范大学学报》(人文社会科学版) 2017 年第 6 期。

[214] 徐立军、刘洋岐、张爽、封彧琛、李国义：《纯网络民营银行信用风险研究》，载于《时代金融》2017 年第 10 期。

[215] 余谦、高萍：《中国农村社会福利指数的构造及实测分析》，载于《中国农村经济》2011 年第 7 期。

[216] 姚可：《纯网络银行：发展趋势与主要挑战》，载于《商》2015 年第 34 期。

[217] 尹志超、宋全云、吴雨：《金融知识、投资经验与家庭资产选择》，载于《经济研究》2014 年第 4 期。

[218] 佚名：《数字技术下的普惠金融——前景与挑战》，载于《中国总会计师》2017 年第 6 期。

[219] 佚名：《"供给侧结构性改革"不是大杂烩》，载于《中国总会计师》2016 年第 6 期。

[220] 尹应凯、侯蕤：《数字普惠金融的发展逻辑、国际经验与中国贡献》，载于《学术探索》2017 年第 3 期。

[221] 尹优平：《金融科技助推普惠金融》，载于《中国金融》2017

年第22期。

［222］于雪、吕晨曼：《国内外居民金融能力对比研究及经验启示》，载于《河北企业》2017年第8期。

［223］张海峰：《商业银行在普惠金融体系中的角色和作用》，载于《农村金融研究》2010年第5期。

［224］张世春：《小额信贷目标偏离解构：粤赣两省证据》，载于《改革》2010年第9期。

［225］张欢欢、熊学萍：《农村居民金融素养测评与影响因素研究——基于湖北、河南两省的调查数据》，载于《中国农村观察》2017年第3期。

［226］张赟、刘欣惠、朱南：《直销银行与纯网络银行比较分析》，载于《新金融》2015年第6期。

［227］张杰：《金融素养与养老规划》，东南大学2015年。

［228］周亚越、俞海山：《区域农村青年创业与创业文化的实证研究——以宁波为例》，载于《中国农村经济》2005年第8期。

［229］周义、李梦玄：《基于多维不平等的中国城市社会福利测度与比较研究》，载于《中国科技论坛》2013年第11期。

［230］周广肃、谢绚丽、李力行：《信任对家庭创业决策的影响及机制探讨》，载于《管理世界》2015年第12期。

［231］朱晓云、吕晓雯：《消费者金融素养影响因素及改进措施研究——基于大连地区股份制商业银行问卷调查数据的分析》，载于《金融发展评论》2017年第6期。

［232］祝英丽、刘贯华、李小建：《中部地区金融排斥的衡量及原因探析》，载于《金融理论与实践》2010年第2期。

# 后　记

书稿付梓之际，恰与友人讨论金融地理学研究的“瓶颈”和艰难历程。河南大学地理专业的彭宝玉教授感慨每次申报国家基金的挫败感：大同行不认可，小同行评分低。金融地理学这门边缘交叉学科在中国历经十几年的发展，始终存在学科优势不明显、逻辑体系不完善以及方法特色不突出的短板，因而易被主流学派所质疑，甚至是排斥或否定。笔者对彭教授提出的自我方向迷失和学科发展困境深有同感，也同样有过很长一段时间的徘徊和放弃的念头。然而，当收到很多新晋博士、青年教师的信息，尊称我为前辈，感激我曾作为金融地理学研究的先锋，成为他们的学术引路人之际，笔者为一度放松对自我的要求而深感惭愧，更被这些年轻人攻难克艰的精神所触动！感谢这些志同道合的伙伴，赋予我重整行装、继续前行的勇气和力量；亦要感谢那些曾经的嘲讽、打击、压制和敌意，使我头脑更加冷静，心智更加成熟，在反思和求索中不断成长。

本书是笔者主持的国家社科基金项目的阶段性成果，也获得了郑州大学尤努斯社会企业中心的资助。在此对郑州大学经济学和管理学新兴学科孵化基地表示感谢，也感谢秦建伟教授对我的信任、鼓励和支持！感谢全体课题组成员的辛苦劳动，尤其是李祺教授。我们一起完成了多项课题的实地调研，相继在河南省社科规划重大项目、国家社科基金项目以及国家自然科学基金项目研究上均有愉快和高效的合作。感谢我的研究生余小凤、韩岩博、鲍国斌、程振威等，特别是韩岩博，这个纤瘦、美丽的女孩子迸发出的科研热情和潜力，令我惊喜和欣慰。那个炎热的暑假，我们师生几人聚在办公室喝茶讨论课题、在胡桃里聚餐听音乐、在钟鼓楼留影纪念，每一个画面都成为我最美好的回忆，我常常在午后咀嚼那种默契、和谐、奋进和快乐。听闻余小凤、韩岩博的硕士论文被推优，在此表示祝贺。也希望进入工作岗位后的各位同学，能够再创辉煌！

特别感谢我生命中的贵人，张纪教授在我最消沉的时候伸出援手，给我实质性的帮助，拉我走出低谷。刘荣增教授是我的思想导师，寥寥数语就令人醍醐灌顶。金雪军教授和张陶伟教授始终在关心、指导着我这个最笨的学生，诸多灵感都来自两位恩师的点拨。感谢远在美国的导师胡世雄教授，感谢李小建教授、李恒教授，感谢何枭吟教授、段平方教授、张婷玉博士……

感谢我的儿子乐乐，谢谢你给我打开了一扇门，让我体验了不一样的世界。请你原谅妈妈偶尔的烦躁发火。好孩子，你是我生命的奇迹、精神的寄托，我奋斗的动力和根源在于你。祝愿我的孩子健康、平安、快乐地长大，一生幸福！

最后也要感谢经济科学出版社的编辑老师，正是她们辛苦、严谨的工作才使得本书得以按期顺利出版。

基于本书论题的跨学科、前沿性和复杂性，书中很多观点和方法难免会有不妥之处，恳请各位专家和读者不吝批评指正！期待更多有兴趣从事金融地理学研究的学者加入我们这个大家庭，也真诚希望曾经萌生退意的交叉学科研究的诸君，不轻言放弃，愿携手共闯难关！

这本书，也献给已经去世多年的母亲。想告诉妈妈一声，我会继续坚强，家里一切都好。

**田霖**

2020 年 6 月

**图书在版编目（CIP）数据**

互联网金融视域下金融包容体系的构建与完善研究/田霖著. —北京：经济科学出版社，2020. 7
ISBN 978 -7 -5218 -1638 -9

Ⅰ. ①互… Ⅱ. ①田… Ⅲ. ①金融体系 - 研究 Ⅳ. ①F830. 2

中国版本图书馆 CIP 数据核字（2020）第 101126 号

责任编辑：齐伟娜　赵　蕾
责任校对：隗立娜
技术编辑：李　鹏　范　艳

互联网金融视域下金融包容体系的构建与完善研究
田　霖/著
经济科学出版社出版、发行　新华书店经销
社址：北京市海淀区阜成路甲 28 号　邮编：100142
总编部电话：010 - 88191217　发行部电话：010 - 88191540
网址：www. esp. com. cn
电子邮箱：esp@ esp. com. cn
天猫网店：经济科学出版社旗舰店
网址：http://jjkxcbs. tmall. com
北京季蜂印刷有限公司印装
710 ×1000　16 开　18. 25 印张　280000 字
2020 年 7 月第 1 版　2020 年 7 月第 1 次印刷
ISBN 978 - 7 - 5218 - 1638 - 9　定价：82. 00 元
**（图书出现印装问题，本社负责调换。电话：010 - 88191510）**